PAUL K. FEYERABEND

Ciência, um Monstro

Lições trentinas

OUTROS LIVROS DA **FILÕ**

FILÕ

A alma e as formas
Ensaios
Georg Lukács

A aventura da filosofia francesa no século XX
Alain Badiou

A ideologia e a utopia
Paul Ricœur

O primado da percepção e suas consequências filosóficas
Maurice Merleau-Ponty

A teoria dos incorporais no estoicismo antigo
Émile Bréhier

A sabedoria trágica
Sobre o bom uso de Nietzsche
Michel Onfray

Se Parmênides
O tratado anônimo De Melisso Xenophane Gorgia
Bárbara Cassin

A união da alma e do corpo em Malebranche, Biran e Bergson
Maurice Merleau-Ponty

FILÕAGAMBEN

Bartleby, ou da contingência
Giorgio Agamben
seguido de *Bartleby, o escrevente*
Herman Melville

A comunidade que vem
Giorgio Agamben

O homem sem conteúdo
Giorgio Agamben

Ideia da prosa
Giorgio Agamben

Introdução a Giorgio Agamben
Uma arqueologia da potência
Edgardo Castro

Meios sem fim
Notas sobre a política
Giorgio Agamben

Nudez
Giorgio Agamben

A potência do pensamento
Ensaios e conferências
Giorgio Agamben

O tempo que resta
Um comentário à *Carta aos Romanos*
Giorgio Agamben

FILÕBATAILLE

O erotismo
Georges Bataille

A literatura e o mal
Georges Bataille

A parte maldita
Precedida de *A noção de dispêndio*
Georges Bataille

Teoria da religião
Seguida de *Esquema de uma história das religiões*
Georges Bataille

FILÕBENJAMIN

O anjo da história
Walter Benjamin

Baudelaire e a modernidade
Walter Benjamin

Imagens de pensamento
Sobre o haxixe e outras drogas
Walter Benjamin

Origem do drama trágico alemão
Walter Benjamin

Rua de mão única
Infância berlinense: 1900
Walter Benjamin

FILÕESPINOSA

Breve tratado de Deus, do homem e do seu bem-estar
Espinosa

Espinosa subversivo e outros escritos
Antonio Negri

Princípios da filosofia cartesiana e Pensamentos metafísicos
Espinosa

A unidade do corpo e da mente
Afetos, ações e paixões em Espinosa
Chantal Jaquet

FILÕESTÉTICA

O belo autônomo
Textos clássicos de estética
Rodrigo Duarte (Org.)

O descredenciamento filosófico da arte
Arthur C. Danto

Do sublime ao trágico
Friedrich Schiller

Íon
Platão

Pensar a imagem
Emmanuel Alloa (Org.)

FILÕMARGENS

O amor impiedoso
(ou: Sobre a crença)
Slavoj Žižek

Estilo e verdade em Jacques Lacan
Gilson Iannini

Introdução a Foucault
Edgardo Castro

Kafka
Por uma literatura menor
Gilles Deleuze
Félix Guattari

Lacan, o escrito, a imagem
Jacques Aubert, François Cheng, Jean-Claude Milner, François Regnault, Gérard Wajcman

O sofrimento de Deus
Inversões do Apocalipse
Boris Gunjevic
Slavoj Žižek

ANTIFILÕ

A Razão
Pascal Quignard

FILŌ   autêntica

PAUL K. FEYERABEND

Ciência, um Monstro

Lições trentinas

TRADUÇÃO: Rogério Bettoni
EDIÇÃO, REVISÃO TÉCNICA E NOTAS: Luiz Henrique de Lacerda Abrahão

Copyright © 1999, Gius. Laterza & Figli, All rights reserved
Copyright © 2016 Autêntica Editora

Título original: Ambiguità e armonia: lezioni trentine.

Todos os direitos reservados pela Autêntica Editora. Nenhuma parte desta publicação poderá ser reproduzida, seja por meios mecânicos, eletrônicos, seja via cópia xerográfica, sem a autorização prévia da Editora.

COORDENADOR DA COLEÇÃO FILÔ
Gilson Iannini

CONSELHO EDITORIAL
Gilson Iannini (UFOP); *Barbara Cassin* (Paris); *Carla Rodrigues* (UFJR); *Cláudio Oliveira* (UFF); *Danilo Marcondes* (PUC-Rio); *Ernani Chaves* (UFPA); *Guilherme Castelo Branco* (UFRJ); *João Carlos Salles* (UFBA); *Monique David-Ménard* (Paris); *Olímpio Pimenta* (UFOP); *Pedro Süssekind* (UFF); *Rogério Lopes* (UFMG); *Rodrigo Duarte* (UFMG); *Romero Alves Freitas* (UFOP); *Slavoj Žižek* (Liubliana); *Vladimir Safatle* (USP)

EDITORA RESPONSÁVEL
Rejane Dias

EDITORA ASSISTENTE
Cecília Martins

REVISÃO
Aline Sobreira

CAPA
Alberto Bittencourt
(Sobre imagem de Ulisse Aldrovandi)

DIAGRAMAÇÃO
Larissa Carvalho Mazzoni

Dados Internacionais de Catalogação na Publicação (CIP)
(Câmara Brasileira do Livro, SP, Brasil)

Feyerabend, Paul K., 1924-1994.
  Ciência, um Monstro : lições trentinas / Paul K. Feyerabend ; tradução Rogério Bettoni ; Edição, revisão técnica e notas: Luiz Henrique de Lacerda Abrahão . -- 1. ed. -- Belo Horizonte : Autêntica Editora, 2016.

  Título original: Ambiguità e armonia : lezioni trentine.
  ISBN 978-85-513-0080-0

  1. Ciência - Filosofia 2. Ciência - Filosofia - História 3. Epistemologia I. Título.

16-06901   CDD-501

Índices para catálogo sistemático:
1. Ciência : Filosofia 501
2. Filosofia da ciência 501

Belo Horizonte
Rua Carlos Turner, 420
Silveira . 31140-520
Belo Horizonte . MG
Tel.: (55 31) 3465 4500

Rio de Janeiro
Rua Debret, 23, sala 401
Centro . 20030-080
Rio de Janeiro . RJ
Tel.: (55 21) 3179 1975

São Paulo
Av. Paulista, 2.073,
Conjunto Nacional, Horsa I
23º andar . Conj. 2301 .
Cerqueira César . 01311-940
São Paulo . SP
Tel.: (55 11) 3034 4468

www.grupoautentica.com.br

07   Um elogio da fragmentação: comentários sobre o
     "ultimo lavoro" de Paul Feyerabend
     Luiz Henrique de Lacerda Abrahão

37   **Nota da edição brasileira**

39   **CIÊNCIA, UM MONSTRO: LIÇÕES TRENTINAS**

     41   04/05/1992 – Primeira conferência
     63   05/05/1992 – Segunda conferência
     87   06/05/1992 – Terceira conferência
     107   07/05/1992 – Quarta conferência
     127   *Dibattito*
     163   Notas

185 **APÊNDICES**

     187   Apêndice I: *Ricordi su Feyerabend* – Testemunhos pessoais
     213   Apêndice II: *Feyerabendiana* – Escritos e estudos seletos

Um elogio da fragmentação:
comentários sobre o *"ultimo lavoro"* de Paul Feyerabend

Luiz Henrique de Lacerda Abrahão[i]

Breve histórico editorial[ii]

Entre os dias 4 e 8 de maio de 1992, o físico e filósofo austríaco Paul K. Feyerabend (1924-1994) participou – como professor convidado – de um ciclo de palestras promovido pelo Dipartimento di Sociologia e Ricerca Sociale da Università di Trento, na Itália. O evento, idealizado e organizado pelo sociólogo Riccardo Scartezzini,[iii] celebraria – no âmbito da cátedra de Filosofia da Ciência, à época ocupada pelo professor titular Giuliano Di Bernardo – o 30º aniversário da Fondazione Trentino Università. Alguns renomados intelectuais italianos estiveram presentes naquela edição comemorativa do ciclo, entre eles: o físico Renzo Leonardi, o historiador da ciência Renato Mazzolini, o psicanalista Sergio Benvenuto, o matemático Marco Panza, os sociólogos Gianfranco

---

[i] Luiz Abrahão é doutor em Filosofia e professor do Centro Federal de Educação Tecnológica de Minas Gerais (CEFET/MG).

[ii] Algumas das informações utilizadas nesta seção decorrem de comunicações privadas com Grazia Borrini-Feyerabend e Riccardo Scartezzini. Também recorremos aos textos de apresentação das edições italiana e inglesa do livro, redigidas, respectivamente, por Castellani (1996) e Oberheim (2011). Utilizamos, ainda, informações presentes na "Indicazioni bioblíografiche" contida em *Feyerabend racconta Feyerabend* (BORRINI, 2012, p. 106).

[iii] Ver o testemunho de Riccardo Scartezzini no Apêndice *"Ricordi su Feyerabend"* (p. 202).

Ferrari e Massimiano Bucci, a professora de literatura Giovanna Covi e o jurista Ugo Mattei.[i] As quatro conferências previstas abordariam, inicialmente, um tópico altamente especializado: Introdução à Teoria Atômica.[ii] Posteriormente, entretanto, a programação foi alterada com o intuito de abarcar temáticas mais amplas e que refletissem duas preocupações mais profundas do pensamento feyerabendiano, quais sejam: *O que é o Conhecimento?* e *O que é a Ciência?*.[iii]

Com exceção da "Quarta conferência", em 7 de maio de 1992, o ciclo não permitia que a plateia direcionasse perguntas ao convidado. Feyerabend solicitou, então, um encontro adicional destinado, sobretudo, a debater com o público. (As discussões que reproduzimos na seção *"Dibattito"* deste volume remontam, em especial, a esse encontro adicional, datado de 8 de maio de 1992.)[iv] Em julho de 1993, o próprio filósofo revisou o material registrado nas fitas que continham as gravações daquele evento em Trento. Mas ele mesmo não atribuiu

---

[i] O Apêndice *"Ricordi su Feyerabend"* traz reminiscências pessoais inéditas de Renato Mazzolini, Sergio Benvenuto, Ugo Mattei, Massimiano Bucci e Riccardo Scartezzini sobre esse evento em Trento.

[ii] A obra *Physics and Philosophy: Philosophical Papers 4* (CUP, 2015), editada por Stefano Gattei e Joseph Agassi, traz uma coletânea completa de escritos de Feyerabend sobre o tema.

[iii] Oberheim (2011, p. 135, n. 1) escreve: "Feyerabend inicia a série de conferências com um rápido pedido de desculpas, explicando que, usualmente, ele desenvolve essas ideias ao longo de um curso com um semestre de duração, permitindo que ele conheça sua audiência mais pessoalmente e adapte suas ideias da forma adequada". Essa declaração inicial de Feyerabend não foi transcrita nas edições do livro.

[iv] As edições em italiano, alemão, espanhol, inglês e francês das *Lezione trentine* de Feyerabend reproduzem partes dessa discussão ao final de cada conferência, seguindo o critério da proximidade temática (*"Per motivi di omogeneità ed equilibrio ho preferito raggruppare tutte le domande e risposte alla fine dei singoli capitoli, per argomenti il più possibile affini tra loro e vicini al testo della relativa lesione"*, lemos na p. XVI da *"Introduzione"* da edição italiana). Essa escolha editorial traz alguns problemas: primeiro, altera o formato original do ciclo em Trento; segundo, presume que não há repetição de temas nas quatro conferências; terceiro, essa alteração gera inconvenientes editoriais que, aparentemente, até aqui passaram despercebidos. Por exemplo: na edição italiana, a questão *"Egli ha detto che la tragedia nell'antica Grecia..."* (p. 40) consta no final da conferência inaugural (04/05/1992), enquanto na inglesa a mesma *"Yesterday you sad tha tragedy in ancient Greece..."* (p. 60) acompanha a conferência de 05/05/1992. Com efeito, não faz sentido reproduzir a questão *"Ontem você disse que a tragédia na Grécia antiga era..."* (p. 131) na sequência da "Primeira conferência", como ocorre na edição italiana desta obra.

quaisquer títulos a elas,[i] tampouco incluiu referências bibliográficas ou notas ao material revisado.[ii] Posteriormente, Caterina Castellani traduziu o manuscrito para o idioma italiano (as palestras, presumivelmente, foram proferidas em inglês). Em 1996, a Editori Laterza publicou, postumamente, a primeira versão da presente obra, com o título *Ambiguità e armonia. Lezione trentine*.[iii]

Uma obra, vários títulos

O título italiano *Ambiguità e armonia* (*Ambigüedad y armonía*, em espanhol) se aproximava da maneira como, casualmente, o próprio Feyerabend se referia à versão preliminar do manuscrito: *Conflict and Harmony* (a única edição que, de fato, adotou esse nome foi a alemã *Widerstreit und Harmonie*). A tese implícita em tal formulação consta na "Primeira conferência" e na "Segunda conferência", além dos "*Dibattito*". Em síntese, o filósofo critica a tendência da tradição racionalista em compreender os conflitos (ou as desconexões) entre os eventos humanos, naturais, etc. por meio do estabelecimento de uma harmonia (ou unidade) abstrata.[iv] Por seu turno, o louvor à "ambiguidade" – contra a fixidez ou estabilidade (das ideias, dos conceitos, das formas de pensar, etc.) – também emerge em passagens nas quais o filósofo declara, explicitamente, que "a linguagem é ambígua, que é bom que seja ambígua" (p. 142) e que "o desenvolvimento conceitual pressupõe a ambiguidade" (p. 153). Contudo, nenhum daqueles vários títulos preliminares (em italiano, espanhol ou alemão), imprecisos e provisórios, impôs-se como definitivo. Diante disso, a editora Polity Press (acompanhada pela Seuil) optou por um nome mais comercial

---

[i] A edição italiana e a espanhola atribuíram os seguintes títulos às conferências: "Realità e storia", "Scienza e progresso", "Teoria e pratica" e "Conoscenza e verità"; a inglesa e a francesa, estes: "Conflict and Harmony", "The Disunity of Science", "The Abundance of Nature" e "Dehumanizing Humans".

[ii] Detalhes na "Nota da edição brasileira".

[iii] Outras obras de Feyerabend publicadas pela mesma editora: *Dialogo sul Metodo* (1989), *Dialoghi sulla conoscenza* (1991), *Ammazzando il tempo. Um'autobiografia* (1999).

[iv] "Lastimar sobre uma 'falta de harmonia' significa condenar arranjos que se formaram durante milênios. Além disso, quem fala em harmonia parece tão suspeito quanto os tiranos, dispostos a submeter toda a diversidade que encontram à sua própria regra de harmonia" (p. 47).

para a obra: *The Tyranny of Science*. O êxito publicitário e mercadológico dessa escolha editorial, todavia, não elimina o fato de que, conforme bem observaram alguns estudiosos,[i] o título adotado pelas edições em inglês e francês deste livro deturpa duplamente o propósito do pensamento de Feyerabend. Primeiro: ele jamais considera que tendências históricas reflitam traços estruturais da prática científica. Como escreveu (ainda em 1975): "Segue-se que a ciência dos séculos XVII e XVIII *foi* um instrumento de libertação e esclarecimento. Mas não se segue que está *obrigada* a ser um tal instrumento. Não há nada na ciência ou em qualquer outra ideologia que as faça *inerentemente* libertadoras. Ideologias podem se deteriorar" (PKF, PP3, p. 182; ver também CSL, p. 94). Logo, na ótica feyerabendiana, a ciência não é, essencialmente, *nem* libertadora *nem* tirânica. Segundo: o austríaco nega haver uma entidade ou instituição única que possamos, rigorosamente, chamar de "A Ciência". Essa afirmação da desunidade (ou fragmentação) da ciência consta, inclusive, na "Segunda conferência" (p. 85) deste volume: "as ciências são repletas de conflitos".[ii] Pois bem, as *Lezioni Trentine* revelam um ataque à tendência, ao mesmo tempo dogmática e despótica, de impor uma única *ideologia* – materialista, objetivista –, alcunhada nas páginas deste volume como "Visão de Mundo Científica".[iii]

---

[i] Cf. Kidd (2011) e Kuby (2014); também Sergio Benvenuto (ver adiante, nos "*Ricordi*", p. 197).

[ii] Em Feyerabend, a desunidade adquire um caráter mais global, uma vez que não se restringe à ciência. Na "Primeira conferência" (p. 44-45), ele recusa a unidade da *religião* ("[...] a religião está longe de ser uma coisa unificada, ela é plural. Há budistas, muçulmanos, protestantes, adoradores de serpentes, e cada um desses grupos ainda é subdividido em facções mais tolerantes ou mais violentas"), da *arte* ("Além disso, quem é essa criatura 'arte' a quem os cientistas cortejam com tanta empolgação? O que é isso que conecta, digamos, a cúpula da Catedral de Florença às micções de Jackson Pollock e, em especial, aos estudos mecânicos de Galileu? Exatamente como na religião, temos uma ampla variedade de produtos agrupados de maneira bastante artificial (ou deveria dizer 'artística'?) sob um único nome") e da própria *filosofia* ("Como os cientistas, os artistas e os reformadores religiosos, os filósofos, a esta altura, já acumulam um amontoado bastante caótico de opiniões e abordagens. Há kantianos, hegelianos, heideggerianos; há kuhnianos, popperianos, wittgensteinianos; há seguidores de Foucault, Derrida, Ricœur; há neoaristotélicos, neotomistas – eu poderia continuar a lista eternamente").

[iii] Uma forma conceitualmente correta de descrever a posição de Feyerabend seria recorrer a opções (pouco atraentes) como *A tirania do materialismo científico* ou

O título *Ciência, um Monstro* recupera uma imagem constitutiva da obra de Feyerabend (empregada também nas páginas a seguir).[i] A metáfora da Ciência como um "Monstro" (seja ele "multifacetado",[ii] "abstrato"[iii] ou "mítico",[iv] para retomar alguns dos usos feyerabendiano) é recorrente em muitos textos e contextos do *corpus* em análise.[v] Com ela, o autor busca ilustrar como, enquanto *práxis*, a atividade científica é heterogênea, conflituosa, desarmônica, fragmentada, etc.[vi] Um *monstrum*, enfim. Com efeito, a ilusória entidade unitária *Die Wissenschaft* – como lemos no

---

O despotismo da visão de mundo científica. A tirania dos especialistas/experts seria, em todos os aspectos, a mais interessante e correta opção de título para este livro, *se seguíssemos* a proposta editorial da Polity Press. Entretanto, esse já é o nome de uma interessante obra de William Easterly (*The Tiranny of Experts: Economists, Dictators and the Forgotten Rigths of the Poor*. New York: Basic Books, 2013).

[i] "Além disso, quem diz que é a ciência que determina a natureza da realidade presume que as ciências têm uma única voz. Acredita que existe um monstro, a CIÊNCIA, e que quando ele fala, repete e repete sem parar uma única mensagem coerente. Nada mais distante da verdade. Diferentes ciências têm ideologias muito distintas" ("Primeira conferência", p. 85).

[ii] PKF, 1979, p. 266.

[iii] PP3, p. 183.

[iv] CM3, p. 330.

[v] Exploramos em pormenores essa "teratologia epistemológica" de Feyerabend em ABRAHÃO (2015a, p. 275-283).

[vi] Já na "Primeira conferência" (p. 45-46), lemos: "A teoria da relatividade geral é ciência, assim como a botânica. A botânica se baseia na inspeção cuidadosa de objetos que podemos ver e segurar em nossas mãos, ao passo que a teoria da relatividade geral faz uso de generalizações ousadas a respeito de coisas inacessíveis. Lembram do Big Bang? Todos concordam que ele esteja muitas ordens de grandeza afastado de todas as condições físicas conhecidas – e mesmo assim as leis que estabelecemos para tais condições supostamente também se aplicam ao Big Bang. Comparemos, ainda, a física das partículas elementares com a ciência econômica. Uma é bem-sucedida, a outra, um tópico bastante duvidoso. Uma é verificável pela experimentação, a outra, por tendências que não podemos identificar ou controlar com facilidade. Cada área possui empiristas que querem que a ciência permaneça próxima aos fatos e sonhadores que não se importam quando suas especulações vão de encontro a resultados experimentais bem-estabelecidos. Até mesmo áreas específicas, como sociologia ou hidrodinâmica, são divididas em escolas que adotam diferentes metodologias. Desse modo, quando olhamos em volta nos deparamos com grandes subdivisões entre áreas que por si já são coleções discordantes de métodos e resultados; tudo isso precedido pela advertência: não misture as abordagens!".

próprio *Contra o método*[i] – existiria somente no nível da abstração; em outros termos, "a Ciência" não passa de uma "colagem", de um *mito* produzido e apregoado por "propagandistas, reducionistas e educadores" (p. 85). Assim, o título inédito escolhido para esta edição brasileira das *Lezioni Trentine* de Feyerabend pretende, a um só tempo, escapar à flagrante imprecisão de títulos como *Ambiguità e armonia*, *Ambigüedad y armonía*, *Conflict and Harmony* e *Widerstreit und Harmonie*; e não incorrer nos equívocos filosóficos das alternativas *The Tyranny of Science* e *La Tyrannie de la Science*.

Dias de Feyerabend na Itália

Feyerabend já havia visitado a Itália antes de proferir, em Trento, as conferências que compõem seu livro póstumo. Em 1966, passou uma semana na comuna de Bellagio em companhia do economista austríaco F. A. von Hayek, do historiador da ciência britânico H. Butterfield e do roteirista e escritor estadunidense R. Ardrey (MT, p. 144). Além disso, em pelo menos duas cartas remetidas a Imre Lakatos, em 1970, externou seu interesse em trabalhar e morar naquele país. Em 1º de janeiro: "De alguma forma eu gostaria de conseguir um emprego na Itália" (FAM, p. 186). No mesmo documento, aludiu à publicação italiana de seu extenso artigo "Problems of Empiricism" (1965) como um fator que poderia contribuir para a realização daquele projeto.[ii] A missiva também informa que o filósofo não era fluente no idioma local: "Obviamente, eu teria de aprender italiano, mas isso é o de menos". Em 26 de dezembro do mesmo ano, ele retomou o tema de assumir um cargo na Europa: "na Alemanha ou, o que me agradaria muito mais, na Itália" (FAM, p. 232). Mas complementou: "Claro, Inglaterra está no topo da lista, mas considero se de fato encontrarei algo por lá. Uma bolsa de pesquisa em Oxford ou um posto em Brighton seria maravilhoso – talvez fale com Ayer sobre a primeira quando for lá".

Feyerabend foi professor na Universidade de Berkeley de 1959 até se aposentar, em março de 1990 (CM3, p. 352). Na primavera de 1983, conheceu a física italiana Grazia Borrini, que cursava a

---

[i] Cf. CM3, p. 330.

[ii] *I problemi de'll empirismo*. Tradução de Anna Maria Siolo. Milano: Lampugnani Nigri, 1971.

pós-graduação em Saúde Pública naquela instituição californiana.[i] A partir de então, passou a dividir o ano letivo entre a Califórnia e a Suíça (como lemos na "Segunda conferência", p. 84), lecionando na Escola Politécnica de Zurique. Instalou-se em Meilen (p. 149), próximo ao lago da cidade, e frequentemente viajava até Roma, onde Grazia Borrini trabalhou (até 1992) junto ao programa do Instituto Nacional de Saúde. Casaram-se em 1989, em Berkeley: "Não moramos juntos – ainda não. Entretanto, visito Grazia com frequência e ela ocasionalmente me visita", revelou (MT, p. 181; ver também AR, p. 295). Sob o impacto do terremoto que atingiu a Baía de São Francisco em 17 de outubro de 1989 (mais conhecido como Sismo de Loma Prieta), o filósofo decidiu retornar definitivamente à Europa (MT, p. 12, 19). Daí em diante, passou a ser constantemente convidado para participar de eventos acadêmicos em toda a Europa, especialmente na Itália.[ii]

Em Florença, Feyerabend encontrou os pensadores Marcello Pera, Hilary Putnam, Bob Cohen, Ian Hacking e Bas van Fraassen ("Para esse encontro de Florença eu escrevera uma fala que seria publicada – mas falei sem o manuscrito. A sala estava lotada de pessoas que acreditavam que eu fosse um astro, algo que simplesmente não podia entender") (MT,

---

[i] O encontro ocorreu no âmbito dos seminários acadêmicos ministrados por Feyerabend – e foi teatralmente narrado no diálogo que ele publicou em 1990:
"Grazia (*aparece à porta – uma mulher atraente com uma vasta cabeleira e um forte sotaque italiano*): Esta é a aula sobre teoria do conhecimento?
Dr. Cole (*aparentemente interessado*): Era, sinto muito; acabou.
Grazia (*desapontada*): Por que estou sempre atrasada?!
Dr. Cole (*gentilmente*): Na realidade, você não perdeu muita coisa.
Grazia: Você é o professor?
Dr. Cole (*embaraçado*): Sim, mas não desejo ser um tirano...
Grazia: O senhor deixa as pessoas falarem? Houve uma discussão? Teria sido possível eu falar alguma coisa?
Dr. Cole: Se conseguisse parar os demais.
Grazia (*com um olhar de superioridade*): Bem, não penso que isso teria sido um problema. Realmente sinto muito ter perdido o seminário... (*Grazia sai com Dr. Cole, falando animadamente. Todos saíram. Só Donald permanece, resmungando.*) Essa foi minha última aula de filosofia. Desse modo, nunca vou me formar" (DC, p. 62-63; ver também DC, p. 11; TDK, p. 3; MT, p. 182).

[ii] A propósito, Grazia Borrini-Feyerabend (em comunicação pessoal) nos disse: "Você tem conhecimento sobre as palestras de Paul [Feyerabend] em Nápoles e na Sicília, em Florença, Roma e em Espoleto? E sobre o evento na Grécia, o primeiro que ele aceitou? Antes, ele sempre dizia 'não' para os convites... mas, nesse caso, eu consegui convencê-lo de que alguns poucos dias em Creta seria divertido...".

p. 194). Em Locarno, dissertou sobre a história do racionalismo ("Não foi uma boa fala – li parte dela, pulei algumas linhas aqui e ali e acabei fazendo confusão"). Em Palermo, conheceu o cineasta francês Alain Robbe-Grillet ("que estava mais interessado em Grazia do que em seus amigos intelectuais"). Em Espoleto, discutiu com o paleontólogo Steven Jay Gould sobre as bases da noção de equilíbrio pontuado (inspirada no *Contra o método*) e com o astrofísico e matemático John D. Barrow sobre a teoria do caos. Em 1990, a edição italiana da coletânea *Adeus à razão* (1987) foi agraciada com o Premio Fregene (categoria: Ensaios Científicos).[i] Nessa mesma época, Feyerabend concedeu entrevistas a estações de televisão e rádio italianas[ii] e foi jogado no epicentro de uma acalorada disputa quando o Cardeal Ratzinger citou uma passagem do *Contra o método* com o objetivo de justificar a posição da Igreja em relação à condenação de Galileu ("o perito papal em assuntos doutrinários fez uma declaração em Parma discutindo o caso de Galileu e me citando em apoio a sua posição").[iii]

"Il processo contro Galileo fu ragionevole e giusto"[iv]

Em 15 de março de 1990, o cardeal Joseph Ratzinger proferiu uma palestra intitulada "The Crisis of Faith in Science"[v] na Sapienza, Università di Roma. O então prefeito da Congregação para a Doutrina da Fé recorreu ao parágrafo-síntese do capítulo XIII da segunda edição

---

[i] A 12ª edição do prêmio também homenageou Alberto Moravia, com *La villa del venerdì* (categoria: Ficção e Literatura); Carlo D'inghilterra, com *Uno sguardo sulla Gran Bretagna* (Sociedade Contemporânea); Denis Mack Smitth, com *I Savoia re D'Italia* (Pesquisa Histórica); Maria Rita Parsi, com *Il quaderno delle bambine* (Sociedade e Costumes) e Mario Schimberni, com *Tempo di guerra* – National Geographic vídeo (Divulgação Cultural), entre outros.

[ii] A entrevista concedida ao canal RAI (Radiotelevisione Italiana-Cultura) encontra-se disponível no *link*: <http://goo.gl/zyuYvI>.

[iii] Como veremos a seguir, Feyerabend se equivoca quanto ao local. A declaração ocorreu em Roma, e não em Parma.

[iv] Utilizamos na preparação desta seção as informações históricas contidas em McMullin (2008) e Hickey (2009), mas, sobretudo, no excelente trabalho de TERRA (2008).

[v] Cf. *Wendezeit für Europa? Diagnosen und Prognosen zur Lage von Kirche und Welt*. Einsiedeln-Freiburg: Johannes Verlag, 1991; versão italiana *Svolta per l'Europa: Chiesa e modernità nell'Europa dei rivolgimenti*. Rome: Paoline, 1992. Trechos do texto (em inglês) podem ser lidos aqui: <http://goo.gl/WXeg4n>.

(alemã) do livro *Contra o método*,[i] de Feyerabend, para argumentar que o julgamento do Santo Ofício da Inquisição em relação a Galileu foi "razoável e justo". O trecho no qual o excerto do *Contra o método* é citado diz o seguinte:

> Distinguindo, como ele [o filósofo marxista Ernst Bloch] faz, entre duas esferas do conhecimento com relação aos diferentes perfis metodológicos delas, o juízo emitido pelo agnóstico cético [Paul] Feyerabend parece muito mais drástico. Ele escreve: "Na época de Galileu, a Igreja foi muito mais fiel à razão do que o próprio Galileu, e também levou em conta as consequências éticas e sociais da doutrina de Galileu. O veredito da Igreja contra Galileu foi racional e justo, e a revisão da condenação apenas pode ser explicada por meio do oportunismo político".[ii]

Em 2008, o já papa Bento XVI foi convidado a proferir a aula inaugural (prevista para 17 de janeiro) do ano acadêmico naquela mesma instituição romana. No entanto, dessa vez, dezenas de professores, indignados, adotaram uma posição antipapal. Com o apoio de alguns estudantes, eles repeliram veementemente a presença do pontífice na Sapienza. Em uma carta aberta, endereçada ao reitor, o professor Renato Guarini, eles defenderam a autonomia científica em relação à Igreja (alegaram uma "*violazione della tradizionale autonomia delle università*") e sustentaram que a presença de um ex-chefe do Santo Ofício representava

---

[i] Tradução alemã de Hermann Vetter (revista), *Wider den Methodenzwang*. Frankfurt am Main: Suhrkamp, 1983 [1986, 1987]. 423 p.

[ii] O cabeçalho do índice analítico da 3ª edição em inglês de *Contra o método* diz: "A Igreja, na época de Galileu, não apenas conservou-se mais próxima à razão tal como esta era definida então e, em parte, mesmo hoje: também considerou as consequências éticas e sociais das ideias de Galileu. Sua indicação de Galileu foi racional, e somente oportunismo e falta de perspectiva podem exigir uma revisão" (CM3, p. 28). O mesmo texto já aparece na 2ª edição (1988) do livro. Com relação à citação que o cardeal Ratzinger fez do excerto do capítulo XIII de *Contra o método*, Feyerabend redigiu uma nota para a 3ª edição do livro (CM3, p. 192 n. 20), concedeu uma entrevista para o jornal *La Repubblica* (14 de junho de 1990) e conversou com o jornalista Marcello Frediani para o *Il Sabato* (12 de maio de 1990), quando afirmou: "Minha posição foi corretamente apresentada [pelo cardeal Ratzinger]. A Igreja estava certa em dizer que os cientistas não têm a autoridade final em questões científicas. Muitas pessoas hoje concordam sobre este ponto. Entende-se que os cientistas possuem uma competência em campos restritos, que muitas vezes eles não se baseiam em suas competências e que, quando o fazem, seus julgamentos entram em conflito".

um retrocesso histórico que lesava a própria imagem da Università di Roma no cenário acadêmico internacional (*"La sua clamorosa violazione nel corso dell'inaugurazione dell'anno accademico de La Sapienza sarebbe stata considerata, nel mondo, come un salto indietro nel tempo di trecento anni e più"*). A carta-protesto, disparada pelo ativista de esquerda, físico e docente aposentado Marcello Cini (em seguida subscrita por outros 67 docentes, especialmente do Dipartimento di Fisica)[i] citava exatamente aquela passagem na qual Feyerabend entende que "o veredito da Igreja contra Galileu foi racional e justo". Consideraram-na, em tudo, ofensiva e humilhante aos "cientistas fiéis à razão" (*scienziati fedeli alla ragione*) e aos "professores que dedicam sua vida ao progresso e à difusão do conhecimento" (*docenti che dedicano la loro vita all'avanzamento e alla diffusione delle conoscenze*). Por fim, a *Lettera dei 67 fisici della Sapienza*, consegnata brevi manu al Rettore Renato Guarini[ii] pedia, em nome da *laicità della scienza e della cultura*, a anulação da aula magna com o papa Bento XVI. O Vaticano suspendeu (em 15 de janeiro de 2008) a visita do pontífice à Sapienza – não sem tornar público o texto preparado para a alocução.[iii] Com efeito, o rótulo de *persona non grata* do cardeal Ratzinger/papa Bento XVI junto a parte do professorado e do alunado universitário

---

[i] Assinaram a carta Gabriella Augusti Tocco, Luciano M. Barone, Carlo Bernardini, Maria Grazia Betti, Enrico Bonatti, Maurizio Bonori, Federico Bordi, Bruno Borgia, Vanda Bouché, Marco Cacciani, Francesco Calogero, Paolo Calvani, Paolo Camiz, Mario Capizzi, Antonio Capone, Sergio Caprara, Marzio Cassandro, Claudio Castellani, Flippo Cesi, Guido Ciapetti, Giovanni Ciccotti, Guido Corbò, Carlo Cosmelli, Antonio Degasperis, Francesco De Luca, Francesco De Martini, Giovanni Destro-Bisol, Carlo Di Castro, Carlo Doglioni, Massimo Falcioni, Bernardo Favini, Valeria Ferrari, Fernando Ferroni, Andrea Frova, Marco Grilli, Maria Grazia Ianniello, Egidio Longo, Stefano Lupi, Maurizio Lusignoli, Luciano Maiani, Carlo Mariani, Enzo Marinari, Paola Maselli, Enrico Massaro, Paolo Mataloni, Mario Mattioli, Giovanni Organtini, Paola Paggi, Giorgio Parisi, Gianni Penso, Silvano Petrarca, Giancarlo Poiana, Federico Ricci Tersenghi, Giovanni Rosa, Enzo Scandurra, Massimo Testa, Brunello Tirozzi, Rita Vargiu, Miguel A. Virasoro, Angelo Vulpiani, Lucia Zanello.

[ii] Disponível em: <https://goo.gl/sP4m8T>. Acesso em: 20 jan. 2015.

[iii] A resposta católica ao que foi interpretado como um ato de censura à *libertà di espressione* do *Papa Benedetto XVI* também foi bastante expressiva. Por exemplo, no dia 20 de janeiro, o cardeal Ruini liderou uma manifestação de reconciliação entre Roma e o Santo Padre que aglomerou cerca de 100 mil pessoas na Piazza di San Pietro, na Cidade do Vaticano. O texto papal se encontra disponível em: <http://goo.gl/Mnbk4D>. Acesso em: 21 jan. 2015.

de Roma era, em certa medida, extensivo ao próprio autor de *Contra o método*. Em outros termos, é certo que um grupo influente da comunidade científica e intelectual italiana enxergava em Feyerabend um "inimigo da Razão" e do "progresso científico".[i]

O Galileu de Feyerabend:
cientista propagandista, *expert* despótico

O cientista Galileu Galilei ocupa um lugar de destaque no conjunto do *corpus* de Feyerabend. Um primeiro grupo de textos feyerabendianos sobre o pisano concerne, em particular, às contribuições científicas do autor do *Diálogo sobre os dois máximos sistemas do mundo ptolomaico e copernicano*. Esse material, mais técnico,[ii] provocou um acalorado debate acadêmico, porque colocou em perspectiva a opinião dominante sobre a transição da cosmovisão aristotélico-tomista para a copernicana. No *Contra o método*, por exemplo, o austríaco questionou tanto a fundamentação da nova dinâmica de Galileu como a refutação galileana do principal contra-argumento à ideia do movimento rotacional diário da Terra (corpos pesados lançados do alto de uma torre se movimentam de forma retilínea em queda vertical em direção à superfície terrestre, e não se deslocam para leste). O livro também reconsiderou estes tópicos centrais: (i) a reformulação de pressupostos (filosóficos, científicos, etc.) associados ao valor da informação sensorial para a afirmação da imobilidade da Terra; (ii) a introdução da distinção entres duas espécies de movimento de queda (o vertical *aparente*, acessível ao observador; o *real* ou *absoluto* no espaço, inacessível ao observador e que corroborava a hipótese copernicana); (iii) as evidências celestes apresentadas por Galileu em favor do copernicanismo a partir de observações telescópicas; e, por fim, (iv) as estratégias retóricas e propagandísticas empregadas de Galileu ao advogar em favor do novo modelo astronômico. O *Contra o método* concluiu que

---

[i] O testemunho de Massimiano Bucchi no Apêndice "*Ricordi su Feyerabend*" (p. 206) toca no tema do preconceito dos acadêmicos italianos com relação à obra de Feyerabend.

[ii] CM3, caps. VI-XI; Machamer on Galileo. *Studies in History and Philosophy of Science*, v. 5, n. 3, p. 297-304, Nov. 1974; Galileo's Observations. *Science*, v. 209, n. 4.456, p. 544, 1º Aug. 1980; Galileo as a Scientist. *Science*, v. 211, n. 4.485, p. 876-877, 27 Feb. 1981. Discutimos parte desse material em Abrahão (2015b).

aquela transição científica decorreu da utilização de "*meios irracionais*, como propaganda, emoção, hipóteses *ad hoc* e recurso a preconceitos de todos os tipos" (CM3, p. 167).

Um segundo grupo de trabalhos problematiza as implicações ético-sociais da atitude realista de Galileu em favor do copernicanismo.[i] Esse novo enfoque dos textos feyerabendianos desponta no ensaio "Galilei e a tirania da Verdade" (1985), fruto de um evento promovido pela Academia Pontifícia da Cracóvia, Polônia.[ii] Nele, o conflito entre Galileu e a Igreja é descrito como um embate entre duas tradições a respeito do papel da ciência e dos *experts* na sociedade. A Tradição 1 considera que o saber especializado é superior e autônomo com relação à Teologia; enquanto isso, a Tradição 2 argumenta que o conhecimento científico deve ser compatível com a Teologia e supervisionado pela Igreja. Os trechos abaixo resumem essas duas perspectivas:

> Tradição 1: "[…] a sociedade deve se adaptar ao conhecimento científico na forma em que ele é apresentado pelos cientistas" (AR, p. 308). Tradição 2: "[…] o conhecimento científico é especializado demais e relacionado a uma visão restrita do mundo para ser adotado pela sociedade assim, sem mais nem menos. Ele deve ser examinado e julgado a partir de um ponto de vista mais amplo que inclua os interesses humanos e os valores que fluem desses interesses, e suas reivindicações de realidade devem ser modificadas para que estejam de acordo com esses valores" (AR, p. 309).

Feyerabend explicou que Galileu recorreu à sua autoridade de matemático e astrônomo para tentar divulgar e impor a doutrina copernicana (AR, p. 297). Mas o filósofo lembrou que, à época, a Igreja exercia o papel central de "condição-limite absoluta" para a interpretação de resultados científicos (AR, p. 305). Logo, em vez de aceitar incondicionalmente o modelo copernicano como a nova "imagem fiel da realidade", os teólogos católicos também levaram em consideração

---

[i] Der Galileiprozess: einige unzeitgemässe Betrachtungen. In: *Wissenschaft und Tradition*. Bearbeitet von Paul Feyerabend und Christian Thomas. Zurich: Verlag der Fachvereine, 1983. p. 183-192; Galileo e gli dei omerici. *Nuove effemeridi*, n. 2, p. 54-59, 1988; e Un giudice per Galileo. *Il Sabato*, n. 19, p. 50-57, 12 maio, 1990.

[ii] Primeira versão publicada em *The Galileo Affair, a Meeting of Faith and Science: Proceedings of the Cracow Conference 24 to 27 May 1984*. Edited by G. V Cogne, M. Hellor and J. Zycinski. Vatican City: Specola Vaticana, 1985. p. 155-165.

fatores como o bem-estar individual ou coletivo. Eles apreciaram as "questões de fato" (a acurácia da descrição dos fenômenos celestes ou as vantagens preditivas do heliocentrismo, a precisão dos instrumentos de observação galileanos, etc.) tendo em vista as "questões de valor" (AR, p. 298). Assim, na ótica feyerabendiana, a Igreja teria condenado um *expert* "atrevido e totalitário" que colocava a autonomia da ciência (e uma visão particular da Verdade e da Realidade) na frente da sociedade e das "realidades básicas" da vida humana (AR, p. 299-300, 309).

Feyerabend aprofundou essa polêmica interpretação acerca do julgamento de Galileu quando redigiu o novo capítulo XIII para a segunda edição do *Contra o método* (1988; reimpresso na 3. ed., 1993). O autor observou, então, que processos relacionados à produção e ao uso do conhecimento eram práticas usuais dos tribunais da Inquisição: "O julgamento de Galileu foi um entre muitos. Não teve características especiais, exceto, talvez, que Galileu teve um tratamento bastante suave, apesar de suas mentiras e tentativas de trapacear" (CM3, p. 183). Em princípio, os *qualificatores* designados pelo Santo Ofício teriam procedido uma análise técnica (ou seja, não religiosa) do *conteúdo científico* do heliocentrismo e avaliado as *implicações éticas* (sociais) da doutrina copernicana. Com relação ao primeiro ponto, concluíram que ele apresentava incoerências e falhas, logo, não poderia ser "apresentado como verdade fundamental" (p. 186). Lemos no *Contra o método*: "Mas não havia nenhuma prova convincente da doutrina copernicana. Consequentemente. Galileu foi aconselhado a ensinar Copérnico *como uma hipótese*; foi proibido de ensiná-la *como uma verdade*" (p. 190). Sobre o segundo ponto, os especialistas da Igreja revelaram contradições entre o heliocentrismo e as Sagradas Escrituras e, por isso, consideraram-na herética. Segundo os peritos, a nova astronomia prejudicaria a "qualidade da vida" dos fiéis ao desvirtuar as ideias, ações e atitudes deles de uma conduta santificada. Sendo assim, a Igreja Católica Romana – instituição que tinha o monopólio da hermenêutica bíblica e, por conseguinte, do zelo sobre questões éticas e sociais – via-se diante de algo que havia sido considerado apenas uma conjectura tecnicamente vaga e, eticamente, herética; logo, por motivos tanto científicos como morais, a instituição orientou que o heliocêntrico fosse investigado e divulgado apenas como "um modelo interessante, insólito e bastante eficiente" (p. 191). Feyerabend diz:

[...] a avaliação dos peritos da Igreja estava cientificamente correta e tinha a intenção social certa, a saber, proteger as pessoas das maquinações dos especialistas. Desejava proteger as pessoas de serem corrompidas por uma ideologia estreita que podia funcionar em domínios restritos, mas era incapaz de sustentar uma vida harmoniosa. Uma revisão da avaliação poderia conquistar à Igreja alguns amigos entre os cientistas, mas prejudicaria severamente sua função como preservadora de importantes valores humanos e sobre-humanos (p. 192).

"Herói"? "Maluco"? "Criminoso"? "Uma pessoa inteligente e inventiva"

A controvérsia antipapal na Università di Roma, em 1990, contribuiu para que parte da comunidade científica e intelectual local passasse a rotular o autor de *Contra o método* como um inimigo da Razão e do progresso científico. Naquela ocasião, os autodeclarados "cientistas fiéis à razão" também associaram à posição de Feyerabend – que considerava "racional e justo" a Igreja coibir a propagação irrestrita de uma doutrina cientificamente vaga e herética (no parecer dos "especialistas teológicos") como a "imagem fiel da realidade" (no parecer dos "especialistas científicos", como Galileu) – um insulto à própria figura icônica e heroica de Galileu. Mas, naturalmente, tais preconceitos oriundos de parte da *intelligentia* italiana são insustentáveis. Primeiro: Feyerabend sempre enalteceu o recurso a "meios irracionais" para fazer progredir o conhecimento – e elegeu exatamente Galileu como exemplo paradigmático dessa "inventividade da prática científica". Mais que isso, considerava-o "um dos maiores cientistas-filósofos que já existiu" (AR, p. 339). Segundo: a tese feyerabendiana relativa ao controle externo da pesquisa e da transmissão das ideias dos *experts* na sociedade afirma que valores democráticos também devem ser considerados como condições delimitadoras da difusão de ideias (científicas, filosóficas, etc.), e não que tal papel seja exclusividade de alguma outra instituição (também composta por *experts*). Vale lembrar que, no caso em vista, o austríaco se referia à Igreja "*na época de Galileu*" e que, ainda segundo o autor, ela possuía "direitos exclusivos de exploração, interpretação e aplicação das Sagradas Escrituras. Os leigos, *de acordo com os ensinamentos da Igreja*, não tinham nem conhecimento nem autoridade para mexer com as Escrituras e eram proibidos de fazê-lo" (CM3, p. 187; itálicos adicionados). Todavia, o monopólio do saber é algo absolutamente contrário às propostas filosóficas de um pensador conhecido por defender a "pluralidade de ideias" (CM3, p. 189). Com efeito, o filósofo austríaco jamais disse que a Igreja Católica Romana – ou *qualquer* outra instituição (científica, filosófica, etc.) – deva exercer, sozinha, a função de deliberar sobre questões de interesse público. Na verdade, Feyerabend sustentava que *cidadãos não especialistas* (organizados ou não em "comitês leigos") deveriam examinar – munidos de *"todas* as informações relevantes" – os produtos materiais e intelectuais da pesquisa científica (CSL, p. 120). Como defensor da "democratização completa da ciência", o autor de *Contra o método* sublinhava que o público tinha *"obrigação"* de participar da ciência: "primeiro, porque é parte interessada (muitas decisões científicas afetam a vida pública); segundo, porque tal participação é a melhor educação científica que o público pode obter" (CM3, p. 21).

Como vemos, a imagem de Feyerabend como um filósofo anticiência e inimigo de Galileu não passava de um arraigado e infundado preconceito racionalista – ainda compartilhado por vários membros da comunidade acadêmica e científica italiana na época das *Lezioni trentine*, em 1992. É muito provável que Feyerabend estivesse ciente desse fato; e, talvez por isso, tenha desejado revisitar, agora em Trento, o tema da recente polêmica romana em torno da condenação de Galileu. Assim, ele ressaltou que Copérnico e Galileu adotaram uma postura realista quanto ao heliocentrismo ("Copérnico e Galileu, que afirmaram que o Sol está no centro e que a Terra se movimenta. Isso, segundo eles, é a verdade; as antigas concepções estão equivocadas", p. 80) e destacou que, mesmo no contexto do cristianismo, as respostas às teses copernicanas dependiam das posições hermenêuticas em relação à Bíblia – uma vez que a doutrina cristã poderia, em certa medida, incorporar mudanças à tradicional posição geocêntrica: "Para a Igreja Católica ortodoxa, muitas passagens bíblicas que diziam respeito à forma do universo eram literalmente verdadeiras, *desde que* não houvesse argumentos seculares poderosos contrários a elas" (p. 81). Mas o autor de *Contra o método* explicou que decisões dessa ordem, mesmo no domínio *científico*, evocavam argumentos *políticos*. O principal componente nessa disputa de poder dizia respeito à tese segundo a qual "a ciência não é a autoridade suprema no uso de seus produtos, incluindo suas interpretações" (p. 81). Portanto, órgãos governamentais e iniciativas cidadãs também deveriam participar de deliberações científicas que acarretam transformações substanciais na visão de mundo. O ponto crítico reside no fato de que, no século XVII, decisões dessa ordem eram prerrogativa da Igreja. Nesse sentido, as lições trentinas de Feyerabend reforçam que a decisão da Igreja foi parcialmente "racional", uma vez que astrônomos do século XVI aceitaram a teoria de Copérnico como um modelo astronômico útil.

Na "Segunda conferência", Feyerabend discute se a figura Galileu seria melhor retratada como um "herói", um "maluco" ou um "criminoso". Antes, porém, o filósofo reconhece que o processo até a aceitação das contribuições científicas de Galileu foi repleto de obstáculos. Contra a tradição filosófica aristotélica, o cientista precisou: (i) redefinir o estatuto teórico das ciências matemáticas ("Galileu queria sustentar que a realidade tinha uma natureza matemática", p. 123); (ii) enfrentar o dogma segundo o qual a reinterpretação da Bíblia era uma prerrogativa de teólogos (e não de "cientistas que nutriam algum interesse por teologia"); e (iii) adequar suas pesquisas às rígidas "regras do mecenato"; em relação às regras científicas, Galileu precisou (iv) contornar críticas relacionadas à suposição de que uma ciência orientada por "leis inexoráveis e sem exceções" carece de amparo na experiência; e, no âmbito das regras de argumentação, (v) acompanhou a tendência de privilegiar mais os usos retóricos da linguagem do que argumentações pautadas na demonstração ou na dialética. Por fim, Feyerabend admite que o próprio temperamento de Galileu ("um sujeito irascível, ávido por obter reconhecimento, cheio de desprezo pelas pessoas que não estavam à sua altura", p. 125) exerceu um papel importante nesse complexo cenário. Portanto, a "Terceira conferência" diverge da tendência racionalista de reconstruir o episódio em foco de forma estereotipada (nem herói, nem maluco, nem criminoso) e mitificada; pelo contrário, o austríaco elenca muitos fatores (epistêmicos, políticos, culturais, religiosos, etc.) que exerceram influência direta e indireta na estruturação e no desenrolar do "caso Galileu":

> Agora imaginem Galileu preparando seu *Diálogo sobre os dois máximos sistemas do mundo ptolomaico e copernicano*. Não sabemos o peso relativo que essas limitações exercem sob a mente dele. No entanto estavam lá, ele tinha consciência delas, bem como do conflito entre alguns

delas, e precisava fazer uma escolha. Essa escolha foi motivada pelo conhecimento tácito acumulado, que por sua vez foi modificado por seu caráter e, mais especificamente, por seu humor naquele momento. O produto final foi moldado por muitos fatores, não por uma única cadeia linear de pensamentos. Isso é o que acontece quando uma pessoa inteligente e inventiva, usando o conhecimento passado e tentando se ater a padrões considerados importantes, produz uma teoria, uma obra de arte, um experimento, um filme, ou qualquer coisa do tipo (p. 125).

Recepção crítica

A recepção crítica do material que compõe *Ciência, um Monstro* foi ambígua, gerando diversas (e mesmo opostas) reações. Uma consulta a algumas resenhas sobre o livro, publicadas em periódicos acadêmicos especializados, corrobora essa impressão.[i] Deltete (2011) considerou a publicação deste material "a última tentativa de exumar os restos intelectuais de Paul Feyerabend". Ele escreve que, no geral, o leitor da obra ficará "desapontado", porque o livro, entre outros problemas, não explicita os "mecanismos de *rejeição* e *eliminação*" de culturas e ideias. Na mesma linha, Rowbottom (2012) expressa seu "desapontamento" com o livro. Considera que o objetivo das conferências seria combater a "doutrina inocente" do cientificismo ("a concepção segundo a qual a ciência possui todas as respostas"). Também avalia como "óbvias" certas conclusões feyerabendianas e descreve como "simplistas" certas teses contidas na obra. Em resumo, acha uma "perda de tempo" a leitura do material, se comparado a outros textos de Feyerabend. Conclui afirmando: "Não há filosofia aqui. Nem amor à sabedoria. Há somente uma aversão à ignorância". Na direção contrária, Kidd (2011) elogia o livro. Destaca, inicialmente, a "imensa erudição" de Feyerabend evidenciada nas conferências, bem como sua capacidade de "cativar, ensinar e entreter" o público. Sublinha também como a obra valoriza todo um "corpo conhecimento que não pode ser plenamente articulado" (consoante a ideia de *conhecimento tácito*, tomada de empréstimo de M. Polanyi), sem, todavia, negar a importância do "conhecimento teórico". Assim, as *Lezioni trentine* retratam a ciência como uma "força poderosa para o bem", uma atividade repleta de "potencial positivo

---

[i] Resenhas da edição *The Tyranny of Science*. Cambridge, UK: Polity Press, 2011. 153p.

e emancipatório". Sankey (2012) reconhece o "amplo espectro" de temas tratados no livro. Em seguida, descreve a reação feyerabendiana contra "uma tendência na filosofia e na ciência tradicionais voltada à teorização abstrata". O comentador mostra que estas lições trentinas entendem que "a abstração deve ser pensada em equilíbrio com a prática". O estudioso aposta que pesquisadores da obra de Feyerabend se beneficiarão da leitura deste livro (uma vez que ela permite apreciar o "desenvolvimento das concepções de Feyerabend"), porém lembra que o volume teria um interesse mais vasto, dado que explora tópicos atuais (como o "novo experimentalismo" e a "diversidade das ciências"). Então, o volume representa "uma contribuição importante para o *corpus* das obras publicadas de Feyerabend". "Todavia", lemos na resenha, "no âmbito da pesquisa em filosofia da ciência contemporânea, é improvável que o livro faça muito estardalhaço". Por sua parte, Rozell (2013) identifica dois temas centrais do material em questão: o surgimento do racionalismo científico na sociedade ocidental e a importância de questionar os pressupostos da superioridade dessa tradição. Assim, os leitores da obra de Feyerabend não encontrarão, aqui, a "proposição de quaisquer ideias substancialmente novas". No entanto, a resenha reforça que essa não era "a intenção da série de conferências nas quais o livro se baseou". Em compensação, o volume evidencia o extraordinário talento de Feyerabend como um "contador de estórias extemporâneo". Por fim, Kuby (2014) entende que o "tema mais recorrente" nas *Lezioni trentine* é a afirmação de que "para entender a ciência precisamos olhar para além da própria ciência". A ciência seria, pois, um "aglomerado de práticas" fortemente baseadas em "conhecimentos práticos". Ao mesmo tempo, este trabalho de Feyerabend criticaria a "'ideologia' da ciência, isto é, a pretensão de que o sucesso da ciência justifica a expansão de uma 'visão de mundo científica'" a todas as atividades e culturas humanas. Feyerabend destacaria, assim, a própria dimensão social da ciência e buscaria uma "crítica democrática" da ciência.

Uma colagem de três teses

As *Lezioni trentine* de Feyerabend procuram desconstruir uma imagem popular associada à história e à natureza do conhecimento científico. Conforme essa concepção bastante difundida, a Ciência é um conjunto harmônico e completo de princípios, regras, tradições e procedimentos. Ela oferece uma explicação detalhada, englobante e unificada da "estrutura geral do mundo". Como tal, a Ciência consiste em uma instituição unitária – um sistema de *enunciados* "único" e "coerente". Ainda segundo essa perspectiva, há uma Visão de Mundo Científica que não busca dar sentido à vida nem explicitar intenções ou propósitos ocultos nos eventos do mundo. A Ciência corresponde, pois, a um conhecimento *objetivo* que "é a única fonte autêntica da verdade" e que "se impõe [...] em virtude unicamente de sua prodigiosa capacidade de produzir resultados". Com efeito, esses dois pressupostos do objetivismo insistem que a Ciência "nos diz o que *realmente* acontece" e é "bem-sucedida". Por conseguinte, a adesão à ideologia da Visão de Mundo Científica se mostra inescapável e obrigatória. Em Trento, Feyerabend explicitou e debateu o potencial totalitário e imperialista[i] desse ideal que concebe a Ciência como uma entidade unitária, monolítica, homogênea e harmônica. Com efeito, uma chave de leitura da obra *Ciência, um Monstro* consiste em interpretar as *Lezioni trentine* como um esforço no sentido de responder criticamente a três questões centrais:

1. *A Ciência é bem-sucedida?*

Feyerabend não nega que o saber científico produza resultados (científicos): "Repito que não estou sugerindo que a ciência deva ser descartada" (p. 78). Também não recusa o valor dos produtos científicos: "É claro, a ciência é importante, seja pelas contribuições positivas que pode nos oferecer, seja porque sua sujeira está em todo lugar: é preciso um cientista para limpar a sujeira de outro cientista!" (p. 149). Ou: "Certamente ele produz resultados, pelo menos na opinião dos intelectuais" (p. 59). Porém, complementa a tese do "sucesso da Ciência" afirmando: (i) que há "questões urgentes" para as quais o materialismo/objetivismo não oferece qualquer solução relevante (por exemplo, "reduzir o número de guerras no mundo" ou "alimentar os famintos"); (ii) que os produtos científicos são válidos ou úteis apenas

---

[i] "Essa é a atitude que levou à destruição dos feitos culturais dos povos nativos dos Estados Unidos sem que sequer fosse necessário olhar para eles; essa é a atitude que, com o álibi do 'desenvolvimento', destruiu mais recentemente muitas culturas não ocidentais" ("Terceira conferência", p. 96).

para "cientistas e os admiradores da ciência", e não universalmente; (iii) que o êxito das pesquisas científicas não decorre da aplicação de um único método baseado, essencialmente, na observação e na experimentação;[i] (iv) que todas as culturas ou tradições, de alguma maneira, "estão em contato com a realidade" (p. 134)[ii] e fabricam "produtos úteis" (p. 108); e (v) que, da mesma forma como acontece com qualquer conjunto de saberes, os supostos erros de concepções alternativas ao materialismo científico também podem ser corrigidos "com a ajuda de alguns lugares-comuns". Portanto, o sucesso da Ciência é reconhecido, mas qualificado como restrito, relativo, contextual, local e falível.

2. A ideologia da Visão de Mundo Científica é inescapável?

Feyerabend trabalha com uma distinção entre os *resultados* produzidos por uma ideologia (ou "Visão de Mundo") e a *ideologia* que fomenta a produção desses resultados. Essa separação é relevante porque, na ótica feyerabendiana, uma ideologia pode produzir resultados mesmo sendo equivocada ("uma concepção pode ser falsa e mesmo assim demonstrar uma 'prodigiosa capacidade de produzir resultados'", p. 79).[iii] Nesse horizonte, a "Segunda conferência" (p. 67, 68) elenca as seguintes posições: (i) "É possível, portanto, a qualquer momento, aceitar os resultados e rejeitar a ideologia"; (ii) "Em todo caso, somos livres para escolher a visão de mundo que quisermos, independentemente de quantos sucessos uma visão de mundo particular faça surgir à nossa frente"; e (iii) "Então, aqueles que detestam o materialismo [...] estão livres para aceitar todas as coisas úteis produzidas pela ideologia materialista sem aceitar o próprio materialismo". O austríaco também salienta que a compreensão de que a ciência "é uma força

---

[i] Para o filósofo, há fortes evidências históricas de que importantes princípios científicos tenham sido introduzidos em contraposição à experimentação. Por exemplo, na "Terceira conferência" (p. 91), ele diz: "existem leis válidas independentemente do espaço, do tempo, da temperatura, e que continuam válidas desde as primeiras frações de segundo do nosso universo até hoje em dia".

[ii] "Cada cultura fornece diretrizes materiais, sociais e espirituais para seus membros desde que nascem, passando pela maturidade até chegar à morte" ("Primeira conferência", p. 47).

[iii] Feyerabend defende essa tese, com um curioso exemplo, na "Segunda conferência" (p. 67).

invencível" (p. 84) se estabelece apenas se aceitarmos a retórica das propagandas "promovidas pela máfia científica" e pelos funcionários "do setor de relações públicas de uma empresa chamada RAZÃO" (p. 97). Portanto, a ideologia da Visão de Mundo Científica não é inescapável, necessária ou absoluta.

3. Há apenas uma única Visão de Mundo Científica?

O objetivismo considera que a tarefa da Visão de Mundo Científica é informar e produzir resultados, e não especular a respeito do sentido da existência ou do propósito do Universo: "A ciência, dizem eles, lida com os fatos, e os fatos apenas *são*" (p. 58). Em resposta, Feyerabend anuncia não haver uma entidade unitária – agrupada pelo rótulo "Ciência" – que componha a Visão "Científica" do Mundo. Na prática, "a Ciência" agrupa atividades e disciplinas muito distintas (por exemplo, a Botânica, a Astrofísica, a Economia, a Hidrodinâmica, etc.), baseadas em métodos, conceitos, tradições de pesquisa, formas de pensamento, etc. também muito distintos (e às vezes conflitantes) entre si. Nas palavras do autor: "quando olhamos em volta nos deparamos com grandes subdivisões entre áreas que por si já são coleções discordantes de métodos e resultados" (p. 46). Ademais, as *Lezioni trentine* consideram essa fragmentação – da Ciência, mas também da Religião, da Arte, da Filosofia – uma vantagem: "As ciências e as humanidades, a religião e as artes oferecem supermercados espirituais, por assim dizer, com diferentes departamentos e muitas conexões entre eles" (p. 46). Para reforçar essa instigante caracterização da desunidade da ciência, Feyerabend sublinha a coexistência de tendências epistêmicas rivais no interior da mesma Ciência: por exemplo, os *empiristas* determinam que "a ciência permaneça próxima aos fatos", os *teóricos* "não se importam quando suas especulações vão de encontro a resultados experimentais bem estabelecidos". Logo, diferentemente dos teóricos – que habitam nas "altas esferas do pensamento" –, os cientistas experimentais lidam com a "matéria bruta", visando remover perturbações interpostas entre a pura teoria e os fenômenos. Mas a remoção dessa "sujeira", e a consequente transformação dos fenômenos em "provas" teóricas, exige que o experimentador recorra a habilidades retóricas. "Portanto", o autor conclui, "não é apenas o teórico que pensa; o experimentador também pensa, embora de maneira diferente. A retórica do teórico é verbal, ou matemática. A retórica do cientista experimental apela ao senso estético – é visual e prática" (p. 89). Logo, não há uma única Visão "Científica" de Mundo, e sim um "supermercado" de métodos, abordagens, tradições de pensamento e assim por diante; destarte, mesmo no interior da Ciência encontramos tendências diferentes e mutuamente conflitantes.

As ideias de Feyerabend expostas nas *Lezioni trentine* contra a imagem popular da natureza do conhecimento científico podem ser sintetizadas, então, nestas três teses:

   a) *A Ciência é bem-sucedida, porém os produtos científicos não são universais, absolutos ou indiscutíveis.*

   b) *A aceitação dos produtos da Ciência não torna obrigatória a aceitação da ideologia (materialista, objetivista) da Visão de Mundo Científica.*

   c) *Não existe uma única Visão "Científica" de Mundo composta por um conjunto coeso, harmônico e homogêneo de métodos, abordagens, tradições de pensamento e tendências epistêmicas.*

Mas é importante sublinhar que essa colagem de teses distorce profundamente o estilo (oral) e as intenções das *Lezioni trentine*. Afinal, ao aceitar o convite do Dipartimento di Sociologia e Ricerca Sociale da Università di Trento, Feyerabend não pretendia erigir novas reconstruções sistemáticas. Inversamente, o filósofo foi explícito ao afirmar: "Apresentações sistemáticas arrancam as ideias do solo que as fez crescer e as dispõe de uma forma artificial" (p. 49); ou ainda: "Vocês devem ter notado que não procedo de modo muito sistemático. Bom, estamos vivendo num mundo caótico, e introduzir nele um sistema significa introduzir uma ilusão" (p. 83). Por isso, o desenvolvimento de *Ciência, um Monstro* segue outra estratégia – o das *narrativas históricas*: "*Grosso modo*, minhas conferências serão fábulas entrelaçadas a eventos vagamente históricos" (p. 11).[i] Pois bem, a análise genealógica contida neste livro tem como ponto de partida a seguinte pergunta: "De onde vem essa ideia?" (p. 89). Nem por isso é correto inferir que o austríaco

---

[i] O trecho segue: "Isso não me preocupa, na verdade, porque desconfio de que os verdadeiros especialistas também narram fábulas, só que mais longas e muito mais complicadas – o que não significa que elas não possam ser muito interessantes. Ouvir meras fábulas talvez não seja o programa favorito de vocês – talvez queiram ouvir A VERDADE. Bom, se é isso que vocês querem, então é melhor procurarem outro lugar – mas juro pela minha vida que não posso dizer exatamente que lugar é esse".

atribua ao estudo histórico a capacidade de determinar a natureza do conhecimento, embora ele, de fato, compreenda que essa pesquisa possa contribuir para aprimorar as reflexões epistemológicas:

> Não estou dizendo que a história seja a resposta, e uma abordagem sistemática não o seja. Nesse caso, não existe "a" resposta. A história é apenas o primeiro passo dessa descoberta. Ela solapa certezas prévias e suscita problemas em relação a princípios que pareciam bem-estabelecidos – mas, em si, não é um fundamento novo e melhor (p. 110-111).

"Um rumor aqui, uma ideia ali": esboço de genealogia

O ponto de partida da genealogia feyerabendiana da Visão "Científica" de Mundo reside na questão: "Como surgiu, então, o 'objetivismo' – ou o materialismo, para usar um termo mais difundido?" (p. 108). Para respondê-la, o autor retrocede à época em que princípios abstratos (considerados racionais, lógicos, universais e objetivos) foram formulados pelos "primeiros intelectuais" com a meta de explicar, em bases comuns, a diversidade dos eventos (naturais e humanos). No Ocidente, a gênese dessa tradição racionalista remontaria à Antiguidade grega, particularmente a pensadores como Tales, Xenófanes, Parmênides, Pitágoras, etc. Com efeito, a Grécia antiga seria o berço de noções epistemológicas fundamentais da Visão de Mundo Científica, entre elas: (i) "existe uma 'realidade objetiva' que é eterna e estável" (p. 48); (ii) o "centro da ciência" é a teoria, não a experiência (p. 87); (iii) a "variedade de eventos que nos cerca se mantém conectada por uma unidade mais profunda" (p. 69); ou (iv) "todos os processos do universo obedecem a leis inexoráveis" (p. 70). A identificação das origens remotas de tais suposições "modernas" permitiria, ainda, que os próprios "intelectuais ligados à ciência" se tornassem "mais críticos ou mais tolerantes" (p. 91) com relação à natureza e aos êxitos do conhecimento científico.

O início dessa longa tradição estaria na enunciação da sentença "Tudo é água" por Tales de Mileto. A base dessa formulação seria a evidência de que aquele elemento natural pode assumir o estado de qualquer um dos demais elementos naturais, além de ser essencial para a vida. Tales suporia a existência de um elemento material essencial a todas as coisas e, nesse sentido, anteciparia um princípio básico da ciência moderna, qual seja: "existe uma unidade subjacente à variedade de aparências" (p. 53). Xenófanes de Cólofon participaria dessa tendência à abstração ao afirmar a existência de um único ser divino desprovido de atributos humanos: "Puro Pensamento: sem sentimentos, sem compaixão, certamente sem senso de humor. Para compensar, era superpoderoso" (p. 55). Em seguida, Parmênides de Eleia substituiria "o monstro de Xenófanes" pelo Ser e entenderia a própria dinâmica da existência humana como "uma quimera" (p. 55). Assim, a tendência iniciada por Tales seria levada ao "extremo lógico" com Parmênides. Ele afirmaria a existência de apenas uma entidade – o Ser – imutável, estática, contínua e assim por diante. Tal conclusão substancialista seria acolhida por "quase todos os cientistas", em particular por aqueles que admitem que "as leis básicas não podem conter parâmetros espaçotemporais". Esse processo conduziria, ainda, à própria distinção entre um *mundo objetivo* (constituído por leis naturais inexoráveis) e o *mundo subjetivo* de nossas experiências particulares (p. 69). Por seu turno, Pitágoras de Samos também teria elaborado noções gerais ("tudo consistia em unidades, e que essas unidades eram números", p. 102) partindo de "fatos bem conhecidos", como a teoria dos números e as aplicações das relações numéricas. Então, na leitura feyerabendiana:

> Tanto Pitágoras quanto Parmênides são pensadores muito abstratos (digo "Pitágoras" e não "os pitagóricos" porque é mais fácil). Eles buscam leis gerais, mas o fazem de diferentes maneiras. Pitágoras, ao que parece, estava atento às conquistas nas matemáticas da época (que, para ele, significa aritmética e geometria) e à sua aplicação (como diríamos hoje – para Pitágoras, as duas coisas não existiam separadas) e desenvolvia suas concepções generalizando a partir dos dois domínios. Parmênides, provavelmente dirigindo sua crítica aos pitagóricos, volta sua atenção para um termo fundamental de todo o discurso – ao termo "é", ou *estin* em seu poema. Os números são, a água é, tudo é, ou, em outras palavras, o Ser é. Disso ele infere que o nível mais fundamental é um contínuo estático, sem mudança ou diferença (p. 103).

Por sua parte, Platão representaria um ponto destacado dessa tradição para a qual o conhecimento verdadeiro envolve a teorização, e não a experiência ou o hábito (p. 90, 160). Para o pensador ateniense, a matemática consistiria no "paradigma do conhecimento" (p. 120) – ideia que, ademais, subsidiaria uma crença "bastante popular" (e de "grande importância" p. 81) relativa à "hierarquização dos cientistas" (p. 135), a saber: "os teóricos são considerados mais inteligentes, são mais bem pagos e têm mais prestígio do que os cientistas experimentais" (p. 88). A réplica de Feyerabend a essa visão teoricista é nítida: "A ciência moderna, é claro, não é apenas teoria: é teoria fundada na experimentação. Isso a distingue radicalmente do ideal platônico de ciência" (p. 121). Assim, o austríaco contesta que o saber científico se reduza a um conjunto de "enunciados obtidos e testados" derivados de "determinadas regras". Pelo contrário, ele reitera a complexidade dos procedimentos experimentais da ciência moderna – e da *atitude* característica da pesquisa laboratorial (p. 42, 76-77): suprimir eventos secundários, manipular evidências, controlar equipamentos, inferir leis, elaborar modelos teóricos, amplificar processos básicos, negociar resultados com a equipe, publicar relatórios, etc. Feyerabend diz: "O plano experimental forma toda uma cultura à parte cuja relação com a teoria não é nada clara" (p. 121); e completa: "O conhecimento prático é repleto de detalhes e excede em muito o que as pessoas modernas, incluindo os cientistas, têm a oferecer nesse aspecto". Então, como vemos, o austríaco compreende as ciências como "uma rede intricada de princípios teóricos e habilidades práticas quase corporais, que não pode ser compreendida apenas por uma análise da teoria" (p. 122). Nessa ótica, o próprio ideal platônico de ciência se mostra superficial – como *práxis*, os milionários empreendimentos científicos reais (o acelerador de partículas do Texas, o Projeto Genoma ou o lançamento do satélite *COBE* – sigla em inglês de Explorador do Fundo Cósmico, da NASA)[i] não comportam só "teoria pura", nem alcançam êxito apenas porque utilizam princípios abstratos "objetivos" ou leis fundamentais "universalmente válidas"; pelo contrário, abarcam atividades complexas que requerem (especialmente no nível dos experimentos laboratoriais) uma refinada habilidade prática – que "reside no corpo ou nas partes da mente que ativam o corpo, e deve ser comunicado por exemplos e ações – as palavras não bastam" (p. 120).[ii]

Ciência, um Monstro apresenta Tales, Pitágoras, Xenófanes, Platão e outros pensadores gregos como percussores de uma influente

---

[i] Exemplos citados pelo próprio Feyerabend (p. 41-42, 75-76).

[ii] Nesse ponto, Feyerabend recupera a ideia de "conhecimento tácito" elaborada pelo físico-químico Michael Polanyi (ver p. 120-121, 149-150, 161).

tradição intelectual à busca de princípios abstratos gerais.[i] Para formulá-los, os filósofos "omitiam especificidades" dos eventos e afirmavam chegar à "natureza das coisas" por meio de "argumentos" (p. 93). Porém, conforme revela o esboço de genealogia contido nas conferências trentinas, essa tradição teórica teria emergido na Grécia em um período histórico em que existiam diversos outros grupos sociais ("poetas, políticos, generais"; além de dramaturgos como Ésquilo, Sófocles, Eurípides e Aristófanes) (p. 56). Nesse contexto, ideias como a de "leis naturais inexoráveis" ainda não experimentavam "qualquer fundamento empírico" (p. 110). Não obstante, a visão de mundo filosófica se "espalhou" e "contaminou" muitos indivíduos, instituições, culturas, etc. Na leitura de Feyerabend, tal fenômeno – designado como "Advento do Racionalismo" ("Revolução Grega" ou "Milagre Grego") – teria ocorrido porque "pessoas influentes" iniciaram uma tradição pautada por "críticas e comentários". Elas fundaram uma tradição que, em certa medida, coincidiria com o próprio "nascimento da civilização ocidental". Feyerabend conclui:

> O desenvolvimento iniciado pela tradição mudou a vida dos intelectuais, não mudou diretamente a vida das pessoas comuns, as quais, no entanto, querendo ou não, viram-se lentamente envolvidas por ele. As peculiaridades da ciência e sua ânsia por "objetividade" estão, de alguma maneira, ligadas a essa distante "Revolução" (p. 56).

Expandindo o *corpus*

Alguns estudiosos do pensamento de Feyerabend consideram a obra *Ciência, um Monstro* sob uma ótica continuísta e finalista. As *Lezioni trentine* representariam uma "versão condensada" dos cursos regulares que Feyerabend ministrou em Berkeley por cerca de três décadas. Nessa direção, Oberheim (2011, p. vii) redigiu: "Esse livro apresenta a palavra final [de Feyerabend] na última fase de suas sempre mutáveis posições". Mas o próprio austríaco fornece elementos para duvidarmos de uma leitura que descreve estas conferências em Trento como a "palavra final" de Feyerabend. Note-se: para o autor de *Contra o método*, elas não

---

[i] Contudo, Feyerabend assinala que a postulação de noções gerais (como a "unidade subjacente" à pluralidade fenomênica) não possui suporte na experiência: "não *experimentamos* nem *observamos* essa unidade. Nós experimentamos a diferença" (p. 69).

passavam de "meras fábulas" (p. 50) ou "meras histórias" – as quais, entretanto, permitem-nos perceber em que medida ideias influentes resultam de "acidentes históricos, forças sociais, da inteligência de alguns indivíduos e da idiotice de outros" (p. 84).

As páginas a seguir, de fato, abordam temas e discussões já presentes em outras obras de Feyerabend. Isso é o caso em questões como: a desunidade da ciência,[i] a origem do Racionalismo ocidental,[ii] Xenófanes e a crítica à visão homérica de mundo[iii] ou a relação entre teoria e prática.[iv] Outros tópicos, não menos complexos, reaparecem neste volume, com destaque para estes: o pluralismo cultural ("Indivíduos, famílias, grupos e culturas reagem ao ambiente que os cerca", p. 49),[v] a participação de leigos em decisões científicas ("*a crítica democrática à ciência* pertence à *natureza do conhecimento*", p. 66)[vi] e a neutralidade axiológica da ciência ("A ciência, dizem eles, lida com os fatos, e os fatos apenas *são*", p. 107).[vii] No entanto, as *Lezioni trentine* também foram ocasião para Feyerabend ensaiar um tipo de autocrítica filosófica. Ele destacou, por exemplo, que sua célebre defesa do método de proliferação teórica e metodológica já não mais pretendia interferir na prática efetiva dos cientistas: "Hoje eu diria que a única interferência que conta é a interferência das pessoas diretamente envolvidas. Por quê? Porque elas conhecem os detalhes, inclusive aqueles que não estão escritos em lugar nenhum, mas que residem na experiência" (p. 143). Além disso, o filósofo reviu sua posição prévia a respeito do estatuto do significado dos termos teóricos. Tradicionalmente, a tese feyerabendiana asseverava que "o significado flui das teorias para as observações" (p. 121). Em Trento, todavia, essa concepção sobre a produção de enunciados observacionais foi apresentada como ingênua.[viii] Esta obra também evidencia uma aproximação

---

[i] Cf. CM3, cap. XIX; CA, cap. II (Parte 1), IV (Parte 2).
[ii] PP2, cap. I; CM3, cap. XVI; NP, III-V.
[iii] AR, cap. II; CA, cap. II-III (Parte 1).
[iv] CSL, seção 2 (Parte I); CM3, cap. XVII-XVIII.
[v] AR, Introdução, cap. XI.
[vi] CSL, seção 7, Parte 2.
[vii] AR, cap. III, IV.
[viii] "Retomando a direção de meu ensaio de 1958, eu argumentava que os significados transitam na direção oposta. Os dados sensoriais, em e para si, não têm significado algum; eles apenas são. Uma pessoa que percebesse apenas e nada mais ficaria completamente

entre Feyerabend e importantes filósofos, sociólogos e historiadores da ciência contemporâneos – como Ian Hacking e Nancy Cartwright, explicitamente citados na "Terceira conferência" (p. 89) e em outros escritos feyerabendianos.[i]

Ciência, um Monstro consiste, pois, em uma fonte bibliográfica extremamente agradável e instrutiva – tanto para leigos como para estudiosos do pensamento de Feyerabend. Mais importante, as conferências que compõem esta obra nos convidam a empreender uma crítica profunda das premissas históricas, sociais e epistemológicas que amparam a hegemonia cultural e cognitiva do *monstrum* Ciência. Portanto, o leitor das *Lezioni trentine* terá uma excelente oportunidade de enfrentar uma das inquietações filosóficas que mais fundamentalmente contribuíram para forjar as polêmicas posições de um dos mais iconoclastas filósofos da ciência contemporâneos, a saber: o *status* privilegiado de *experts* em sociedades plurais e democráticas; ou, conforme as palavras do próprio físico e filósofo austríaco: "o fato de os cientistas ocuparem uma posição especial na sociedade, tanto na época em que os mitos tinham um peso maior quanto agora" (p. 149).

Referências[ii]

Obras de Paul Feyerabend

(AR) *Adeus à razão*. Tradução de Vera Joscelyne. São Paulo: Editora UNESP, 2010.

(CA) *A conquista da abundância*. Organização de Bert Terpstra. Tradução de Cecília Prada e Marcelo Rouanet. São Leopoldo: Editora UNISINOS, 2005.

---

desorientada. O significado vem das ideias. O significado, portanto, 'filtra o alto', do nível teórico para o nível da observação. Hoje eu diria que ambas as posições são um tanto ingênuas. O significado não está localizado em lugar algum. Ele não guia nossas ações (pensamentos, observações), mas emerge no curso delas e pode estabilizar-se a um ponto em que a suposição de uma localização começa a fazer sentido. Isso, contudo, é um desarranjo, não um fundamento" (MT, p. 126-127).

[i] Ver MT, p. 98; AR, p. 348, 351; 151 n. 28; CA, p. 181 n. 4; CM3, p. 13 n. 7.

[ii] Referenciamos aqui apenas o material citado nesta apresentação. Para uma lista bibliográfica completa, ver, adiante, o Apêndice "*Feyerabendiana* – Escritos e estudos seletos".

(CM3) *Contra o método*. Tradução de Cézar Augusto Mortari. 3. ed. São Paulo: Editora UNESP, 2007.

(CSL) *A ciência em uma sociedade livre*. Tradução de Vera Joscelyne. São Paulo: Editora UNESP, 2011.

(DC) *Diálogos sobre o conhecimento*. Tradução e notas de Gita K. Guinsburg. São Paulo: Perspectiva, 2001.

(FAM) *For and Against Method: Including Lakatos's Lectures on Scientific Method and the Lakatos-Feyerabend Correspondence*. Edited by Matteo Motterlini. Chicago: University of Chicago Press, 1999.

(MT) *Matando o tempo:* uma autobiografia. Tradução de Raul Fiker. São Paulo: Editora UNESP, 1996.

(NP) *Naturphilosophie*. Bearbeitet von Helmut Heit und Eric Oberheim. Frankfurt am Main: Suhrkamp, 2009.

(PKF 1979) Consolando o especialista. In: *A crítica e o desenvolvimento do conhecimento*. Edição de Imre Lakatos e Alan Musgrave. Tradução de Octavio Mendes Cajado. São Paulo: Cultrix; EDUSP, 1979. p. 244-284.

(PP3) *Knowledge, Science and Relativism: Philosophical Papers*. Edited by John Preston. Cambridge, UK: Cambridge University Press, 1999. v. 3.

(TDK) *Three Dialogues on Knowledge*. Oxford: Blackwell, 1991.

Outros trabalhos citados

ABRAHÃO, L. H. L. Koyré e a epistemologia histórica de Kuhn e Feyerabend. In: CONDÉ, M. L. L.; SALOMON, M. (Org.). *Alexandre Koyré: história e filosofia das ciências*. 1. ed. Belo Horizonte: Fino Traço, 2015a. v. 1. p. 203-235.

ABRAHÃO, L. H. L. O *pluralismo global de Paul Feyerabend*. 2015. Tese (Doutorado) – Universidade Federal de Minas Gerais, Faculdade de Filosofia e Ciências Humanas. Belo Horizonte, 2015b.

BORRINI, G. Feyerabend racconta Feyerabend: intervista a cura di Grazia Borrini. In: SPARZANI, A. (Ed.). *Contro l'Autonomia: Il Cammino comune dele Scienze e dele Arti*. Milano: Mimesis, 2012.

CASTELANI, F. Introduzione. In: *Ambiguità e armonia: lezioni trentine*. A cura di Francesca Castellani. Roma; Bari: Giuseppe Laterza & Figli, 1996. p. vii-xvi.

DELTETE, R. Review of [FEYERABEND, P. *The Tyranny of Science*. Edited by Eric Oberheim. Cambridge, UK: Polity Press, 2011. xii + 153 p.]. *Philosophy in Review*, v. XXXI, n. 4, p. 271-273, 2011.

HICKEY, T. Understanding Feyerabend on Galileo. *Irish Teological Quarterly*, n. 74, p. 89-92, 2009.

KIDD, I. J. Review of [FEYERABEND, P. *The Tyranny of Science*. Edited by Eric Oberheim. Cambridge, UK: Polity Press, 2011. xii + 153 p.]. *Book Review*, p. 576-577, 2011.

KUBY, D. Review of [FEYERABEND, P. *The Tyranny of Science*. Edited by Eric Oberheim. Cambridge, UK: Polity Press, 2011. xii + 153 p.]. *Vienna Circle Institute Yearbook*, n. 17, p. 370-375, 2014.

MCMULLIN, E. Quoting Feyerabend on Galileo. *Irish Theological Quarterly February*, v. 73, n. 1-2, p. 164-173, 2008.

OBERHEIM, E. Introduction. In: FEYERABEND, P. *The Tyranny of Science*. Edited by Eric Oberheim. Cambridge, UK: Polity Press, 2011. p. vii-xii.

ROWBOTTOM, D. Review of [FEYERABEND, P. *The Tyranny of Science*. Edited by Eric Oberheim. Cambridge, UK: Polity Press, 2011. xii + 153 p.]. *Science and Education*, n. 22, p. 1229-1231, 2013.

ROZELL, D. Review of [FEYERABEND, P. *The Tyranny of Science*. Edited by Eric Oberheim. Cambridge, UK: Polity Press, 2011. xii + 153 p.]. *Spontaneous Generation: A Journal foe the History and Philosophy of Science*, v. 7, n. 1, p. 97-99, 2013.

SANKEY, H. Review of [FEYERABEND, P. *The Tyranny of Science*. Edited by Eric Oberheim. Cambridge, UK: Polity Press, 2011. xii + 153 p.]. *Metascience*, n. 21, p. 471-476, 2012.

TERRA, P. S. A propósito da condenação de Feyerabend em Roma por causa de suas ideias sobre o conflito entre a Igreja e Galileu. *Scientia Studia*, São Paulo, v. 6, n. 4, p. 665-679, dez. 2008.

Nota da edição brasileira

Esta tradução foi feita com base no texto datilografado em inglês. O trabalho de edição e revisão técnica foi realizado a partir do cotejo do texto original com as publicações do livro em italiano (Laterza, 1996), espanhol (Paidos, 1999), inglês (Polity, 2011) e francês (Seuil, 2014).

Feyerabend não incluiu quaisquer notas ou referências bibliográficas ao manuscrito. Com o objetivo de preservar a identidade do material original, alocamos as notas no final do livro. Basicamente, elas trazem: referências bibliográficas, esclarecimentos técnicos e citações textuais de ideias ou passagens aludidas pelo autor. Reproduzimos – com alterações pontuais, devidamente sinalizadas por (N.It.) – apenas as notas já presentes na versão italiana do livro (as contidas nas edições em inglês e francês não foram reproduzidas aqui). Todas as demais notas foram preparadas pela equipe responsável pela presente edição.

Para as muitas citações e referências a fragmentos e doxografias dos pré-socráticos, recorremos às traduções em KIRK, G. S.; RAVEN, J. E.; SCHOFIELD, M. *Os filósofos pré-socráticos*. 6. ed. Tradução de Carlos Alberto Louro Fonseca. Lisboa: Fundação Calouste Gulbenkian, 2013 (doravante *Os filósofos pré-socráticos*, seguido da paginação). No caso específico de Xenófanes (por exemplo, a nota 71), seguimos a tradução contida em *Os pré-socráticos*. 2. ed. Tradução de Wilson Régis. São Paulo: Abril Cultural, 1978 (Coleção Os Pensadores); para as "Elegias" (notas 70 e 93), nessa mesma edição, a tradução é de Anna L. A. de A. Prado. Citações de versos da *Ilíada* (notas 95 e 122) seguem a publicação da epopeia de Homero realizada por Haroldo de Campos (São Paulo: Arx, 2002); de *A República*, de Platão (notas 21 e 68), a tradução de Maria Helena da Rocha Pereira (Lisboa: Fundação Calouste Gulbenkian, 2001); e da *Poética*, de Aristóteles (nota 25), a de Antonio Carlos Mattoso Salgado e Antônio José Queirós Campos (Autêntica, no prelo). As notas 27 e 29, com trechos da trilogia *Oréstia*, de Ésquilo, seguem a tradução de Mário da Gama Kury (8. ed., Rio de Janeiro: Jorge Zahar, 2010).

Somos gratos ao professor Paul Hoyningen-Huene, por gentilmente ter sanado algumas dúvidas relativas à nota 53; a Bruno Drumond Mello Silva, pela indicação da fonte da 120; e a Igor Morici, pelas referências da nota 110. Em especial, agradecemos a Grazia Borrini-Feyerabend, Renato Mazzolini, Sergio Benvenuto, Ugo Mattei, Massimiano Bucci e Riccardo Scartezzini, por colaborarem com o projeto desta edição; e a Alessandro Baungartner, pela parceria na tradução e preparação do Apêndice "*Ricordi su Feyerabend* – Testemunhos pessoais".

Ciência, um Monstro
Lições trentinas

04/05/1992
Primeira conferência

Vocês devem ter ouvido falar ou lido nos jornais que recentemente os cosmólogos ficaram bastante animados. Vejamos o motivo. Uma das principais teorias da cosmologia nos dias de hoje é a teoria do Big Bang, segundo a qual o universo teve seu início há cerca de 15 bilhões de anos a partir de uma minúscula bolinha de energia. Essa bolinha se expandiu até atingir o tamanho atual. Acredita-se que diversas coisas tenham acontecido durante os primeiros 300 mil anos dessa expansão. O físico George Gamow, por exemplo, supôs que, durante esse período, a densidade da radiação ultrapassou em grande medida a densidade da matéria, que a radiação se resfriou durante a expansão e sobreviveu até hoje. Nada foi comprovado, e sua hipótese foi esquecida. Depois, no final da década de 1970, alguns radioastrônomos ficaram intrigados com a descoberta de um ruído constante – seria impossível ignorá-lo. O ruído não dependia da localização do Sol, dos planetas, das galáxias ou dos aglomerados de galáxias; em outras palavras, era isotrópico. Na verdade, ele tinha todas as propriedades da radiação preditas por Gamow. A descoberta foi um grande triunfo para a teoria do Big Bang, até que algumas pessoas perceberam, mais uma vez baseadas em considerações puramente teóricas, que a radiação não deveria ser isotrópica. Afinal, o universo já era bastante irregular quando surgiu, e essa anisotropia deveria ter sido percebida na radiação. Mas não foi. Muitos astrônomos que não gostavam da teoria do Big Bang consideraram essa falta de anisotropia uma grande dificuldade. Agora, há duas ou três semanas, um satélite feito especialmente para esse fim descobriu variações no valor específico da grandeza. Foi um verdadeiro milagre. Pense bem! Estamos falando de uma situação muito além de tudo que podemos conceber nos laboratórios. Temos apenas algumas poucas observações, algumas extrapolações, leis da matéria inferidas a partir de evidências obtidas numa região do espaço-tempo extremamente pequena quando comparada com a história total do universo; e essas leis e extrapolações depois são aplicadas em condições extremas de caráter altamente teórico. Temos umas poucas observações e previsões esporádicas, e – veja bem! – tudo se conecta lindamente.

Não é surpreendente que os defensores do Big Bang, muitas vezes criticados por suas suposições estranhas e pseudoteológicas, sejam agora glorificados? Não é surpreendente que tenham considerado a confirmação de sua teoria um evento importante, não só para si próprios, mas também para toda a humanidade? As pessoas sempre se interessaram por coisas que não podiam ver e inventavam histórias fantásticas para explicar o mundo e o curso da vida. Falavam de seres divinos, de monstros horríveis, do caos e de batalhas que sacudiam o universo inteiro.[1] Algumas observações eram o bastante para edificar um cenário rico e complexo. A cosmologia é exatamente assim – por isso tantas pessoas se interessam por ela. De todo modo, muita gente se empolgou bastante com a descoberta que descrevi, de astrofísicos e cosmólogos a leigos e teólogos em busca de convergências interdisciplinares.

Agora esqueçam a astrofísica e considerem algumas outras coisas que estão acontecendo hoje no mundo. Lembram-se das revoltas em Los Angeles? Há cerca de um mês, a polícia de Los Angeles deteve um motorista negro e o espancou duramente. Um cinegrafista amador gravou a cena e enviou a fita para um canal de televisão. Durante alguns dias, todos os canais de TV dos Estados Unidos e diversos canais internacionais transmitiram a gravação. Foi uma situação terrível – talvez vocês tenham visto. Os policiais foram identificados e temporariamente suspensos. Até chegar o julgamento. A conclusão foi que, com uma exceção, os policiais tinham feito seu trabalho apropriadamente e eram inocentes de quaisquer acusações. O resultado gerou uma revolta em todos os guetos – Los Angeles, São Francisco, Baltimore –, surpreendentemente não em Chicago. Quarenta e duas pessoas foram mortas só em Los Angeles, milhares ficaram feridas, lojas foram destruídas, prédios inteiros foram incendiados – a maioria, infelizmente, nas regiões mais pobres.

Como os eventos aconteceram em ano eleitoral, até o presidente observou que talvez os policiais tivessem de ser punidos.[2]

Agora pensem na situação da Iugoslávia. Há cerca de dois meses, um estudante iugoslavo de Sociologia me enviou uma fita e uma carta. A gravação mostra o que agora se tornou corriqueiro: a destruição de casas e de cidades inteiras, matanças, mutilações do tipo mais desumano. Na carta, ele diz que sempre acreditou no poder da democracia e da liberdade de expressão; acreditava que os conflitos poderiam ser resolvidos com um debate racional, etc. "Agora, só confio no homem que está ao meu lado com uma arma na mão." Ele está certo. Afinal, quem consegue conversar com torturadores, assassinos e estupradores? Quem consegue conversar com o ódio total e absoluto que transforma os seres humanos em máquinas assassinas? Havia exceções maravilhosas – como um jovem casal, por exemplo: ele muçulmano, ela cristã ortodoxa. Os dois se amavam e se casaram em público para mostrar que as diferenças religiosas não são um empecilho ao amor e à compreensão. Mas esse tipo de caso é exceção. O resto de nós – e os acontecimentos do período nazista mostram que isso inclui os intelectuais que pertencem ao grupo das chamadas "pessoas cultas" – parece estar a uma curta distância da bestialidade.

Agora, comparem os dois tipos de evento que acabei de descrever. De um lado, uma descoberta grandiosa e emocionante que afeta, assim parece, toda a humanidade. Do outro, guerra, assassinatos, crueldade. Existe alguma conexão? Existe alguma maneira de dar sentido às duas coisas? Existe alguma maneira de usar os produtos da nossa curiosidade e da nossa inteligência para influenciar, atenuar, reorientar nossos instintos básicos? Ou temos de admitir que a história é uma colcha de retalhos de eventos sem nada em comum uns com os outros, e que a natureza humana é uma cesta de compras com mercadorias díspares, algumas divinas, outras monstruosas, sem nenhuma conexão entre si?

Com efeito, parece que a desconexão é característica importante da nossa civilização, talvez até da nossa época. Há uma coisa chamada "ciência". Ela diz tratar dos detalhes e da estrutura geral do mundo. Tenta explicar como a matéria surgiu, como e quando a vida surgiu no mundo e de que maneira os seres humanos apareceram nele. Vejam o que diz Jacques Monod, biólogo molecular, ativista político e ganhador do Prêmio Nobel, sobre a visão de mundo científica. Segundo ele,

A ideia fria e austera, que não propõe nenhuma explicação, mas impõe uma renúncia ascética a qualquer outro alimento espiritual [a ideia de que o conhecimento objetivo é a única fonte autêntica da verdade], não podia acalmar a angústia inata. Ao contrário, a exasperava. Ela pretendia, com um só golpe, extirpar uma tradição cem vezes milenar, assimilada à própria natureza humana. Denunciava a antiga aliança animista entre o homem e a natureza, deixando no lugar desse vínculo preciso apenas uma busca ansiosa num universo gélido de solidão. Como uma tal ideia, que parecia não ter a seu favor senão uma puritana arrogância, podia ser aceita? Ela não o foi; ainda não o é. E, se apesar de tudo, se impõe, é em virtude unicamente de sua prodigiosa capacidade de produzir resultados.[3]

A ciência informa e produz, diz Monod. Ela não apenas não trata de propósitos, como também afasta intencionalmente tudo o que, mesmo vagamente, poderia ter um propósito. O resultado é que "quanto mais conhecemos sobre o universo, mais despropositado ele parece", como escreveu Steven Weinberg.[4]

Vocês poderiam dizer que dar esperança e sentido não é tarefa da ciência, mas da religião. Tratemos então dessa área.

É verdade que a religião fala sobre alma, propósitos e sentidos. Mas não só isso – a religião também cria significados onde, à primeira vista, eles não existem. Hoje, no mundo ocidental, a aplicação de ideias e ritos religiosos é estritamente limitada. Para começar, o crente está dividido em duas partes, uma que age "como cientista" e outra que age, por exemplo, "como cristão". "Como cientista", ele ou ela renuncia à fé e à revelação, mantendo-se distante dos significados. "Como cristão", ele ou ela confia na fé e se conforma aos modelos divinos. Não há como infundir o espírito religioso na ciência, pois a religião vem depois que a ciência cumpriu seu trabalho; ela não faz parte desse trabalho. Em segundo lugar, não tenho certeza de que seria uma vantagem tornar a religião uma parte da ciência. Os cientistas já são pedantes demais. Além disso, os cristãos, para tomar apenas um exemplo, não foram das melhores pessoas. Difamaram os judeus, humilharam as mulheres e mataram centenas de milhares em nome da fé. Talvez seja melhor ser um "coletor de dados" frio, impassível e "objetivo" do que um assassino fanático. Em terceiro lugar, a religião está longe de ser uma coisa unificada, ela é plural. Há budistas, muçulmanos, protestantes, adoradores de serpentes, e cada um desses grupos ainda é subdividido em facções mais tolerantes ou mais violentas. Uma religião que apele a todas as pessoas de todas as profissões e que apele ao amor, e não ao falso moralismo e aos instintos assassinos dos fiéis, ainda precisa ser inventada.

Depois, temos as "artes". Hoje, muitos cientistas querem nos fazer acreditar que a pesquisa científica não é tão conservadora como o trecho citado de Monod parece indicar. Há um espírito artístico, dizem eles, há "criatividade", "imaginação", metáforas, analogias, "dimensões estéticas", etc. Além disso, existem hoje teorias científicas que parecem valer seja para a matéria, seja para os movimentos do espírito. Tudo isso soa muito bem, mas tem pouca influência na prática cotidiana e nas ramificações institucionais da pesquisa. Onde encontramos uma equipe científica que ganhou prêmios por suas realizações estéticas? Onde está o periódico que aceita artigos por conterem alguma inspiração criativa? Wolfgang Pauli, físico de destaque e ganhador do Prêmio Nobel, lamentava a separação moderna entre ciência e religião, mas guardava a maioria de suas ideias consigo mesmo – por medo de ser ridicularizado. Além disso, quem é essa criatura "arte" a quem os cientistas cortejam com tanta empolgação? O que é isso que conecta, digamos, a cúpula da Catedral de Florença às micções de Jackson Pollock[5] e, em especial, aos estudos mecânicos de Galileu? Exatamente como na religião, temos uma ampla variedade de produtos agrupados de maneira bastante artificial (ou deveria dizer "artística"?) sob um único nome.

A teoria da relatividade geral é ciência, assim como a botânica. A botânica se baseia na inspeção cuidadosa de objetos que podemos ver e segurar em nossas mãos, ao passo que a teoria da relatividade geral faz uso de generalizações ousadas a respeito de coisas inacessíveis. Lembram do Big Bang? Todos concordam que ele esteja muitas ordens de grandeza afastado de todas as condições físicas conhecidas – e mesmo assim as leis que estabelecemos para tais condições supostamente também se aplicam ao Big Bang. Comparemos, ainda, a física das partículas elementares com a ciência econômica. Uma é bem-sucedida, a outra, um tópico bastante duvidoso. Uma é verificável pela experimentação, a outra, por tendências que não podemos identificar ou controlar com facilidade. Cada área possui empiristas que querem que a ciência permaneça próxima aos fatos e sonhadores que não se importam quando suas especulações vão de encontro a resultados experimentais bem-estabelecidos. Até mesmo áreas específicas, como sociologia ou hidrodinâmica, são divididas em escolas que adotam diferentes metodologias. Desse modo, quando olhamos em volta nos deparamos com grandes subdivisões entre áreas que por si já são coleções discordantes de métodos e resultados; tudo isso precedido pela advertência: não misture as abordagens!

Ora, ainda temos a filosofia. A filosofia, parece, é uma disciplina que fornece uma visão de conjunto e coloca as coisas em perspectiva. Pelo menos foi assim que começou no Ocidente. Os primeiros filósofos gregos eram críticos culturais. Observavam o que encontravam, condenavam algumas coisas, elogiavam e modificavam outras. Platão, por exemplo, criticava a pintura, a tragédia e a epopeia por apelarem às emoções, dizerem mentiras e, de modo geral, confundirem as pessoas. Filósofos posteriores produziram sistemas inteiros. Esses sistemas abarcavam tudo que havia sido feito até então, organizado cuidadosamente segundo as concepções de seus criadores. Como os cientistas, os artistas e os reformadores religiosos, os filósofos, a esta altura, já acumulam um amontoado bastante caótico de opiniões e abordagens. Há kantianos, hegelianos, heideggerianos; há kuhnianos, popperianos, wittgensteinianos; há seguidores de Foucault, Derrida, Ricœur; há neoaristotélicos, neotomistas – eu poderia continuar a lista eternamente. A maioria dessas filosofias começou como tentativa de pôr um fim à querela entre escolas. Nenhuma conseguiu. As tentativas logo se tornaram escolas elas mesmas e se juntaram às querelas. Além disso, boa parte do que está sendo escrito hoje na filosofia é trivial e sem grande interesse. Um filósofo cria um novo movimento e toda uma horda começa a investigar quem pertence e quem não pertence a ele (*Traços de pós-modernismo nas primeiras obras de Franco Labbroculo,*[6] por exemplo, não é, de modo nenhum, um título atípico). Assim, a desconexão é a regra, e a harmonia não é apenas a exceção – ela simplesmente não existe.

Mas será que isso é uma desvantagem? O fato de haver muitas áreas diferentes de pesquisa lideradas por pessoas com diferentes interesses e que produzem resultados amplamente diferentes é mesmo uma desvantagem? Supermercados são bastante convenientes. Além de fornecerem uma abundância de produtos, também nos mostram coisas que não conhecemos, mas que poderíamos ter usado. As ciências e as humanidades, a religião e as artes oferecem supermercados espirituais, por assim dizer, com diferentes departamentos e muitas conexões entre eles. Também não podemos nos esquecer de que os indivíduos têm inclinações, crenças e convicções diferentes, e de que existem diferentes culturas que se desenvolveram passando por fases muitas vezes conflituosas. Cada cultura fornece diretrizes materiais, sociais e espirituais para seus membros desde que nascem, passando pela maturidade até chegar à morte. Essas diretrizes são transmitidas pelos indivíduos, e os indivíduos têm características e opiniões extremamente diferentes. Mesmo assim, existem certas regularidades gerais que caracterizam tais diretrizes como pertencentes a uma cultura e não a outra.

Ora, as culturas e as pessoas possuem estratégias para lidar com problemas que podem surgir em seus respectivos campos. Se, ao fazer uso dessas estratégias, elas quebram as conexões entre atividades como ciência e religião, assuntos como física e sociologia, ou culturas como a japonesa do início do século XIX e a ocidental, isso é problema delas. Lastimar sobre uma "falta de harmonia" significa condenar arranjos que se formaram durante milênios. Além disso, quem fala em harmonia parece tão suspeito quanto os tiranos, dispostos a submeter toda a diversidade que encontram à sua própria regra de harmonia. Sim, é verdade que existem fome e disputa nesse mundo, bem como descobertas incríveis. Mas por que devemos reagir a esses dois fenômenos da mesma maneira, e, mais importante, por que os dois precisam ter lugar num único sistema coerente?

Porque, vocês poderiam responder, eles ocorrem em um único mundo coerente. Os cientistas vivem neste mundo; também vivem nele os senhores da guerra e suas vítimas. Ademais, os cientistas, os senhores da guerra, os esfomeados e os abastados são todos seres humanos. Se quisermos entender o que está acontecendo e se quisermos mudar o que nos desagrada, precisamos conhecer a natureza do mundo, a natureza dos seres humanos e descobrir como as duas coisas se conectam. Apenas uma teoria abrangente, apenas uma visão de mundo pode nos dar essa informação. É dessa maneira que alguns escritores, entre eles o divino Platão, justificam a necessidade de uma descrição coerente de tudo o que existe. A maioria das pessoas, inclusive cientistas e profetas, estaria de acordo. Existe um mundo, nós vivemos nele, logo precisamos aprimorar nosso conhecimento sobre o modo como todas as coisas se conectam.

Mas essa suposição infelizmente nos conduz de volta ao ponto de partida. Em primeiro lugar – quem escolheremos como nossos professores? Muitos indivíduos, grupos e escolas brigam para ocupar essa posição.

Em segundo lugar – quem disse que as partes do mundo se conectam de forma harmoniosa? Que o conflito não está presente no mundo como um todo? Para os gnósticos, o mundo se divide em dois: o mundo de Deus e o mundo da matéria criado pelos demônios inferiores. O ser humano, segundo os gnósticos, contém elementos dos dois mundos: uma alma imortal e um corpo perecível – nas palavras de alguns gnósticos, o ser humano é um grão de ouro misturado à lama. O conflito é inerente à sua natureza. Quanto mais o ser humano conhece sobre a matéria, mais se afasta de sua verdadeira essência. Traduzido numa terminologia posterior, isso quer dizer que as ciências da matéria e as ciências do espírito, além de serem diferentes, devem ser mantidas separadas – caso contrário, não representarão corretamente a realidade. Em termos estritos, não pode e não deveria haver uma ciência da matéria – trata-se de um assunto por demais vil e enganoso para ser levado em consideração. Um ditado medieval posterior nos dá uma ideia do que isso implica para o corpo humano: *Intra faeces et urinam nascimur* – entre fezes e urina nascemos. A propósito, notemos que alguns cientistas, incluindo Planck e Einstein, tinham visões semelhantes: existe uma "realidade objetiva" que é eterna e estável. No entanto, ela é totalmente material (aqui os cientistas diferem dos gnósticos). Por outro lado, há a vida cotidiana dos seres humanos – nascimento, crescimento e desenvolvimento, alegrias e tristezas até, finalmente, a morte. Essa vida é uma "ilusão" (a expressão é de Einstein): ela não conta quando comparada com a "realidade". Entretanto, embora os gnósticos admitissem que, dado este mundo, a revelação fosse necessária para obtermos conhecimento, nossos cientistas acreditam ser capazes de cobrir a distância entre a ilusão e a realidade por meio da razão. Sim, eles são gnósticos, mas gnósticos um tanto confusos. De todo modo, a ideia de um mundo harmonioso ao qual todos pertencemos é apenas uma ideia entre outras tantas. Não pode servir de medida para todo o resto.

Mas mesmo que o mundo fosse um só, não temos nenhuma garantia de que uma única visão de mundo seria o melhor guia para se orientar nele. Além de serem incompletas, visões de mundo são enganadoras e, para usar uma expressão um tanto exagerada, reduzem nossa humanidade. Visões de mundo sugerem que, para progredir, os modelos podem e talvez até mesmo devem desconsiderar detalhes e questões pessoais e se ocupar apenas de tendências gerais. Mas e se não existirem tais tendências? E se o que consideramos como tais tendências não passar de projeções de nossos próprios limites? E o que dizer dos elementos da nossa humanidade, como a compaixão, o amor e a compreensão pessoal, os quais só são mobilizados quando vemos um rosto humano e desaparecem quando confrontados com generalidades? Sei que existem pessoas que se dizem capazes de amar a HUMANIDADE e que inclusive escrevem sobre essa estranha história de amor. Mas esse amor evapora rapidamente quando essas pessoas se veem diante de rostos específicos ligados a corpos específicos que exalam um cheiro específico e talvez penetrante. Além disso, o amor pela *humanidade* nunca impediu ninguém de ser cruel com os *indivíduos* que pareciam colocá-la em risco. Guiar-se por ideias abstratas é algo perigoso quando não controlado por relações pessoais sólidas. Não há saída: reagir ao mundo é uma questão pessoal (familiar, de grupo) que não pode ser substituída nem mesmo pela mais encantadora visão de mundo.

Isso quer dizer que não há nada mais a ser dito? É claro que não! Indivíduos, famílias, grupos e culturas reagem ao ambiente que os cerca. Eles são o que são hoje por causa das experiências, ideias, emoções, etc. que tiveram no passado. Não há motivo para nós – e isso significa eu, você e muitos outros – não interagirmos, à nossa maneira, com o ambiente, as emoções e as experiências por meio de livros, discursos, produções teatrais, contribuições financeiras e composições musicais, ou simplesmente mantendo alguma relação com homens e/ou mulheres diferentes de nós. Ora, estamos aqui sentados no auditório de uma universidade e presumo que vocês vieram aqui para ouvir ideias e não para assistir a uma demonstração de perversidades sexuais. Então, ideias é o que terão – mas de uma maneira especial!

Primeiramente devo dizer que não vou oferecer uma apresentação "sistemática". Apresentações sistemáticas arrancam as ideias do solo que as fez crescer e as dispõe de uma forma artificial. Se o modelo agradar a indivíduos influentes, escreverão livros sobre ele, exigirão a leitura desses livros nas universidades e o transformarão em objeto de estudo; dentro de pouco tempo, vai parecer que o modelo é a própria realidade. Aqueles que o ignorarem, mas ouvirem falar dele, vão desconfiar de que estão perdendo alguma coisa. Escritores populares o explicarão em termos simples, filmes celebrarão os heróis que o inventaram e ícones de todas as formas e tamanhos lembrarão às massas do pouco que realmente sabem e do quanto ainda precisam aprender.

Bom, para ser honesto, esse tipo de procedimento não me impressiona em nada. O processo é muito interessante: mostra até que ponto as modas dominam "o mundo do espírito" (para usar outra expressão exagerada). Mas o ponto de partida – uma "apresentação sistemática" – me é indiferente. O que me interessa é como, em que circunstâncias e de que maneira as pessoas adquiriram gosto por determinados modelos. Por que, por exemplo, tantas pessoas acreditam numa realidade que continua inalterada apesar das ações das pessoas, mas que controla cada detalhe de seu comportamento? Ao tentar encontrar uma resposta para questões como essa, também estou tentando encontrar situações que eu possa compreender emocional e intelectualmente; situações que envolvem todo meu ser (para usar ainda mais uma expressão exagerada) e não só umas poucas células bem-treinadas, isto é, semimortas, do meu cérebro. Mas como encontro essas situações?

Bom, há diversas maneiras. Uma delas é apresentar ideias e visões de mundo historicamente, isto é, narrar como elas surgiram e por que as pessoas as aceitaram e agiram de acordo com elas. Isso está longe de ser algo simples, pois nosso modo de ver a história é influenciado pelos modelos que nos hipnotizam. Além disso, não sou especialista. Um rumor aqui, uma ideia ali: e a partir disso construo minhas histórias. *Grosso modo*, minhas conferências serão fábulas entrelaçadas a eventos vagamente históricos. Isso não me preocupa, na verdade, porque desconfio de que os verdadeiros especialistas também narram fábulas, só que mais longas e muito mais complicadas – o que não significa que elas não possam ser muito interessantes. Ouvir meras fábulas talvez não seja o programa favorito de vocês – talvez queiram ouvir A VERDADE. Bom, se é isso que vocês querem, então é melhor procurarem outro lugar – mas juro pela minha vida que não posso dizer exatamente que lugar é esse.

Minha fábula começa com uma questão: alguma vez existiu uma conexão entre os majestosos acontecimentos no céu e os tristes (e muitas vezes sem sentido) acontecimentos na Terra? Lembrem-se, foi assim que comecei minha conferência: colocando de um lado novas evidências para o Big Bang, e de outro a guerra e a miséria. Qual é a relação? A resposta é que muitos períodos e muitas culturas tomaram como certa uma conexão. Homero, por exemplo, conecta as ações humanas e as ações divinas em uma única narrativa histórica bastante dramática. As reviravoltas das guerras troianas, as dificuldades de Odisseu e muitos outros eventos não foram acidentes; tampouco foram causados totalmente pelos humanos: trata-se de acidentes também influenciados pelos deuses, que brigavam entre si e tinham suas próprias ideias acerca de como o mundo deveria ser governado.

Sei que para muitos dos chamados agnósticos essa narrativa parece bastante tola; quem a levará a sério? Bem, ela foi levada a sério por algumas das pessoas mais inteligentes da Antiguidade. E todos tinham excelentes razões. Para eles, os deuses não eram apenas entidades hipotéticas como os *quarks* ou as supercordas; os deuses eram uma presença viva que impregnava a vida de todos. A presença dos deuses se fazia sentir nas florestas, nas montanhas, na praia, em casa, nos momentos de caminhada e durante os sonhos. Ao sentir uma grande cólera, você poderia achar que tinha sido tomado por uma força alienígena e dar a essa força o nome de um deus. As epopeias homéricas, em que ocorrem eventos como esse, tiveram um papel fundamental na educação dos gregos. Elas foram o principal texto educativo na Atenas democrática e pelo menos até o século V d.C. Nele, os gregos reconheciam sua própria história, seus deuses, a natureza da virtude e a forma do mundo.

Vejamos agora a segunda parte da minha fábula: o papel dos filósofos. Eu disse "filósofos", mas as pessoas que tenho em mente são diferentes dos nossos professores em muitos aspectos. Tales, por exemplo, geralmente considerado o primeiro filósofo, era um dos eminentes cidadãos de Mileto, importante porto na costa oeste da Ásia Menor. Deu conselhos políticos para seus concidadãos, parecia conhecer astronomia, fez fortuna no ramo de azeites e de vez em quando atuava como engenheiro. Veja bem, não temos provas diretas desses acontecimentos; tudo que temos são rumores que podem ter se iniciado quando Tales ainda era vivo, mas que hoje conhecemos por causa de relatos feitos cerca de duas gerações depois. Platão, por exemplo, nos conta a seguinte história[7]: ao caminhar olhando fixamente para as estrelas, Tales caiu num poço. Uma camponesa que estava por perto zombou dele: "Velho Tales", exclamou ela. "Sente-se em casa olhando para o céu mas não sabe o que se passa diante do próprio nariz!"[8] Para salvar Tales dessa situação ridícula, Aristóteles nos conta uma história totalmente diferente sobre a extração de azeite.[9] A essa altura, Aristóteles já era um filósofo maduro, na verdade o primeiro professor de filosofia; acrescentou que Tales entrou para o mundo dos negócios não porque queria enriquecer, mas sim para mostrar que os filósofos poderiam vencer em qualquer profissão, desde que a escolhessem; na maioria dos casos, eles simplesmente não estavam interessados.

Outras histórias tratam de realizações mais "teóricas". Por exemplo, diz-se que Tales mediu a altura de uma pirâmide pelo comprimento de sua sombra no momento em que a sombra de um graveto era do mesmo tamanho do graveto. Além disso, ele supostamente demonstrou que a soma dos ângulos de um triângulo era igual a um "ângulo raso", ou 180 graus, como diríamos hoje. Talvez ele tenha usado a figura a seguir. Mas, caso o tenha feito, sua "prova" não foi uma sequência linear de enunciados lógicos, mas apenas um desenho. O desenho *mostrava* como eram as coisas, não era a prova em si.

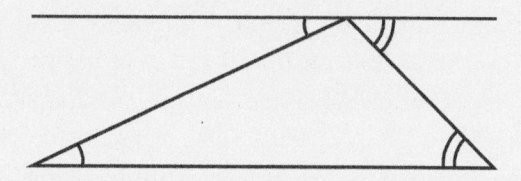

Em suma, Tales parece ter sido um sujeito de todo inteligente, que tocou a imaginação de gerações posteriores e foi respeitado por seus feitos: foi um dos Sete Sábios da Antiguidade.

Segundo alguns relatos, Tales também disse que tudo era feito de água[10] e que tudo estava cheio de deuses.[11] Essas duas afirmações constituem seu passaporte de entrada para a história da filosofia. Aristóteles, que apresentou a noção geral de substância, considerava Tales um predecessor (um tanto materialista e simplista). Tales, disse Aristóteles, supunha a existência de apenas uma substância: a água. Os historiadores da filosofia posteriores extraíram essa suposição de Aristóteles. O livro *History of Greek Philosophy*, dividido em seis volumes, de Guthrie, contém ainda um capítulo especial sobre Tales.[12]

A primeira afirmação era bastante plausível para os gregos, que, segundo o Sócrates platônico, viviam em volta do Mediterrâneo "como sapos em volta da lagoa".[13] Eles viam como a água se transformava em lama ou rosas, como se dissolvia no ar formando nuvens que se transformavam de novo em água, que poderia inclusive se solidificar na forma de gelo. A água aquece e dispersa o calor. Ela podia ser qualquer um dos quatro elementos tradicionais: água, fogo, ar e terra. Além disso, era necessária para a vida; perpetuava-a mesmo no deserto, que carecia de sua forma fluida. Fazendo suposições como essas, Tales antecipou um princípio básico da ciência moderna – de que existe uma unidade subjacente à variedade de aparências.

A segunda afirmação – tudo está cheio de deuses – é ambígua. Talvez Tales quisesse ampliar a visão tradicional que se tinha das divindades, ou talvez estivesse zombando dela: os deuses não estão apenas no Olimpo e não estão interessados apenas no destino dos guerreiros de Troia; eles agem em todos os lugares, de acordo com princípios determinados que, por isso, podem substituí-los. A crítica de Tales – se é que se tratava de uma crítica – não parece ter sido muito dura. Seus sucessores foram muito menos gentis.

Agora falemos um pouco de Xenófanes. Tales se dedicou a muitas áreas, sabia diversas coisas, mas não era um especialista. Xenófanes era um especialista – um recitador de poesia, um aedo, para ser mais exato. Tratava-se de uma profissão bem-estabelecida. Os recitadores e rapsodos podiam ser encontrados em todas as cidades. Eram convidados para os banquetes, ajudavam na diversão e desafiavam outros aedos em concursos: um recitava alguns versos de um poema obscuro e o outro tinha de continuar. Xenófanes nos deixou um testemunho vívido de suas viagens "pela costa do Mediterrâneo"[14] e dos banquetes que frequentava.

Esses profissionais não eram apenas animadores, eles também ensinavam o público. Explicavam passagens obscuras e esclareciam o contexto; eram capazes de contar acontecimentos da história das cidades que visitavam e conversar animadamente sobre os costumes de países estranhos; mantinham viva a memória de heróis e de homens sábios. Instruíam os ouvintes sobre as virtudes e exemplificavam com facilidade como uma virtude podia se converter em vício. Homero era a fonte principal; a experiência era a segunda mais importante. De vez em quando, acrescentavam versos e histórias próprias. E é bem possível que tenham começado a criticar todo esse material. Em todo caso, foi o que fez Xenófanes.

Criticando os pitagóricos, que acreditavam que a alma de uma pessoa que acabou de morrer poderia reencarnar num animal, como um cachorro, Xenófanes dizia: "Você, estranho, pare de bater nesse cachorro! É meu amigo recém-falecido que uiva!".[15] Sobre a visão homérica dos deuses, dizia: "Os humanos atribuíram todos os seus vícios aos deuses – mas se vacas e cavalos tivessem mãos como têm os humanos, e se pudessem desenhar, certamente desenhariam vacas e cavalos como seus deuses".[16] E continua discorrendo. (A propósito, não estou citando aqui literalmente, nem o texto de uma tradução. Estou me referindo, de memória, ao sentido e ao estilo.)

Aproveito o momento para colocar uma questão sobre as evidências daquilo que conto. O que sabemos desses pensadores antigos? Ainda temos seus escritos? Como sabemos o que disseram? Bem, a situação é bastante interessante. A maior parte das evidências é formada por manuscritos copiados de outros manuscritos mais de mil anos depois da data original da escrita. Os primeiros manuscritos copiados de escritos platônicos, por exemplo, são do século XI d.C., e Platão viveu no século V-IV a.C.! Sim, existem fragmentos de papiros, mas eles são curtos e contêm apenas pequenas partes do texto original. Desse modo, um dos problemas, quanto a Platão, por exemplo, é o seguinte: seus manuscritos são confiáveis? Eles contêm mesmo o que Platão escreveu, ou o nome de Platão foi colocado no texto de um autor diferente para conferir autoridade? Outro problema é a linguagem. Platão escrevia em grego. Mas, como todos os grandes autores, ele usava o idioma de maneira idiossincrática – deu novos significados a alguns termos, novas nuances de significado a outros, de modo que precisamos adivinhar o que ele queria dizer. Naturalmente, diferentes tradutores dão palpites diferentes. Tente fazer o seguinte experimento. Pegue um dos diálogos de Platão, comece a lê-lo até encontrar uma passagem difícil de entender e, então, compare diferentes traduções do mesmo trecho. Você vai se surpreender!

Contudo, Platão é um caso "simples" se comparado a Tales, por exemplo, ou a Anaxágoras. Platão fundou uma escola, a Academia, que perdurou até o século XV. A Academia cuidou para que os escritos platônicos fossem mantidos fiéis ao pensamento do mestre. Tales não tinha uma Academia. Aristóteles, que viveu apenas três gerações depois dele, fala a partir de boatos que ouviu sobre Tales, não do próprio Tales, e usa sua própria terminologia, não as palavras do próprio Tales. Temos fragmentos de outros filósofos pré-socráticos, a maioria nos escritos dos Padres da Igreja, que queriam comparar o cristianismo com o que viera antes. Portanto, desconfie quando ouvir alguém, como eu, dizer que "Anaximandro afirmou que...", afinal, tudo que sabemos de Anaximandro está em apenas uma frase – bastante confusa, aliás![17] No caso de Xenófanes, estamos numa posição um pouco melhor. Temos trechos maiores de seus poemas que foram preservados por Ateneu em razão dos indícios que continham a respeito dos hábitos alimentares dos banquetes frequentados por Xenófanes. E Ateneu se interessava por hábitos alimentares.

Então, de volta a Xenófanes!

Além de zombar das visões religiosas tradicionais, Xenófanes tinha ideias próprias. Para ele, havia apenas um único ser divino. Esse ser, ou melhor, Ele (naturalmente seria um Ele), era Puro Pensamento: sem sentimentos, sem compaixão, certamente sem senso de humor. Para compensar, era superpoderoso. E também preguiçoso. "Ele não se move para cima nem para baixo, mas com o poder do pensamento move tudo que existe", diz Xenófanes.[18] Eis um sujeito que eu não teria o menor interesse em conhecer. A maioria dos intelectuais, no entanto, pensa diferente: babam de tão excitados quando tomam conhecimento dessa criatura magnífica. "Que concepção sublime da divindade" é uma observação típica. "Sublime?" – bobagem! Prefiro Atena, Hermes ou Afrodite. A grande vantagem parece ser que o monstro de Xenófanes não é mais "antropomórfico" – não possui características humanas. Em outras palavras, é inumano. Não consigo entender de jeito nenhum por que isso deveria ser uma vantagem. Por que um universo comandado por um alienígena seria preferível a um universo povoado por figuras familiares? Além disso, as propriedades humanas não foram totalmente extirpadas. Elas continuavam existindo, mas isoladas e monstruosamente potencializadas. "Puro pensamento". Se presumimos que os deuses estão "longe de serem humanos", então por que seriam capazes de pensar? Em todo caso, as questões humanas e as questões divinas, ou a vida humana e o resto do mundo, são coisas que agora têm muito pouco a ver umas com as outras. A desconexão que discuti no início começa a se insinuar. Filósofos posteriores, especialmente Parmênides, foram muito além.[19] Afirmaram explicitamente que, comparada com o Ser (o Ser, em Parmênides, substitui o monstro de Xenófanes), a existência humana é uma quimera.[20]

É interessante o modo como essas visões se espalharam e acabaram contaminando o mundo todo. Primeiro, tornaram-se populares entre pessoas influentes, que nem sempre concordavam com as visões, mas escreveram relatos e críticas sobre elas, criando assim uma "tradição". E como a história, durante muito tempo, foi escrita por pessoas influentes, o início dessa tradição é hoje conhecido como "Advento do Racionalismo", "Revolução Grega" ou "Milagre Grego", e é considerado algo muito importante – no mínimo o nascimento da civilização ocidental. O desenvolvimento iniciado pela tradição mudou a vida dos intelectuais, não mudou diretamente a vida das pessoas comuns, as quais, no entanto, querendo ou não, viram-se lentamente envolvidas por ele. As peculiaridades da ciência e sua ânsia por "objetividade" estão, de alguma maneira, ligadas a essa distante "Revolução" – basta nos lembrarmos da passagem que citei de Monod! O mundo em geral, como visto pelos cientistas, está separado dos eventos insignificantes deste planeta, e até os humanos, como vistos pelos cientistas (principalmente pelos biólogos moleculares), estão separados do que eles mesmos experimentam enquanto seres. Para muitos escritores, parece que essa separação não é acidental, que não é algo no qual caímos sem conhecimento. Afirmam que ela seja obra de indivíduos excepcionais que, na tentativa de compreender o ambiente em que vivem, aprimoram suas ideias e seus métodos e que, finalmente, descobriram a natureza (inumana) da realidade.

No entanto, podemos propor várias questões. Foi uma coisa boa os antigos filósofos terem transformado os deuses tradicionais em Pensamento, Fogo e no Ser imutável? A mudança que recomendavam foi iniciada por eles ou eles foram sendo levados por forças que não perceberam e sobre as quais não tinham nenhum controle? Se sim, que forças são essas? Podemos nos libertar de sua influência ou submetê-las às nossas vontades? Neste último caso, quais são nossas vontades? Devemos suportar as consequências dessa petrificação gradual da vida e acolher as intuições que a acompanham ou devemos buscar por algo melhor? Será que o que pensamos realmente importa? Talvez estejamos presos ao nosso tempo e só possamos esperar que o Destino nos traga um futuro melhor. Ou talvez minha apresentação esteja equivocada, tanto histórica quanto "filosoficamente" (seja lá o que isso for). As perguntas são muitas, e não tenho a menor intenção de respondê-las. O que pretendo aqui é fornecer material para refletir e para perturbar as ideias. E o que não falta é material para isso.

Para começar, no período histórico do qual estou falando não havia apenas filósofos; havia também poetas, políticos, generais, encrenqueiros públicos como Sócrates, oradores públicos como Demóstenes e muito, muito mais. E havia os dramaturgos – Ésquilo, Sófocles, Eurípides, Aristófanes, entre outros.

    O teatro para o qual esses escritores contribuíam era bem diferente do teatro atual. A produção de tragédias e comédias fazia parte de grandes festivais religiosos, com cerimônias religiosas acontecendo ao lado de competições de atletismo e espetáculos de todos os tipos. Todos eram convidados – na verdade, esperava-se que todos estivessem presentes – e todos compareciam: pessoas da cidade ou do campo, levando alimentos para passar o dia, pois as apresentações teatrais duravam muito tempo. Cada peça era avaliada por jurados sob a pressão dos espectadores, e sua apreciação refletia a opinião da audiência. As peças eram exibidas apenas uma vez (com raras exceções). Geralmente eram escritas e produzidas pela mesma pessoa, que também podia bancar a produção. As peças também eram temáticas – muitas figuras públicas eram ridicularizadas nas comédias de Aristófanes. As linhas gerais da maioria das tragédias também eram conhecidas, de Homero e de outros poetas. As pessoas sabiam o que esperar e entendiam a intenção do autor quando ele desviava da norma. Entendiam a "mensagem". Algumas vezes gostavam do que viam; outras, o autor era multado ou punido por lembrar as pessoas de acontecimentos dolorosos. Localizada no centro de uma democracia direta, essa instituição foi um dos melhores instrumentos educacionais já existentes. As peças educavam as pessoas porque as desafiavam a pensar, não porque as oprimiam, e faziam isso apelando aos sentidos e aos sentimentos, não apenas à razão. Segundo um relato, Agatarco, contrarregra de Ésquilo, inventou a perspectiva. Outro relato diz que as pessoas se encolheram de medo quando as Fúrias de Ésquilo entraram em cena. *Show business* na sua melhor forma. Bem, do que tratavam essas tragédias?

    Temos duas explicações gerais sobre a tragédia antiga – uma crítica, outra elogiosa. No Livro X de *A República*, Platão examina as "artes miméticas", nas palavras dele. Sua conclusão é de que não há lugar para essas artes numa sociedade perfeita. Os governantes e cidadãos de uma sociedade perfeita precisam saber como as coisas realmente são. Mas os artistas (os pintores, por exemplo) não nos conduzem à realidade, entorpecendo-nos com meras aparências. Os artesãos fabricam camas e cadeiras. São objetos úteis – podemos usá-los para nos deitar ou sentar.

Na tentativa de fazer uma cama boa, o artesão tem diante de si a forma ideal da cama. Para Platão, essa forma ideal, que serve como modelo para todas as camas boas, é real. A cama feita pelo artesão não é tão perfeita quanto a cama perfeita – representa um ajuste entre a cama perfeita, as propriedades da matéria que resiste à perfeição e as limitações do artesão. Mesmo assim, ela é útil e está apenas a um passo distante da realidade. Agora considere a pintura de uma cama. Para começar, não podemos fazer nada com ela. Não podemos sentar nela, tampouco ter uma noite agradável de sono deitados nela. Não tem função útil. Além disso, é a cópia da cópia de uma coisa real, ou seja, está duas vezes afastada da realidade, é praticamente uma quimera. O teatro tem outras desvantagens: suscita emoções que ofuscam a lucidez do pensamento (necessária para gerar e salvaguardar uma sociedade sadia). Além disso, o teatro ensina comportamentos equivocados: quem se sente afetado pelos desastres das cenas não para de chorar, em vez de manter um silêncio resoluto. Platão conclui que uma boa sociedade precisa proibir o teatro, "mas", acrescenta ele (faço aqui mais uma paráfrase), "tendo eu mesmo sido encantado pela poesia, convido aqueles transportados por seus charmes a defendê-la, em verso ou em prosa".[21]

A *Poética*, de Aristóteles, é uma dessas defesas. Temos apenas uma parte dela – a seção sobre a comédia se perdeu (e foi encontrada em *O nome da rosa*, de Umberto Eco).[22] Trata-se de um dos livros mais importantes da história das artes: influenciou Corneille, Racine, Lessing (que corrigiu equívocos de tradução para a língua francesa). Brecht escreveu um texto contra a obra,[23] já Dürrenmatt a admirava. A tragédia, segundo Aristóteles, baseia-se na ação, não só nas palavras; a ação deve ter uma estrutura rígida ("uma desgraça atrás da outra"), o que não ocorre com a narração simples. É preciso ter um começo, um meio e um fim. Além disso, os eventos que formam a ação devem estar ligados uns aos outros – um evento deve necessariamente levar ao próximo, e ao próximo até atingir o clímax trágico. Aproximando-se do clímax, a audiência experimenta o temor e a piedade. Afastando-se dele, experimenta uma purificação das emoções, uma catarse.[24] Construída dessa maneira, a tragédia tem duas funções. Pela estrutura do enredo, ela revela o que pode e o que não pode acontecer; hoje diríamos que ela revela leis sociais. Por essa razão, segundo Aristóteles, a poesia "é algo de mais filosófico e mais sério do que a história";[25] a história só nos diz o que de fato aconteceu. A segunda função da tragédia é terapêutica, como diriam algumas pessoas. Ela reforça o efeito que as leis sociais exercem sobre a mente humana. De certa forma, equivale a uma lavagem cerebral. Ao suscitar emoções negativas fortes (temor e piedade) e depois purificá-las, a catarse deixa uma marca do que aconteceu nesse processo. Rituais de iniciação empregam outros métodos para despertar emoções negativas e, em seguida, expurgá-las, e, dessa forma, introduzir externamente a mensagem que querem imprimir. Segundo a descrição da tragédia feita por Aristóteles, é a própria mensagem que cria as emoções que a reforçam. Difícil pensar numa maneira melhor de manter o engajamento das pessoas com a sociedade em que vivem. Mas era essa a intenção dos autores trágicos? Não.

Para compreender isso, vejamos uma tragédia real, uma trilogia, na verdade, chamada *Oréstia*, de Ésquilo. O enredo básico é que Agamêmnon, líder dos gregos em Troia, foi assassinado pela esposa, Clitemnestra, e seu amante, Egisto. Não só isso: para retirar todos os poderes que Agamêmnon detinha, seus membros foram arrancados do corpo e amarrados em volta do pescoço. Esse ato o transformou em uma não-entidade. Apenas a vingança poderia salvar sua memória. A vingança ficou a cargo de seu filho, Orestes. Era uma regra antiga. Para se vingar, Orestes teria de matar sua mãe, Clitemnestra. Mas se a matasse, Orestes entraria em conflito com outra lei, que proibia o assassinato de parentes consanguíneos. Apolo lhe ordenou matar Clitemnestra. Depois do crime, ele foi perseguido pelas Fúrias. Fugiu para o templo de Atena e lá aguardou por seu destino.

Neste ponto, preciso fazer dois comentários. Primeiro, que a ação revela a contradição inerente às leis sociais da época. Essa contradição se revela graças a um argumento indireto: a ação A (não matar os assassinos de seu pai) é proibida, então a ação não-A (ou seja, matar os assassinos do pai) é a ação necessária, mas igualmente proibida. Chegamos a um paradoxo. A estrutura formal desse paradoxo é semelhante à estrutura formal de paradoxos ulteriores, como o paradoxo de Russell sobre a classe de todas as classes que não contêm a si mesmas como membros.[26] Ele também utiliza a mesma forma de raciocínio: da premissa à impossibilidade, depois de volta à negação da premissa. Trata-se de uma forma bastante sofisticada de argumentação que entrou na matemática apenas posteriormente (alguns historiadores atribuem essa façanha a Parmênides).

Meu segundo comentário é que essa maravilhosa estrutura abstrata está imersa em uma complexa rede de eventos que acaba quase por ocultá-la. Por exemplo, Agamêmnon pertencia à família amaldiçoada de Atreu. Sua morte pode ter sido parte dessa maldição. Será que duraria para sempre? Além disso, Agamêmnon sacrificara Ifigênia, filha de Clitemnestra, para acalmar os deuses, e também traíra Clitemnestra, que por isso tinha todas as razões para odiá-lo e desprezá-lo. Eventos e tendências pessoais, históricas e sociais, e uma estrutura abstrata, entremeiam-se a uma narrativa atraente e apavorante sobre o destino de indivíduos, gerações e cidades inteiras.

Voltando à peça: Orestes, cercado pelas Fúrias, está no templo de Atena esperando a resolução de seu caso. Atena chega e dá início a um interrogatório diante de um grupo de cidadãos atenienses. Prestemos atenção no papel dessa deusa específica: ela não toma decisão sobre o caso; dá suporte a uma instituição da cidade que carrega seu nome, preside o conselho, mas deixa a decisão na mão dos membros. Estamos a quilômetros de distância de Homero – e do preguiçoso deus-monstro de Xenófanes. Atena interroga Orestes, Apolo e as Fúrias. Há uma sequência de menções que mostram como eram conduzidos os argumentos na época: uma parte faz uma alegação com certa plausibilidade, a outra parte nega a alegação usando dizeres comuns ou versos conhecidos de poemas também plausíveis. O que soluciona o caso é o nível da plausibilidade das alegações, não uma verdade abstrata acessível unicamente a especialistas. A questão colocada para o júri é: Clitemnestra, mãe de Orestes, era parente consanguínea? As Fúrias dizem que sim. Apolo diz que não: uma mãe é a mera incubadora da semente masculina, a qual já contém toda a criança.[27] Acontece que o ponto de vista de Apolo é novo – trata-se da nova lei de Zeus que suplanta a antiga lei das Fúrias. Depois da discussão, é preciso votar; por um voto, a maioria fica a favor das Fúrias. Atena acrescenta seu voto a favor de Orestes (Atena não foi gerada por uma mãe, nasceu da testa de Zeus),[28] o que o deixa livre. "A nova lei de Zeus parece ter triunfado – mas não", diz Atena às Fúrias. "Vocês fazem parte da história da nossa cidade e continuarão fazendo parte de seu futuro. As novas leis não substituem as suas, mas dividem força com vocês, o que significa que, a partir de agora, nós as consideraremos uma bênção, as Eumênides, as bem-intencionadas".[29]

Bom, realmente não faz muito sentido falar sobre uma obra como essa em termos abstratos. É preciso ler a trilogia, ou melhor, assistir a uma montagem que não seja dirigida por um maníaco interessado apenas em ver seu nome impresso nos jornais, mas sim por um produtor inteligente que preste atenção em todos os elementos dessa rica tapeçaria – o pessoal, o institucional, o divino e o abstrato. De todo modo, Ésquilo tem pouco a ver com o que Platão, Aristóteles ou qualquer outro filósofo possa dizer sobre sua tragédia. Nele há entretenimento, oratória política, cerimônia religiosa, *A queda do solar de Usher*,[30] debate biológico, argumentação lógica – tudo junto.

Sófocles é diferente. Na *Oréstia*, de Ésquilo, a divindade apoia as instituições da cidade. Na *Antígona*, de Sófocles, os deuses continuam fazendo seus jogos irracionais, provocando o sofrimento humano como consequência. Quem está certo? Como podemos decidir? Parece haver progresso no mundo – mas também há muito sofrimento gratuito. Platão, no diálogo *Eutífron*, adiciona um novo elemento.[31] Aqui a narrativa trata de um homem que puniu seu escravo abandonando-o num fosso. O escravo morreu. O homem não queria que ele morresse – mas aconteceu. O filho desse homem o denuncia às autoridades, que ficam com um problema: como decidir o caso? Uma parte acredita que tudo está nas mãos dos deuses. Dizem: "É a vontade dos deuses". A outra parte, que reflete a posição de Platão, afirma que os deuses não agem arbitrariamente, mas de acordo com leis justas. Ora, é verdade que, em Homero, os deuses não representam a autoridade última. Há um poder superior que é bastante abstrato. Platão articula esse poder de uma forma que torna os deuses supérfluos. Mas isso significa que o sofrimento humano não é mais causado por um conflito que reside no mundo. O sofrimento humano não reflete uma condição fundamental do mundo e, com isso, da existência humana. Ele reflete apenas a ignorância, a estupidez, a cobiça – todas afecções evitáveis. Agora, as leis que devem ser obedecidas tanto pelos deuses quanto pelos humanos formam uma ordem abstrata perfeita. Novamente, a vida humana e a realidade estão separadas por um abismo: estupidez e desordem aqui, uma ordem perfeita, mas inumana, ali.

Preciso acrescentar algumas notas suplementares, repetindo parte do que já disse. A primeira trata do papel das artes. Conforme o ponto de vista moderno, há as artes, as ciências, a filosofia, a política, a religião e coisas do tipo. O que podemos dizer sobre o teatro? Hoje temos montes de peças antigas, que são repetidas uma vez atrás da outra. Cada jovem produtor e cada não-tão-jovem ator sonha em dar sua interpretação pessoal a *Rei Lear* ou a *Fausto*. As coisas eram diferentes na Grécia antiga. Uma tragédia era apresentada uma única vez – e fim de papo. Mais tarde, em Alexandria, os filólogos começaram a colecionar edições, mas não apresentações. A música no século XVIII era tratada de maneira semelhante. Compositores como Haydn ou Mozart dirigiam suas sinfonias apenas uma vez – e *basta*. A ideia de dispor de uma coleção de obras-primas do passado, que continuam ocupando lugar no baú dos tesouros culturais e, a partir daí, afetam tudo com seu cheiro, começou no século XIX, e não melhorou as coisas. O cinema e o rock estão muito mais próximos da antiga ideia de novas criações do que a música e o teatro ditos convencionais.

Minha segunda nota é sobre os intelectuais. Devo dizer bastante coisa sobre eles mais tarde – por ora, farei apenas algumas observações. Xenófanes e Platão eram "intelectuais" no sentido de serem dedicados a um tipo de pensamento que discordava do que acontecia ao seu redor. Bom, de certo modo, os autores trágicos também eram "intelectuais"; contudo, havia uma grande diferença entre eles e os filósofos. Os filósofos eram lidos por poucas pessoas e acreditavam e se sentiam superiores a seus críticos menos sofisticados. Os autores trágicos eram vistos por muitas pessoas e achavam que tinham de agradar ao público. Reescreviam peças fracassadas e experimentavam novas versões delas na esperança de melhorá-las. Mas isso não fazia deles imitadores servis da moda, ao contrário: partindo do que todos compartilhavam, e empregando meios compreendidos por todos, eles tentavam levar o público a novos e inexplorados territórios. Isso, acreditem, é muito mais difícil do que conceber algo sozinho e oferecer a descoberta a um público que foi induzido a acreditar que cabe a cada um entender as profundezas de seus "líderes intelectuais".

05/05/1992
Segunda conferência

Em nosso primeiro encontro, fiz uma longa citação do biólogo molecular Jacques Monod. Naquele trecho, ele descreve o que lhe pareciam ser as características deprimentes da ciência moderna. Segundo ele, a ideia de que o conhecimento objetivo – entendido como conhecimento que não implica o recurso a propósitos – era a única fonte de verdade que "pretendia, com um só golpe, extirpar uma tradição cem vezes milenar, assimilada à própria natureza humana. Denunciava a antiga aliança animista entre o homem e a natureza, deixando no lugar desse vínculo preciso apenas uma busca ansiosa num universo gélido de solidão". Monod reconhece que essa ideia não é muito bem aceita e que, para muita gente, essa é apenas uma parte da história, talvez uma parte pouco significativa. E, "apesar de tudo, se impõe". Por quê? Por causa "unicamente de sua prodigiosa capacidade de produzir resultados".

O trecho parece bastante profunda à primeira vista. Mas vejamos o que ocorre quando o analisamos mais detalhadamente. O ponto de vista objetivo, diz Monod, "denunciava a antiga aliança animista entre o homem e a natureza". O que isso significa? Que antes havia uma aliança e que os cientistas de tendência materialista a desfizeram? Que eles tinham o poder de desfazer a aliança? Que o pacto era como um acordo político, passível de modificação unilateral, desde que a decisão fosse tomada por cientistas? E que nós, que não temos nada a ver com ciência, ficamos com as consequências? Como essa decisão foi tomada? Os cientistas que aceitam o ponto de vista objetivo se encontraram numa conferência e votaram para rescindir a aliança? Foi fácil assim? Nunca houve um encontro desse tipo. Os cientistas não são fiéis a alianças; a maioria deles carece do conhecimento histórico necessário para conhecê-las, então por que alguém lhes pediria para votar e levar a sério toda a questão? Ou será que a passagem sugere que o que desfaz a aliança é uma ideia, e não os seres humanos? É uma suposição interessante – mas, repetindo, o que ela significa? É verdade que o advento de uma ciência não teleológica ocorreu *em paralelo* a avanços que desfizeram a conexão (não a "aliança") entre os seres humanos e a natureza, e que agora desfiguraram grandes partes do planeta. Mas não é certo que a ciência ou seus aspectos materialistas tenham *causado* esses desenvolvimentos. O que os provocou foi a ganância, a falta de visão de futuro, as tendências sociais que as pessoas em questão desconheciam, o advento do capitalismo. Além disso, Monod observa corretamente que "o universo gélido de solidão" não foi aceito – apenas se impõe "apesar de tudo". E o que isso significa? Que há um monte de gente estudando a questão? Claro que não. Os camponeses peruanos certamente nunca ouviram falar disso, e duvido que ouvirão tão cedo. E ninguém sabe qual seria a reação deles quando (e se) isso acontecer. Significa que todas as pessoas, independentemente de gênero, profissão, religião ou nível de renda, estão *obrigadas* a ficar atentas ao objetivismo científico? Usando noções gerais, sem nenhuma relação com pessoas como eu ou vocês, é quase como se Monod estivesse afirmando essa obrigação. Isso dá à passagem um aspecto religioso, embora há muito tempo os líderes religiosos tenham aprendido a falar em termos mais pessoais ("Jesus morreu por mim, por vocês, por todos..."). De todo modo, surpreende um pouco encontrar tons religiosos num ensaio que sugere o fim de todas as religiões.

Passemos para a próxima questão. O materialismo científico – pois, no fim, essa é a concepção de mundo descrita por Monod – "se impõe em virtude unicamente de sua prodigiosa capacidade de produzir resultados". Isso quer dizer que devemos ficar atentos a tudo que demonstre uma "prodigiosa capacidade de produzir resultados", independentemente da qualidade dos resultados? Que devemos prestar atenção no materialismo, embora sua "capacidade de produzir resultados" nas artes seja pequena, quase nula? Embora não tenha tornado as pessoas mais gentis, mais amorosas e menos egoístas? Embora não tenha reduzido o número de guerras no mundo ou alimentado os famintos? São objetivos importantes, mas o que o materialismo tem a ver com eles? Muito pouco, parece. É claro, Monod não pensou na música ao escrever seu ensaio. Quando fala da "capacidade de produzir resultados", ele se refere a certos resultados científicos enigmáticos. Mas, se isso é tudo que o materialismo científico tem a oferecer, podemos afirmar que estamos interessados em questões muito mais urgentes.

Até aqui, me distanciei do conjunto de valores de Monod. Por "resultados" Monod entende determinados produtos científicos, e presume que um campo que produza esses resultados – e nada mais – é, pois, muito importante. E eu me perguntava por que compositores, prostitutas, pintores, camponeses, mães deveriam aceitar seus parâmetros de importância. Por que sequer deveriam se importar? Existe alguma conexão entre os resultados científicos e a vida das pessoas não diretamente ligadas à produção desses resultados? Os cientistas e os admiradores da ciência presumem essa conexão, ou melhor, a dão como certa: os resultados trazem informações sobre o mundo em que habitamos e nos dizem sobre a "realidade". Mitos, obras de arte, sonhos e contos de fada falam do mundo real, mas são meras fantasias, tolices epistemológicas. Apenas a ciência, e isso significa as visões de mundo construídas a partir dela, nos diz o que *realmente* acontece. Vamos então analisar esse pressuposto. E, para agradar os cientistas, vamos examiná-lo *de dentro* da esfera de seus parâmetros e valores. Nada nos obriga a entrar nessa esfera, mas é interessante perceber o que acontece se o fizermos.

Os resultados da ciência, diz Monod, nos forçam a ficar atentos à visão de mundo correspondente. O que "se impõe" não são apenas técnicas particulares ou leis especiais, mas sim o edifício filosófico que os cientistas adotam. Para muitos cientistas, esse edifício é o materialismo: o mundo não tem propósito, é um "universo gélido de solidão". Essa é a *realidade*. Por que uma realidade deprimente como essa deveria "se impor"? Por causa da sua "prodigiosa capacidade de produzir resultados", agora definidos como produtos científicos. A ciência é bem-sucedida; a *nós* cabe apenas nos silenciar e ficar atentos à sua ideologia.

Mas a ciência é bem-sucedida? Precisamos mesmo nos silenciar? Será que existe apenas uma única visão "científica" de mundo?

Nesse ponto, aumenta a tentação de soar profundo e dar uma resposta inteligente. Os intelectuais, principalmente os modernos, tentam provar que são sofisticados salientando, com ar de superioridade, que o materialismo foi refutado pela própria ciência. A mecânica quântica, dizem eles, indica que as principais características do mundo entendido em termos materialistas simplesmente *não fazem parte* da realidade observada, mas *aparecem* quando os observadores agem de maneira apropriada. Do contrário, presumir sua existência nem sequer faria sentido. Portanto, o materialismo não descreve o mundo como é "em si e por si", mas sim um aspecto de uma entidade desconhecida. O aspecto em questão não deixa de ser importante; ciências inteiras foram construídas com o objetivo de explorar suas propriedades, e grande parte da civilização ocidental está engajada em torná-lo mais específico e detalhado. Mas ele não é tudo que existe, e tampouco existe independentemente das ações dos materialistas.

Trata-se de um argumento decisivo, e não nego sua força. Mas é possível destronarmos o materialismo com armas bem menos complicadas e usando um exército muito menor. Basta recorrermos ao bom senso. Esse, me parece, é um ponto muito importante. Os erros daqueles para quem o materialismo dizimou todas as alternativas não são sublimes distorções do pensamento, tampouco refletem métodos de investigação igualmente sublimes; são erros grosseiros que podem ser corrigidos com a ajuda de alguns lugares-comuns. Em outras palavras, podemos criticar a ciência sem que para isso tenhamos de nos tornar cientistas. Mais particularmente, podemos criticar as demandas científicas – demandas por financiamento, mais poder, maior influência na política e principalmente na educação – sem nos tornar cientistas. Além de não ser um absurdo, *a crítica democrática à ciência* pertence à *natureza do conhecimento*. Não estou dizendo que essa crítica seja fácil e que não exija trabalho duro. Os jurados de um julgamento precisam ouvir a palavra dos peritos, e os moradores de uma região beneficiada com um reator nuclear precisam estudar documentos e ouvir especialistas. No entanto, eles podem avaliar o que ouviram ou leram sem cursar cinco semestres de Física I e II e três semestres de Cálculo, Álgebra, etc. Mostrarei agora como isso é possível, começando com a segunda das três questões levantadas anteriormente, a saber: temos mesmo de engolir "a visão de mundo científica"?

Todos vocês já devem ter ouvido falar de cavalos ou cães capazes de contar ou realizar operações aritméticas. Ainda é possível vê-los em alguns circos. O treinador os apresenta e o público sugere problemas simples. Por exemplo, quanto é quatro vezes três; ou quanto é 12 dividido por seis. O cavalo então começa a marcar o resultado batendo com a pata: um, dois, três, quatro, etc., até parar no 12 – no primeiro caso. O cachorro late uma, duas vezes – no segundo caso. Eles estão sempre certos, ou quase sempre. Mas isso não importa: até mesmo cientistas cometem erros. Como os treinadores chegaram à conclusão de que seus animais seriam capazes de realizar cálculos? Por que começaram a treiná-los? Porque partiram do pressuposto de que os animais são inteligentes e capazes de raciocinar. Essa suposição inspirou suas ações e, por fim, mostrou uma "prodigiosa capacidade de produzir resultados".

Ora, hoje sabemos, ou achamos que sabemos, que os cães e os cavalos na verdade não contam. Eles reagem a mínimos movimentos dos treinadores. No primeiro caso, o cavalo começa a marcar a resposta – um, dois, três...; quando chega a 12, o treinador, sem saber, relaxa. O cavalo responde justamente a tal gesto. Quando o treinador não sabe a resposta, o cavalo também não sabe. Desse modo, uma ideia que "se impôs" por causa de sua "prodigiosa capacidade de produzir resultados" revelou-se errônea. Tratou-se de um acidente ou de algo já esperado?

Para descobrir, vamos comparar a ideia de que os animais podem raciocinar com o que eles realmente fazem. Percebemos de imediato que a ideia vai além da mera descrição do comportamento animal: ela descreve suas ações, é claro, mas também afirma que os animais sabem calcular. Neste ponto, vocês poderiam dizer que é natural fazer uma suposição como essa. É verdade – mas até o mágico mais modesto sabe como iludir as pessoas colocando-as em situações em que a "suposição natural" é a suposição errada. Desse modo, temos de fazer uma distinção entre os resultados produzidos e a ideologia que encoraja os resultados ou que parece ser sustentada por eles. Essa ideologia pode continuar produzindo os resultados esperados, mas também pode encontrar obstáculos. É possível, portanto, a qualquer momento, aceitar os resultados e rejeitar a ideologia.

A biologia molecular – o tema de Monod – percorreu um longo caminho renunciando aos propósitos, tentando garantir a "objetividade" de seus resultados e adotando um programa de pesquisa materialista. Ela teve precursores ilustres. A astronomia, também, progrediu ao negar a divindade do Sol, da Lua e dos planetas. Isso faz do materialismo científico uma visão de mundo possível, mas não nos obriga a aceitá-la. A razão, repetindo, é que o materialismo é muito mais do que o somatório de seus sucessos. Ele prediz que o programa de pesquisa materialista continuará sendo um sucesso e afirma que os sucessos não são um tipo de truque, mas revelam a verdadeira natureza do nosso mundo. Então, aqueles que detestam o materialismo, seja por razões pessoais, seja porque pertencem a um grupo com fortes tendências espirituais, estão livres para aceitar todas as coisas úteis produzidas pela ideologia materialista sem aceitar o próprio materialismo. Talvez eles não ajam da maneira "natural" como agem os mágicos ao descrever ou fazer seus truques; no entanto, também não agem de maneira ilógica e, além disso, têm grandes cientistas ao seu lado. Por esse motivo era tão "antinatural", no século XVI, afirmar que a Terra se movia. No entanto Copérnico, Kepler e Galileu propuseram a ideia e inauguraram uma nova era de pesquisa científica. Em todo caso, somos livres para escolher a visão de mundo que quisermos, independentemente de quantos sucessos uma visão de mundo particular faça surgir à nossa frente.

Essa é uma ótima notícia para aqueles fanáticos religiosos que querem fazer omelete sem quebrar os ovos. Também é uma ótima notícia para as pessoas que anseiam por abordar a natureza de maneira mais pessoal, mas são ridicularizadas por suas "superstições". Ótima notícia para ecologistas, agricultores, conservadores de todos os tipos. Além disso, ótima notícia também para quem acredita que todas as culturas estão em contato com a realidade, que podemos aprender com os povos mais oprimidos e mais "atrasados", e que tentar impor o conhecimento "genuíno" a esses povos é não só um desrespeito, mas também uma total ignorância. Por fim, e de maneira mais surpreendente, o resultado é uma ótima notícia para os *cientistas*, porque se revela como pressuposto do progresso científico.

Já mencionei Copérnico e Galileu, mas não posso deixar de analisar a questão com mais detalhes. Costuma-se presumir que a ciência parte dos fatos e evita teorias contrafatuais. Nada mais distante da verdade. Uma das suposições básicas da visão de mundo científica é que a variedade de eventos que nos cerca se mantém conectada por uma unidade mais profunda. Falei no início que Tales foi o primeiro pensador conhecido no Ocidente a fazer tal suposição. Essa suposição está de acordo com a experiência? Por um lado, sim, por outro, não. Pedras são bem diferentes do ar – não poderia haver diferença maior. Mas o gelo se transforma em água, que se transforma em bruma. A bruma se transforma em ar? Talvez. Usando processos e fatos desse tipo como analogias, podemos *postular* uma unidade subjacente – mas não *experimentamos* nem *observamos* essa unidade. Nós experimentamos a diferença. Desse modo, se tomarmos a experiência como nosso único guia, poderemos dizer que existe uma diversidade, não uma unidade.

Passemos agora para Parmênides. Podemos considerar Parmênides como um Tales levado ao extremo lógico. Podemos imaginar Parmênides dizendo para Tales: "Você diz que existe uma unidade básica que subjaz toda diversidade? Bom, não entendo por que você não vai além da água. O *Ser* é muito mais básico do que a água; pois a água, o ar, o fogo, a terra – todos *são*. É o que têm em comum. Mas para usar o Ser como substância básica, é preciso negar a mudança. Por quê? Por que o Ser é, o não-Ser não é, a mudança básica seria do Ser para o não-Ser. O não-Ser não é, portanto não existe mudança básica. Você diz que percebemos a mudança? Ora, o argumento mostra que estamos errados – nossa percepção comum e as tradições que se baseiam nela são apenas ilusões!".[32]

Não ria desse argumento – a conclusão dele tem sido aceita por quase todos os cientistas. Acredita-se que as leis básicas não podem conter parâmetros espaçotemporais. Alguns físicos estão considerando essas leis, mas suas ideias não são nada populares. Os físicos clássicos foram ainda mais longe: distinguiram entre o mundo objetivo das leis científicas (em que a mudança não existe) e o mundo subjetivo das nossas experiências. Muito bem apoiados pelas teorias, atribuíram a realidade ao primeiro e consideraram o segundo como uma ilusão. A mecânica clássica implica uma mudança mínima, o que acontece é que certas configurações se movem reversivelmente de um momento a outro, o que significa que, no universo da mecânica clássica, um momento não difere em nada de outro momento. No mundo da relatividade, nem mesmo essa mudança mínima ocorre. Aqui o mundo "simplesmente é, não *acontece*. Uma parte desse universo, como uma imagem fugidia do espaço – que muda continuamente com o tempo –, somente ganha vida diante da contemplação da minha consciência, a qual desliza pela linha do universo, que representa a vida do meu corpo". Isso é o que diz Hermann Weyl, um dos cientistas mais destacados de sua época, no livro *Philosophy of Mathematics and Natural Science*.[33]

Einstein foi além. Dirigindo-se à irmã de sua falecida amiga Michele Besso, ele escreveu: "Para nós, físicos convictos, a distinção entre passado, presente e futuro não significa nada além de uma ilusão, embora tenaz"[34] – o que significa que todas as vidas humanas e todas as experiências reunidas em seu curso, o nascimento, o crescimento e a morte, são "ilusões, embora tenazes". Popper tinha razão quando chamou Einstein de Parmênides de quatro dimensões.[35]

Agora vamos inverter o argumento e supor que o que acontece na nossa vida vale como evidências a serem usadas nas nossas tentativas de explorar o mundo. Desse modo, as citações que acabei de mostrar nos dizem que essas evidências, e, a propósito, todas as evidências pré-científicas, são divergentes de algumas ideias científicas muito antigas e básicas. Temos de concluir que a ciência não começou *da* experiência; ela começou *questionando a experiência* e sobreviveu considerando a experiência uma ilusão.

Tomemos agora Galileu. Assim como Descarte e depois Leibniz, Galileu propôs que todos os processos do universo obedecem a leis inexoráveis. Qual foi a evidência para *essa* suposição? A experiência nos diz que alguns eventos obedecem a leis, enquanto outros mostram alguma regularidade e muitas exceções. O comportamento das estrelas obedece a leis; o das nuvens, não. O Sol nasce todos os dias, mas de vez em quando acontece de animais darem à luz monstros. "Natural é aquilo que ocorre sempre ou quase sempre", disse Aristóteles, generalizando a partir dessa experiência.[36] Aristóteles também afirmou que leis estritas são encontradas apenas no céu; eventos terrenos vêm e vão de maneira muito menos regular. Para sistematizar essas observações, ele pressupôs um universo de dois níveis, com uma região "supralunar", onde acontecem todos os eventos acima da Lua, e uma região "sublunar" com os eventos na Terra e na atmosfera.[37] A ideia de que todo o universo, o céu e a Terra obedecem a um único conjunto de "leis inexoráveis" (expressão de Galileu)³⁸ ia claramente contra a evidência que acabei de mencionar a partir da sua sistematização aristotélica. Galileu e Descartes foram salvos pela abertura das visões de mundo? E o que as visões de mundo têm a ver com a experiência?

Para responder à segunda pergunta, precisamos diferenciar experiência de empirismo. A *experiência* é o que vemos, ouvimos, percebemos pelo cheiro e observamos quando entramos em regiões ainda desconhecidas. O *empirismo* é uma filosofia ou visão de mundo segundo a qual a experiência, quando usada apropriadamente, nos diz exatamente o que é o mundo. Aristóteles foi um empirista nesse sentido. Para ele, a experiência reflete o mundo, desde que o observador esteja em boas condições (não esteja bêbado, sonolento, inebriado de paixão, etc.) e desde que não haja obstáculos entre o observador e o ambiente.³⁹ O senso comum está ligado a essa suposição e, por sua vez, a sustenta. Mas o senso comum como um todo não pode nos provar que a experiência não dissimula um mecanismo complexo que obedece a leis inexoráveis e que produz efeitos apenas aproximadamente regulares se não considerar os detalhes de seu funcionamento.

Um terceiro exemplo é ainda mais interessante, porque, além de ser mais técnico, algumas pessoas acreditam que as tecnicalidades ajudam a evitar erros. Depois que Newton descobriu a lei da gravitação universal, ele a aplicou à Lua e aos planetas. Parecia que Júpiter e Saturno, quando tratados dessa maneira, se distanciavam lentamente um do outro – o equilíbrio do sistema planetário parecia se desintegrar. Antigos registros babilônios mostravam que o sistema planetário havia permanecido estável por um período considerável. Newton concluiu que essa estabilidade se devia a uma força adicional e presumiu que Deus, de tempos em tempos, intervinha na trajetória dos planetas. Essa ideia concordava com suas visões teológicas. Deus, acreditava Newton, não era apenas um princípio abstrato: era uma pessoa; preocupava-se com suas criaturas, o que era demonstrado por suas intervenções.⁴⁰ De todo modo, houve um conflito entre os fatos e a lei da gravitação universal de Newton quando usada sem suposições adicionais. Isso quer dizer que quem acreditava em "leis inexoráveis" entregou os pontos? Não. Leibniz ridicularizou o Deus de Newton como um criador incompetente e declarou que quando Deus faz algo, o faz com perfeição – isto é, existem leis inexoráveis, elas sustentam o universo e cabe a nós descobri-las: um argumento religioso manteve viva a ideia de um universo autossuficiente.[41]

Ora, Euler, os Bernoulli e outros substituíram os métodos geométricos de Newton por métodos algébricos – um tipo totalmente novo de matemática foi inventado. Usando essa matemática e levando as aproximações a extremos jamais alcançados, Laplace mostrou, um século depois, que o sistema planetário não se desintegrava, mas oscilava ao longo de um período muito grande. "Não preciso dessa hipótese", disse quando Napoleão lhe perguntou acerca da necessidade de um ser divino.[42]

Mas a história não acaba aí. Descobriu-se que as séries matemáticas usadas por Laplace convergiam para seus resultados, mas divergiram numa aproximação maior; um cálculo mais preciso implicaria o infinito. Sucessivamente se mostrou que a única maneira de realizar previsões quantitativas era recorrer a séries de tipos específicos. Mas isso significou que a teoria de Newton só produzia resultados corretos quando usada de maneira *ad hoc*: não revelava uma característica do universo. Os cientistas desistiram? Não. A teoria era plausível; seu sucesso foi espantoso, então ela foi preservada, apesar do fato de levar a absurdos se tomada literalmente. Além disso, muitos cientistas estavam interessados apenas em previsões e não se importavam com noções metafísicas como "realidade". Poincaré, no entanto, se importava. Usando um novo tipo de matemática, reformulou o problema da estabilidade do sistema planetário – agora, aparentemente, temos uma solução satisfatória.

Nem Tales, nem Parmênides, nem Galileu, tampouco Poincaré esperavam ter sucesso contradizendo a experiência e as opiniões estabelecidas. Por outro lado, não havia nada que os impedisse de defender ideias absurdas, ou ideias que parecessem "antinaturais" a seus contemporâneos. É claro, não havia garantia de que a defesa de tais ideias conduzisse a algum lugar. Mas também não havia provas de que era um erro. Acabou que as ideias absurdas produziram resultados que foram gradualmente aceitos, primeiro entre os especialistas, depois entre o "público culto" e, por fim, entre as pessoas em geral.

Agora consideremos tudo numa perspectiva temporal. As ideias de Tales e Parmênides só geraram frutos no século XVII, com as visões exitosas, mas também bastante complicadas, de Newton. Antes disso, elas haviam sido refutadas por Aristóteles, que restabelecera a experiência e o senso comum; depois foram rechaçadas pelos defensores de uma aplicação estrita da segunda lei da termodinâmica. Ou pensemos no atomismo. Ele surgiu como resposta especulativa à negação da mudança feita por Parmênides. Por que Parmênides negava a mudança? Porque admitia apenas uma entidade – o Ser. Para preservar a mudança, os atomistas postularam duas entidades, o Ser e o não-Ser, e presumiram que o Ser era composto por muitas partes espalhadas por todo o não-Ser, ou espaço vazio, como dizemos hoje.[43] Eles não *descobriram* a mudança e não *refutaram* Parmênides, que sabia que a mudança era o fato observável mais óbvio, embora negasse que fosse real. Os atomistas queriam aproximar a ciência do senso comum; queriam definir a realidade de uma maneira que não negasse a realidade dos fatos mais óbvios de nossa vida. Tomaram o que chamaríamos de uma decisão política: resolveram adaptar sua filosofia à vida da cidade – e, como vimos, podiam muito bem fazê-lo. O atomismo foi refutado por Aristóteles (garanto que sim, ele o refutou por meio de argumentos brilhantes)[44] e rejeitado pela maioria dos filósofos medievais, retomado por Galileu e Newton e, posteriormente, voltou a ser contestado no século XIX, quando foi contradito por fatos relevantes na física e na química; ainda produziu resultados positivos na teoria cinética (por exemplo, o cálculo de Maxwell para a variação da viscosidade dos gases segundo a temperatura), foi deposto pela eletrodinâmica e quase rejeitado pela termodinâmica, na qual, porém, ressurgiu em seguida com a teoria do movimento browniano de Einstein e, mais uma vez, retornou à eletrodinâmica com a teoria einsteiniana dos fótons. Hoje seu alcance é novamente limitado pela complementaridade, embora não na biologia molecular, que parece uma versão complicada do bom e velho Lucrécio.

Preciso fazer uma pequena pausa e resumir, em quatro proposições, o que disse até agora.

Primeira proposição: O progresso da ciência (no sentido de seus defensores) depende de uma abertura das visões de mundo que se contrapõe às afirmações totalitárias de muitos de seus defensores.

Segunda proposição: é preciso muito tempo, às vezes até séculos, para que as visões de mundo mostrem resultados que "se impõem".

Terceira proposição: o que "se impõe" numa comunidade costuma não gerar interesse e às vezes pode ser prejudicial em outra.

Quarta proposição: Uma visão de mundo que contradiga "resultados bem-estabelecidos" pode conflitar com uma tendência ou uma mania religiosa temporária. No entanto, ela não conflita com a mania que todos os cientistas e amantes da ciência abraçam, a saber, o racionalismo.

Muito bem, vocês podem dizer: apresentar e defender visões de mundo que conflitam com princípios estabelecidos da ciência moderna não é irracional e pode até gerar descobertas num futuro distante. Mas há problemas que devem ser abordados agora. Portanto, é uma atitude sábia preservar as ideias que já produzem resultados em vez de correr o risco de procurar por alternativas. É um bom conselho, *desde que* os resultados sejam relevantes para os problemas. Nem todos os resultados científicos satisfazem essa condição.

Primeiro exemplo: quando o presidente eleito Clinton começou a escolher os membros de sua equipe econômica, muitos economistas de destaque no mundo acadêmico desejaram, imaginaram e deram como certa sua participação. Ninguém foi convocado. Clinton escolheu pessoas relativamente desconhecidas, sem nenhuma expressiva conquista acadêmica na área econômica – ou seja, pessoas que não escreveram artigos rebuscados, se servindo de matemática avançada, com profundas dificuldades teóricas. Em vez disso, esses membros refletiam sobre problemas práticos, lembrando-se sempre da necessidade das pessoas comuns. Eles consideravam *os problemas vividos e experimentados por grupos locais, suas expectativas manifestadas e sugestões*, formulados *numa linguagem não técnica, mas eminentemente realista*, eram para esses membros "variáveis" tão importantes quanto as abstrações da teoria econômica. É claro, esses economistas não acadêmicos também usavam abstrações – todo mundo usa –, mas elas estavam de acordo com as abstrações dos "observadores" locais. Eram realistas no sentido de serem testadas e modificadas, e depois modificadas de novo pela experiência de muitas gerações. É verdade que a economia acadêmica também é testada; afinal, ela continua sendo uma ciência empírica (embora esconda muito bem seu conteúdo empírico). Mas a evidência nesse caso faz referência aos valores de variáveis especialmente selecionadas, ao passo que para os observadores locais ela consiste na experiência do mundo em que vivem, com todas suas ramificações e idiossincrasias. É essa experiência de mundo que precisa ser *preservada ou aprimorada* se quisermos ajudar as pessoas, o que significa que o teste das nossas hipóteses não deve se referir apenas à evidência científica, mas também à experiência do mundo que nos cerca. Originalmente, a palavra "economia" significava "administração da casa". Era assim que Aristóteles entendia o termo.[45] Não nego que a teoria econômica moderna possa *contribuir* para a administração de uma casa, um vilarejo, uma região, talvez até do mundo inteiro (negá-la, no entanto, não seria de todo infundado). O que nego é que a teoria econômica moderna possa substituir as maneiras tradicionais sem perda de informação ou qualidade de vida.

Meu segundo exemplo é a biologia molecular, disciplina com a qual Jacques Monod ganhou o Prêmio Nobel. Como outros programas de pesquisa, a biologia molecular produziu resultados numerosos, alguns de interesse geral, outros nem tanto. Seduzidos pelo sucesso, que lhes parecia muito maior do que de fato era, alguns biólogos moleculares pensaram não só que todos os problemas humanos poderiam ser resolvidos pelos métodos da biologia molecular, mas também que novos problemas seriam suscitados. Essa foi uma das motivações por trás do Projeto Genoma Humano (outra motivação era o rio de dinheiro que desaguava na profissão). Quando Daniel Koshland, editor da revista *Science*, foi indagado se os milhões de dólares investidos nesse tipo de pesquisa não seriam mais bem gastos ajudando os desabrigados, ele respondeu: "O que essas pessoas" – isto é, as pessoas que fizeram a pergunta – "não percebem é que os desabrigados estão em desvantagem".[46] Koshland quis dizer que havia algo de errado com o DNA delas e que o Projeto Genoma Humano, quando executado, seria capaz de consertar as coisas. Quando? Certamente não agora. Nem amanhã. Hoje, amanhã e pelas próximas décadas, é melhor darmos nosso dinheiro para o projeto genoma humano. Enquanto isso, centenas ou milhares de desabrigados devem morrer. Assim, como se pode ver, a tentativa de buscar uma abordagem melhor não é, portanto, tão realista como parece para quem afirma ter "resultados". Os resultados *relevantes* estão enterrados no futuro do mesmo modo que os resultados de alternativas menos experimentadas, mas, por outro lado, existem abordagens que funcionam, aqui e agora, embora ninguém ainda as tenha batizado com a água benta da fé científica.

Esqueçamos agora Clinton e Koshland e examinemos a questão de um ponto de vista mais geral. Uma das propriedades mais notáveis da ciência de laboratório (em que o termo "laboratório" designa também um seminário de matemática consagrado a questões econômicas) consiste em tentar eliminar "distúrbios". A natureza, dizem os cientistas, obedece a princípios fundamentais escondidos atrás de todo tipo de processos secundários. A natureza, portanto, deve ser modificada, os eventos secundários devem ser suprimidos e os processos básicos devem ser amplificados até que possam ser percebidos de maneira clara e distinta. É por isso que os cientistas tentam transformar o que descobrem e, por isso, inferem leis gerais a partir dos resultados mais ou menos manipulados, e não da natureza como ela é. As "agências de manipulação" são poderosas, invasivas e custam muito dinheiro, bilhões de dólares, na verdade (pensem no acelerador de partículas do Texas ou, ainda, no Projeto Genoma). O processo também funciona ao contrário. O que foi separado pode ser reunido, pelo menos até certo ponto. Ao combinar elementos básicos, as tecnologias científicas produziram novos dispositivos, como o laser e os chips de computador.

Reparem na *atitude* por trás desse tipo de pesquisa. *Primeiro*, presume-se que a natureza não revela seus segredos voluntariamente. Ela precisa ser castigada, "submetida à tortura", como dizia Bacon.[47] As leis fundamentais estão ocultas atrás de falsas opiniões e obstáculos materiais que precisam ser removidos antes de a objetividade e as leis fundamentais serem alcançadas. *Segundo*, o cientista que conhece as leis fundamentais pode julgar uma situação complexa à distância, sem inspecioná-la pessoalmente. As leis fundamentais, afinal, são válidas universalmente. Nem elas nem as condições específicas em que operam, precisam de um observador no local para serem identificadas. Basta formular algumas perguntas específicas a lacaios habilmente treinados. Essa atitude é bastante difundida hoje em dia. Por essa razão, escolas de engenharia cada vez mais se afastam das habilidades práticas e aspiram por uma ciência da engenharia, ao passo que em algumas universidades a biologia molecular está substituindo a antiga formação médica, que não ensinava apenas teoria, mas também habilidades práticas; por fim, a avaliação de propostas de emprego, de bolsas, de financiamentos de estudo, de casamentos e de procedimentos médicos cada vez mais apelam a testes, e não a entrevistas com os participantes.

Vejamos agora aonde esse tipo de atitude leva e até que ponto ela pode ter sucesso. Ao abordar um problema que envolve a interação dos seres humanos com a natureza numa região particular, como um problema de agricultura, os cientistas *primeiro* se perguntarão quais são as variáveis relevantes. Elas devem ser independentes da região e dos sentimentos dos habitantes da região. Apenas os valores das variáveis são considerados. Por quê? Porque, do contrário, é impossível fazer uma avaliação objetiva. O que é uma avaliação objetiva? É uma avaliação baseada nas características de uma situação que não precisam ser comprovadas pessoalmente. Portanto, usam-se as variáveis introduzidas com o objetivo proteger o núcleo duro, e protege-se o núcleo duro porque se usaram tais variáveis. Essa circularidade ocorre em muitas abordagens "científicas". Depois, temos um "modelo". O modelo usa a melhor matemática e os melhores dados empíricos disponíveis, sendo os "dados empíricos" uma informação recebida, filtrada e organizada de acordo com critérios desenvolvidos em laboratório ou gabinete, e não "em campo" (com raríssimas exceções, a matemática também é matemática de gabinete). Estamos a quilômetros de distância do problema como se apresenta na natureza, com suas plantas, nuvens, insetos, humanos, roedores, vermes, etc. Estamos quase em outro planeta. A solução proposta será de alguma ajuda, no sentido de melhorar a vida dos moradores locais? Pode ser, se aceitamos o significado que "melhorar" tem no laboratório. Por exemplo, ela pode aumentar a quota de produção anual, o lucro das indústrias que vivem às custas da terra e, talvez, o salário de alguns indivíduos. Mas a "vida" tem a ver com sentimentos, vínculos e tradições; ela envolve gerações, e as gerações precisam de tempo para se desenvolver. Ela presume uma relativa constância de hábitat, não sua destruição. Até mesmo uma indústria eficiente precisa de certa dose de "natureza" para sobreviver. Como esse tipo de vida pode ser preservada e talvez melhorada um pouco? Existe alguma maneira de fazer isso?

  Sim, existe. Já mencionei que a ciência de laboratório e as indústrias dependem primeiro de eliminar "distúrbios" (para encontrar leis fundamentais) e depois recompô-los (para voltar à complexidade ou à "impureza" dos sistemas reais). O processo de recomposição funciona em casos simples. Funcionou com planetas, por exemplo, embora a "recomposição" nesse caso seja puramente teórica. O processo encontra dificuldades quando passamos para sistemas mais complexos, como uma ponte ou um edifício. Arquitetos e engenheiros de sucesso, portanto, usam teorias *combinadas* com informações que envolvem o modo como eles, enquanto construtores com experiência prática, reagem a características específicas do território. Esse tipo de informação não pode ser capturado por um relato "objetivo"; é preciso acrescentar à experiência do local qualquer descrição que se considere necessária, como ocorre quando vamos julgar ou melhorar uma obra de arte. Mas por quê? O raciocínio explícito levaria muito tempo para identificar e organizar todos os elementos que uma análise científica profunda pode descobrir. Mas a experiência dá conta do recado. Afinal, ela também nos permite interagir com sistemas mais complexos, como seres humanos, por exemplo.

Imaginemos agora uma floresta, ou um campo, com sua ecologia delicadamente equilibrada, incluindo os seres humanos que sobrevivem às custas dos produtos de ambos. Há alguma maneira de entendermos um sistema como esse? Alguma maneira de descobrir suas forças e limitações? Alguma maneira de descobrir o que é tolerável e o que leva a mudanças irreversíveis? Claro que há. Qualquer pessoa que tenha morado numa região como essa durante gerações aprendeu suas peculiaridades, seu ritmo de vida, e tem esse conhecimento armazenado nos olhos, nos ouvidos, no olfato, nos sentimentos, na mente, nas histórias contadas para a comunidade. Em suma, a pessoa tem esse conhecimento acumulado não só na sua mente, mas em todo seu ser, informações que não estão contidas nos resultados de uma avaliação científica. Apenas uma parcela dessa informação pode ser repassada ou articulada – ela *aparece* no aspecto das coisas, nos sentimentos que evocam, e não pode ser transmitida a uma pessoa que não tenha a experiência necessária. No entanto, o conhecimento existe e *precisa ser usado*. Repito que não estou sugerindo que a ciência deva ser descartada. Os cientistas descobriram que o conhecimento prático pode ser enganador de diversas maneiras (neste momento, penso principalmente nas descobertas de Pasteur). Minha tese é que erros acontecem também do outro lado e que o conhecimento prático pode corrigir os defeitos de uma abordagem científico-industrial. Desse modo, precisamos não de uma aplicação cada vez mais agressiva da ciência, que trata os habitantes locais como se fossem idiotas; precisamos de uma colaboração mais próxima entre os especialistas e as pessoas cujo ambiente os especialistas querem avaliar, modificar, melhorar. Tal abordagem *não promete apenas* resultados excelentes: ela *já os atingiu* em muitos países. Mas essa não é sua única vantagem. O que importa é que a abordagem é muito mais humana do que um procedimento puramente objetivo que trata as pessoas comuns não como amigos ou colaboradores potenciais, mas sim como variáveis nem sempre bem-vindas, como possíveis elementos perturbadores.

Gostaria agora de relacionar toda essa conversa com um evento que ainda provoca muito furor: a condenação de Galileu. A Igreja estava totalmente equivocada ou sua atitude teve algum sentido?

Começo explicando por que uma concepção pode ser falsa e mesmo assim demonstrar uma "prodigiosa capacidade de produzir resultados". Ideias e teorias científicas em geral são aceitas porque têm algumas vantagens. Elas podem organizar materiais que, a princípio, parecem intratáveis e caóticos. A classificação de animais e plantas proposta por Lineu é um dos exemplos. Teorias astronômicas têm uma função semelhante. Não é fácil compreender o comportamento de estrelas fixas, do Sol, da Lua e dos planetas. Mas uma vez que sabemos que as estrelas fixas surgem e cursam órbitas circulares voltadas para o horizonte; que o Sol se move com elas, mas também tem um movimento circular próprio, na direção contrária em que nasce e se põe, começamos a entender o que acontece. E não só isso: além de entendermos, somos capazes de fazer previsões simples.

Resta ainda o movimento dos planetas. Para explicá-lo, os antigos astrônomos gregos inventaram um sistema bastante engenhoso de dois círculos. O primeiro, chamado deferente, gira em torno da Terra. O segundo, epiciclo, gira em torno de um ponto que se move ao longo da circunferência do deferente. O sistema pode ser modificado de múltiplas maneiras. A Terra pode ser deslocada do centro, e o centro do epiciclo pode girar em torno de outro ponto situado excentricamente, podemos acrescentar outros círculos, etc. Dadas as constantes corretas, o sistema produzia excelentes previsões em algumas áreas e previsões não tão boas em outras.[48] Nesse sentido, não era tão diferente das teorias científicas mais avançadas.

Agora vamos supor que o sistema esteja incorporado a uma visão de mundo em que o espaço tenha uma simetria esférica, seja dinamicamente ativo e a Terra esteja em repouso no centro. Trata-se de uma visão de mundo bastante sensata. A Terra de fato parece repousar no centro de todas as órbitas planetárias (que, na perspectiva aristotélico-ptolomaica, incluem o Sol e a Lua), e o movimento não perturbado dos objetos terrestres parece ser determinado pelo espaço, não pela Terra: o fogo se afasta do centro, mas a Terra, que também está no centro, não poderia ter nada a ver com o movimento do fogo.

Agora vamos incluir o universo dividido em duas regiões, segundo Aristóteles: círculos perfeitos no céu, movimento ascendente e descendente na Terra.[49] Esse universo pode ser interpretado tanto de maneira estrita quanto de maneira mais liberal. No primeiro caso, todos os planetas se movimentam em círculos em torno do centro. Por que círculos? Apenas os círculos garantem uma conformidade permanente com as leis que parecem ser propriedade do céu. Logo perceberemos que o sistema elíptico não concorda com essa concepção. Aqui os planetas não se movimentam em volta do centro; eles se movimentam em torno de um ponto matemático que se movimenta em torno do centro. Isso não era problema para os "matemáticos" – no sentido que a palavra era entendida no final da Idade Média. O que eles fizeram foi elaborar um modelo de cálculo. Nem eles nem seus sucessores modernos presumem que os modelos sejam retratos fiéis da realidade.

Agora, acrescentemos mais uma coisa, o cristianismo. Em que os cristãos acreditam? Que Deus mandou seu único filho para a Terra com o intuito de salvar a humanidade. Atravessando o céu firme e regular, Cristo desceu até o vale das lágrimas, a Terra, para salvar a humanidade, especialmente os pobres e destituídos. Essa história dá um sentido especial ao universo geocêntrico dividido em duas regiões. Cristo não era um viajante do espaço, crucificado ora em uma galáxia, ora em outra. Ele veio para um lugar singular, o lugar onde a humanidade vivia, um lugar situado no fundo do universo, e o tornou ainda mais singular com seu sofrimento. Poemas, afrescos, igrejas de dimensões enormes, imagens de altar, música, todas as artes e todas as ciências foram inspiradas por esse evento e testemunharam o poder da fé.

Nesse ponto, chegamos a Copérnico e Galileu, que afirmaram que o Sol está no centro e que a Terra se movimenta. Isso, segundo eles, é a verdade; as antigas concepções estão equivocadas. Além disso, eles afirmam ter argumentos poderosos para provar essa verdade. O que fizeram seus contemporâneos?

Depende de quais eram seus interesses. Leonardo Olschki fala de uma peça popular do início do século XVII em que a Terra é posta em movimento. Algumas pessoas que gostavam de teatro não pareceram se importar. Que ideia fantástica – uma Terra que se move! Você pode até vê-la se mover, seguindo as estrelas durante o dia e, mais lentamente, durante o ano. Uma experiência vertiginosa, na verdade!

E o cristianismo? Depende da interpretação dada a seu mito básico, que, por sua vez, depende da interpretação da Bíblia. Santo Agostinho interpretava os eventos bíblicos alegoricamente, como símbolos de um significado mais profundo.[50] Essa interpretação está vagamente conectada à "estrutura do mundo real". Uma mudança do geocentrismo para o heliocentrismo não a afeta necessariamente. Para a Igreja Católica ortodoxa, muitas passagens bíblicas que diziam respeito à forma do universo eram literalmente verdadeiras, *desde que* não houvesse argumentos seculares poderosos contrários a elas. A ideia de uma Terra plana foi abandonada no século XI; aqui, a Igreja aceitou os argumentos científicos relevantes. Mas a ideia de uma Terra estática no centro do universo continuava em voga.

Como muitas decisões de grande importância, tanto nas ciências quanto em qualquer outra área, essa foi tomada em parte por argumentos políticos. O poder (sobre as mentes e sobre as instituições) tinha um papel tão importante na época quanto tem agora, tanto para ciência quanto para a religião. A decisão teve um componente que ainda hoje tem muitos defensores, inclusive eu: a ideia de que a ciência não é a autoridade suprema no uso de seus produtos, incluindo suas interpretações. As questões acerca da realidade são importantes demais para serem deixadas nas mãos dos cientistas (recordemos a reação de Aristóteles para com Parmênides).[51] Atualmente as decisões finais, como essas das quais estou falando, estão nas mãos de órgãos políticos, do senado, de um governo local, da National Science Foundation (que é um órgão *político*, não puramente científico) ou da iniciativa dos cidadãos. No século XVII, a Igreja tinha um papel fundamental, talvez até exclusivo, na tomada de decisões.

Também havia a visão de mundo das pessoas comuns. Digo "visão de mundo das pessoas comuns" como se as "pessoas comuns" constituíssem uma massa homogênea imersa numa única visão de mundo coerente. Essa ideia não pode mais ser levada a sério. Como demonstrado por Carlo Ginzburg e outros, diferentes regiões tinham crenças e práticas extremamente distintas, sob um pano de fundo, bastante vago e ambíguo, do cristianismo. Esses estudiosos identificaram inclusive muitos indivíduos que desenvolveram visões de mundo particulares e bem interessantes, embora totalmente idiossincráticas.[52] De todo modo, algumas comunidades mantinham-se coesas devido a fortes visões comuns. O heliocentrismo foi suficiente para fazer desaparecer essas visões de mundo?

Essa maneira de pôr a questão está errada. Ideias não são agentes que fazem coisas, mas as pessoas, sim. Então vamos reformular a pergunta: Havia alguma boa razão para que as pessoas fortemente ligadas a uma versão literalmente geocêntrica do cristianismo a abandonassem e adotassem em seu lugar a ideia de Copérnico? Assim colocada, a pergunta ainda é "objetiva" demais. Ela presume "razões", ou seja, coisas que as pessoas devem aceitar. Vamos tentar mais uma vez: Podemos imaginar que as pessoas continuariam presas às próprias visões mesmo depois de ouvir as ideias de Copérnico? Sim, podemos. Podemos imaginar que elas teriam razões próprias para isso? Sim, podemos. Quais seriam algumas dessas razões? Por exemplo, uma forte crença na verdade literal da importância e do modelo da jornada de Cristo. Essa crença não seria "irracional" quando comparada aos argumentos "científicos"? É "irracional" quando comparada com a reação "normal" dos progressistas, que, no entanto, é tão incerta quanto a reação normal do público de um mágico. Não é irracional quando a natureza das visões de mundo é levada em conta. Essa natureza permite que qualquer grupo se mantenha fiel às próprias crenças, quaisquer que sejam elas, sempre que quiserem e sempre que a situação política geral não impeça.

Retornemos à atitude da Igreja e façamos novamente a pergunta que nosso fanático com a ciência faz sempre que tem oportunidade: a decisão da Igreja foi "racional"?

Isso depende de quais critérios de racionalidade vamos escolher. Os cientistas modernos, principalmente os cientistas experimentais, são muito exigentes. Tenho minhas dúvidas se Michelson teria dado crédito a um instrumento tão pouco compreendido como o telescópio, e fico pensando o que os astrônomos modernos teriam dito ao comparar as previsões planetárias baseadas no sistema ptolomaico com aquelas dos primeiros copernicanos. Os astrônomos do século XVI conheciam a interpretação "instrumentalista" das teorias científicas, isto é, a interpretação que reconhece que visões falsas podem realizar boas previsões. Muitos deles aceitaram Copérnico – como modelo, não como descrição verdadeira do universo. Aqui a Igreja simplesmente seguiu um precedente científico. Os empiristas mais rigorosos não ficariam felizes com a suposição de Copérnico de que os corpos de natureza terrestre seguem a Terra em movimento onde quer que ela vá – havia alguma evidência que apoiasse essa força estranha e conveniente? (Por que conveniente? Porque ajudou Copérnico a superar as dificuldades postas pelos argumentos dinâmicos contra o movimento da Terra.) É claro, a visão de mundo copernicana se aproveitou da abertura das perspectivas que expliquei anteriormente. Era uma visão de mundo possível e não podia ser eliminada por argumentos intracientíficos. Mas o geocentrismo também era uma visão possível que, além do mais, tinha a vantagem da familiaridade e, para os leitores tradicionais da Bíblia, a vantagem de não destruir significados importantes. Essas vantagens têm pouco valor hoje em dia, quando a mudança, a inovação e o progresso não são apenas manias intelectuais, mas absolutamente necessários para manter em movimento a máquina da produção capitalista. Isso só prova como os argumentos científicos objetivos têm pouca objetividade.

E Galileu? Ele foi um herói? Um maluco? Um criminoso? Como todo ser humano, foi um pouco de cada coisa, e como todo italiano, demonstrou acentuadamente essas características. A "humanidade" deve tudo a ele? A "humanidade" não, apenas algumas pessoas. Mas ele não melhorou "nossa" concepção do universo? Bom, depende de quem incluímos na "nossa" concepção. Algum artista? Não faço a menor ideia. Será que alguma sinfonia de Mozart seria diferente se Galileu não tivesse existido? Ninguém pode dizer isso. A música do caos composta por Haydn (chamada no oratório de *A criação*) foi supostamente inspirada pelo que ele viu no telescópio de Herschel. Ora, Haydn visitou Herschel e conversou bastante com o astrônomo, que também era um excelente músico, mas parece que os argumentos de Copérnico não foram sequer mencionados na conversa. Galileu fazia parte de uma tradição de pesquisa muito poderosa atualmente, melhorada por ele de muitas maneiras – isso é tudo que podemos dizer. O resto depende do que pensamos sobre essa tradição. Já dei algumas opiniões sobre alguns de seus aspectos.

Preciso acrescentar uma pequena nota de rodapé. Vocês devem ter notado que não procedo de modo muito sistemático. Bom, estamos vivendo num mundo caótico, e introduzir nele um sistema significa introduzir uma ilusão. A nota é esta: nas próximas conferências, vou contar a história de certas ideias, começando com os gregos antigos. As histórias que vou contar podem ser do interesse de vocês, mesmo que como meras histórias. Mas talvez vocês também aprendam alguma coisa com elas (se tiverem interesse). Podem aprender que toda ideia que existe tem defeitos, e que até mesmo a ideia mais tola contêm bons argumentos para algumas pessoas. Ideias são resultados de acidentes históricos, forças sociais, da inteligência de alguns indivíduos e da idiotice de outros. Uma das ideias que está no ar e que gostaria de tratar com vocês de maneira mais livre é a ideia de que a ciência nos diz tudo que há para conhecer sobre o mundo e que não vale a pena considerar as ideias contrárias à ciência.

Fico surpreso quando vejo o quanto essa ideia é realmente difundida. Na última década trabalhei um semestre por ano no Instituto Politécnico da Suíça (o outro semestre passava na Califórnia). Durante o semestre na Suíça, eu e um amigo realizávamos um seminário aberto, uma vez por semana, das cinco às sete, na sala F1 do prédio central. Nosso público variava de cem a mil pessoas, dependendo do assunto e dos palestrantes; geralmente tinha cerca de 250, 300 pessoas. Para começar, convidávamos três ou quatro nomes reputados; eles davam palestras, debatiam uns com os outros, respondiam perguntas e críticas do público.[53] Numa ocasião, convidamos quatro teólogos: um católico, um protestante, um muçulmano e um rabino. Pedimos para que falassem dos efeitos da ciência em suas respectivas religiões. Queríamos saber se a situação havia melhorado ou piorado depois de Galileu; se piorado, em quais aspectos. O teólogo protestante e o católico foram muito cautelosos. Não ousaram dizer uma palavra sequer contra as ciências. Quando eu os desafiei, sua resposta foi: "Fomos queimados uma vez, não queremos ser queimados de novo". Ao discutir o caso de Galileu, o rabino e o muçulmano foram muito mais diretos. E disseram: "nós amamos o conhecimento em qualquer forma", reconhecendo assim que existem outras formas de conhecimento além do conhecimento científico.

Até o papa, que pode ser bastante agressivo quando questionado sobre os direitos das mulheres e os méritos da teologia da libertação, assume uma atitude humilde, submissa e um tanto covarde no que se refere a questões científicas.[54] A ciência, ao que parece, é uma força invencível. É verdade, *mas apenas* se acreditarmos nas suas promessas e se nos tornarmos escravos das "relações públicas" promovidas pela máfia científica. É invencível caso se permita que seja assim.

Podemos tomar a ciência como guia não só em questões práticas, como, ainda, em questões de significado, ideologia ou conteúdo de vida. Mas também podemos aceitar a ciência como guia em questões práticas – e nesse aspecto a ciência tem tido sucesso, mas só até certo ponto – e construir o resto da nossa visão de mundo partindo de fontes totalmente diferentes.

Além disso, quem diz que é a ciência que determina a natureza da realidade presume que as ciências têm uma única voz. Acredita que existe um monstro, a CIÊNCIA, e que quando ele fala, repete e repete sem parar uma única mensagem coerente. Nada mais distante da verdade. Diferentes ciências têm ideologias muito distintas. Há, por exemplo, a biologia molecular, e já falei para vocês no que acredita um de seus defensores. Mas também há a teoria da elasticidade. Qual visão de mundo é sugerida pela teoria da elasticidade? Difícil saber. Para algumas pessoas, a elasticidade é um assunto periférico que, naturalmente, é um caso especial da física das partículas elementares, só que ninguém ainda demonstrou isso e ninguém realmente se importa (pelo menos as pessoas que tenho em mente). Outros dizem que a elasticidade é uma questão periférica que tem tão pouco a ver com a física das partículas elementares quanto tem com a Bíblia. Há cientistas que depreciam a especulação e a consideram parte da metafísica. Muitos cientistas defensores dessa ideia evitaram a teoria da relatividade geral. Temos também os especuladores que não dão a mínima para os detalhes das evidências. Encontramos empiristas radicais na biologia, mas também na cosmologia; Viktor Ambartsumian é um deles, Halton Arp é outro. Os biólogos moleculares são objetivistas em um sentido mais simples. Para eles, existem as entidades fundamentais do mundo, sejam observadas ou não. Mas essa não é a ideia oriunda da mecânica quântica. Aqui, as descobertas dependem dos procedimentos, e assim por diante.

Vemos, portanto, que as ciências são repletas de conflitos. O monstro CIÊNCIA que fala com uma única voz é uma colagem feita por propagandistas, reducionistas e educadores.

Até agora, falei das ciências físicas. Mas há também a sociologia, a psicologia, e elas também se subdividem em escolas cheias de divergências. Desse modo, dizer que "somos obrigados a tomar a ciência como guia em questões relacionadas à realidade" não é só errado – é um conselho que não faz sentido.

06/05/1992
Terceira conferência

Até agora, falei um pouco sobre os gregos antigos e evoquei cientistas modernos e os problemas enfrentados pelos dois lados. Também falei um pouco sobre a relação entre artesãos, fazendeiros, engenheiros, curadores, observadores de pássaros, todas as pessoas que realizam atividades práticas, e "cientistas", indicando com o termo as pessoas que se baseiam em princípios abstratos, e não na experiência prática. Na verdade, caracterizar os cientistas dessa maneira é um tanto quanto injusto; vale para os teóricos, mas não se aplica aos cientistas experimentais. Os filósofos da ciência, para mencionar essa vergonhosa profissão, costumavam considerar a teoria como o centro da ciência. Para os positivistas lógicos, por exemplo, a ciência era um sistema de enunciados de determinado tipo e de teorias que tentava dar alguma ordem a esses enunciados. Conseguem imaginar? Embora sejam inteligentes, tudo que esses filósofos conseguem enxergar na ciência são *enunciados*. Não veem laboratórios, não veem as disputas entre cientistas e políticos para resolver questões financeiras, não veem os telescópios gigantescos, os observatórios, os edifícios administrativos, as reuniões de equipe, os efeitos que um idiota no poder causa em seus subalternos – veem apenas enunciados. Naturalmente, a ciência comporta enunciados, mas também comporta números, artigos, impressões de computador; e, mesmo que nem sempre sejam legíveis, podemos definir "enunciado" de forma ampla a ponto de afirmarmos que todo esse material inclui enunciados. Para aqueles filósofos, o nível experimental é, aparentemente, tão relevante para a ciência quanto o é uma máquina de escrever para um poeta. Ela não passa de um meio para produzir enunciados.

Não sejamos tão injustos com tais filósofos. Afinal, eles fazem parte de uma longa tradição. Vou falar um pouco dessa tradição, quando começou (sempre me restringindo ao Ocidente, que quer dizer a Grécia, no nosso caso), como funciona hoje. Ela tem muitos efeitos colaterais práticos. Por exemplo, os teóricos são considerados mais inteligentes, são mais bem pagos e têm mais prestígio do que os cientistas experimentais. Eles são considerados aqueles que decidem sobre a realidade e outras questões incompreensíveis.

É verdade que os fatos sozinhos não nos dizem nada. Imaginem que tudo que sabemos é que as estrelas nascem e se põem. O que sabemos? Muito pouco. Talvez surjam no horizonte porque esse seja seu movimento. Talvez surjam porque a Terra gira. Talvez nasçam e se ponham porque estamos todos tontos. Todos? Então pensemos na Lua. Ela parece maior quando nasce, bem menor quando está no topo. O mesmo acontece com as constelações. A constelação de Leão parece gigantesca quando surge no horizonte, mas basta atravessar o meridiano para parecer um gatinho. Qualquer pessoa pode fazer essas observações. Baseando-se na experiência, Aristóteles conjecturou que a atmosfera funciona como uma lente, ampliando os corpos e a constelação celeste quando estão no horizonte. Hoje sabemos pela teoria dominante que se trata de uma ilusão de ótica. Desse modo, os *fatos* por si só não nos dizem nada: é preciso *pensar* para descobrir o que querem dizer. Até aqui, tudo bem. Mas prosseguir a partir disso e dizer que apenas os teóricos pensam e que os cientistas experimentais não pensam é ir longe demais. Afinal, eles não nos oferecem *fatos*, mas *efeitos* de uma natureza recôndita que manifesta o funcionamento de leis básicas de uma maneira bastante direta. Os teóricos podem lhes dar algum direcionamento, mas, situando-se nas altas esferas do pensamento, não fazem ideia de todas as perturbações, de toda a "sujeira" interposta entre a pura teoria e as circunstâncias ordinárias das quais eles deveriam partir. Então, a primeira coisa que fazem é remover a sujeira. E aqui não adianta oferecer um efeito mais ou menos "limpo" – é preciso mostrar, de maneira convincente, que não existem mais perturbações. Afinal de contas, toda teoria tem seus adversários. E cada suposta prova de uma teoria será examinada com extremo cuidado por seus adversários. Um bom experimentador dificulta tanto esse exame que a maioria das pessoas desanima até de começar, o que significa que um bom experimentador também precisa ser um bom retórico: seus experimentos precisam ter uma retórica poderosa. O experimento de Michelson, em sua segunda versão, foi excelente nesse aspecto, tão excelente, na verdade, que hoje é considerado uma demonstração direta de um princípio básico da física moderna.[55] Portanto, não é apenas o teórico que pensa; o experimentador também pensa, embora de maneira diferente. A retórica do teórico é verbal, ou matemática. A retórica do cientista experimental apela ao senso estético – é visual e prática.

Há muitas outras propriedades que diferenciam o experimentador do retórico e fazem do nível do experimento uma cultura autônoma no interior da esfera científica. Filósofos da ciência mais recentes, e especialmente os historiadores, estão reconhecendo isso. Ian Hacking, por exemplo, em um livro intitulado *Representar e intervir*,[56] mostra vários modos particulares como os instrumentos são usados, tratados e aprimorados, e seus resultados conectados à teoria. Nancy Cartwright foi além. Ela escreveu um livro intitulado *How the Laws of Physics Lie*, no qual argumenta que a maior parte das teorias de alto nível é falsa se considerarmos os resultados experimentais como medida de sua verdade. Segundo ela, os resultados experimentais, os efeitos experimentais (que são mais robustos que os resultados) e as leis de nível mais baixo obtidas a partir de generalizações diretas são confiáveis. O mesmo vale para a fenomenologia, no sentido que tem a palavra na física de altas energias. Mas a teoria pura, embora imponente e conectada aos fatos por meio de muitos argumentos ardilosos, não diz o que acontece, mas fornece um quadro referencial metafísico que, se tomado literalmente, pode ser considerado falso.[57] Portanto, os cientistas experimentais e suas conclusões estão de novo em voga na história, na filosofia e também em áreas do conhecimento em que teóricos e experimentalistas trabalham juntos. A antiga filosofia, que procurava dar ênfase à teoria, está sendo gradualmente abandonada, pelo menos pelas pessoas *razoáveis*. No entanto, ainda há muita gente que acredita que seja a teoria a nos informar sobre o que unifica o mundo. De onde vem essa ideia?

Para mim, origina-se numa crença muito antiga. A maior parte das sociedades tem regras práticas e conhecimento prático no qual se baseiam essas regras. Mas muitas sociedades também têm histórias de um tipo mais geral, histórias que não estão diretamente conectadas à experiência cotidiana, mas que fornecem um quadro referencial de significado e explicação. Muitas vezes essas histórias gerais, ou mitos, como costumam ser chamados, são patrimônio de uma classe especial de pessoas dotadas de uma autoridade especial. Ou seja, além de terem o conhecimento prático compartilhado por toda a população, essas pessoas conhecem algo mais. Essa suposição pode ser formulada de outra maneira, dizendo que só essas pessoas possuem o conhecimento, enquanto o resto apenas vive segundo os instintos e as memórias. O conhecimento repousa no mito, não nos hábitos que garantem a sobrevivência. Pouco importa que quem se baseia nos mitos ocasionalmente dê conselhos ruins. Por exemplo, pouco importa que os médicos guiados pelos mitos na antiga Babilônia ocasionalmente tirassem a vida de seus pacientes, enquanto os curandeiros práticos tivessem um pouco mais de sucesso. Os médicos tinham mais conhecimento – e isso bastava.

Vamos agora dar um salto daqui até Platão, mais especificamente até o Livro VII de *A República*. Nesse livro, Platão enumera os domínios práticos que são úteis à sociedade. Ele enumera quatro: aritmética, geometria, música e astronomia. A aritmética ajuda o general a contar os soldados e a distribuí-los de maneira adequada. A geometria é útil na construção, a astronomia é útil na navegação e para a orientação em geral. A música afeta o humor, o que é importante na guerra e na paz. Portanto, todas essas disciplinas são úteis para a sociedade. No entanto, para Platão, elas não contêm *conhecimento*. Um general pode saber contar – mas isso não significa que ele saiba o que são os números. Um geômetra pode saber como projetar uma construção e cavar um túnel – mas ele não conhece a natureza das linhas, das áreas, dos sólidos. E assim vai. Felizmente, em paralelo a essas disciplinas práticas, há outras disciplinas que contêm o conhecimento relevante. A contagem é explicada pelos princípios da teoria dos números que começou com os pitagóricos e foi se desenvolvendo gradualmente. Por trás do conhecimento prático do arquiteto existem princípios abstratos – não regras práticas! – da ciência da geometria. E a música tem como suporte a teoria da harmonia. Apenas a astronomia ainda carece de fundamentação teórica, diz Platão. Como podemos obtê-la? Não *observando* o céu, o que nos deixará com torcicolo e não trará nenhum conhecimento. Obteremos o conhecimento necessário nos envolvendo com a teoria – levando em consideração modelos matemáticos, como diríamos hoje. E de fato a ciência da astronomia nasceu a partir de modelos cada vez mais complexos que além de sistematizarem os "fatos", também decidiam o que contava como "fato". Lembremos da história da grande desigualdade de Júpiter e Saturno da qual falei brevemente na segunda conferência.[58]

Desse modo, uma ideia tipicamente "moderna" que parece verdade a muitos cientistas e filósofos tem origens muito longínquas. Na realidade, sua origem é dupla. Ela tem uma *origem intelectual* nos grupos que iniciaram o racionalismo ocidental e uma origem *primitiva* nos mitos que o precederam. Qual a serventia dessa informação? Bom, eu a considero muito útil. Ela serve para lembrar aos intelectuais ligados à ciência, que enaltecem a teoria e desprezam tudo aquilo que não estampa credenciais científicas da cabeça aos pés, de que eles mesmos são os defensores inconscientes de velhos "preconceitos", para usar a palavra que eles mesmos costumam usar para condenar tudo que não lhes agrada. Talvez isso lhes dê o que pensar, torne-os mais críticos ou mais tolerantes – de todo modo, terão de encarar seu "conhecimento" de outra maneira. Também nos fará pensar um pouco mais na natureza do sucesso científico.

Dizem-nos que a ciência é muito bem-sucedida, e que esse sucesso se deve à observação e à experimentação. Ora, na conferência anterior, dei exemplos que nos fazem desconfiar seriamente dessa suposição. Princípios científicos importantes foram introduzidos *em contraposição* à experiência (ou, posteriormente, em contraposição à experimentação), não em conformidade com ela. Um dos princípios mais fundamentais é o de que existem leis válidas independentemente do espaço, do tempo, da temperatura, e que continuam válidas desde as primeiras frações de segundo do nosso universo até hoje em dia. Ora, se isso não for um grande mito, não sei do que se trata! Mas não é verdade que as leis foram confirmadas e continuam sendo confirmadas? Não tenho tanta certeza.

Galileu, Descartes e outros acreditavam em leis que seriam o fundamento de tudo que existe. No século XIX, essa crença não havia conduzido a uma única ciência fundamental com vários domínios em diferentes direções, mas a uma pletora de métodos, suposições, resultados. Theodore Merz, em um relato bastante interessante e informativo sobre a ciência e a filosofia do século XIX, mostra-nos como efetivamente era a situação.[59] Havia a crença geral de que, de algum modo, essa pluralidade fosse parte de uma superciência abrangente, mas ainda ausente. Alguns cientistas até acreditaram já possuir essa superciência – a mecânica. Em todo caso, ainda não temos uma demonstração pormenorizada, em termos mecânicos, de como ocorre, por exemplo, a perda da memória ou o processo da meiose. Hoje, a teoria quântica substituiu a mecânica, mas o problema continua sem solução. Ciências particulares explanam de forma satisfatória sobre a perda da memória ou a meiose, mas descrição geral e detalhada disso, e não só a *promessa de uma descrição*, não existe. Portanto, a relação entre a crença em "leis fundamentais inexoráveis", as leis inexoráveis propriamente ditas, as ciências que as contêm, as ciências que contêm princípios próprios não imediatamente correlatos às leis fundamentais e, por fim, a experiência ou experimentação é bastante confusa, para dizer o mínimo. É possível esclarecermos essa situação? Sim, podemos esclarecê-la um pouco retrocedendo à época em que esses princípios gerais foram discutidos pelos intelectuais pela primeira vez, ou seja, retrocedendo a Xenófanes, Parmênides e seus predecessores imediatos.

Eu disse que Xenófanes substituiu os deuses homéricos por um deus-monstro que era puro pensamento, visão e poder, mas sem nenhuma fraqueza humana. Como ele chegou a essa ideia? Hoje há uma resposta muito simples para essa pergunta: Xenófanes foi "criativo". Sim, é uma resposta, mas não explica tudo, apenas que ele teve uma ideia própria. Mas nós já sabemos disso! Sabemos (ou pensamos que sabemos, lembrem-se do que eu disse sobre evidências antigas) que ninguém mais teve ideias desse tipo. Existe alguma resposta melhor? Bem, Karl Reinhardt,[60] em seu livro sobre Parmênides, sugere que Xenófanes, ou alguém muito próximo dele na época, pode ter argumentado da seguinte maneira:

> Ou Deus é um, ou Deus é muitos.
> Se Deus for muitos, a força de todos é igual, como a dos cidadãos de uma democracia, ou a força de uns é maior do que de outros.
> Mas os deuses não são como cidadãos de uma democracia.
> Mas se alguns deles são mais poderosos e outros menos, os menos poderosos não são deuses, portanto
> Deus é Um.

Um argumento interessante que, a propósito, mostra o uso que as pessoas faziam da *reductio ad absurdum* em épocas antigas. O que o argumento nos diz? Que falar sobre a divindade, naquele momento, reduzia-se a considerações de poder. Mas esse é justamente o problema que precisamos enfrentar – por que o poder *e não outra coisa*?

Gilbert Murray, notável estudioso da Antiguidade clássica, nos dá uma pista. Os deuses antigos eram deuses locais. Residiam na colina local, ou em um templo local, e tinham idiossincrasias locais. Às vezes acontecia de deuses de diferentes lugares terem o mesmo nome – por exemplo, havia um Zeus de Dodona e um Zeus no Monte Olimpo.

Quando os gregos viajavam, eles deixavam seus deuses locais para trás. Mas isso constituía um problema: não era seguro viver sem sua divindade particular. Por outro lado, encontravam deuses semelhantes aos seus em alguns aspectos, mas diferentes em outros. Naturalmente, os gregos acentuavam (e talvez até percebessem) apenas as semelhanças, negligenciando assim as diferenças. Poderíamos dizer que eram *superficiais e de memória fraca*, pois não demoravam a esquecer as idiossincrasias de seus deuses locais. Poderíamos mesmo dizer que *abstraíam* aquelas características. De todo modo, o resultado era o mesmo. Os deuses ganhavam em poder (eram mais importantes que os deuses locais) e perdiam em individualidade (eram menos definidos que os deuses locais). A familiaridade com deuses estrangeiros – como os deuses dos persas ou dos egípcios – logo atenuava tais diferenças. Os deuses se tornaram cada vez mais grandiosos, poderosos, mas também bastardos sem fisionomia.

É interessante perceber nesse ponto com quanto ardor os "filósofos" contribuíram para essa superficialidade e perda de memória coletivas. Em especial, eles inverteram toda a questão. Para eles, omitir especificidades não era uma perda, mas um ganho: aproximava mais as pessoas do que logo chamaram de "verdade" ou "realidade". Desse modo, não se limitaram a continuar no caminho percorrido por seus predecessores superficiais e sem memória; eles também o pavimentaram com atrativos chamados "argumentos" e afirmaram lidar com a natureza das coisas, não com opiniões mutáveis. Já mencionei alguns argumentos que Xenófanes usava para ridicularizar os deuses homéricos. Vejamos quais são esses argumentos, agora de maneira mais textual:

> Mas os mortais acreditam que os deuses são gerados, que eles se vestem e têm voz e corpo.
> Mas se mãos tivessem os bois, os cavalos e os leões e pudessem com as mãos desenhar e criar obras como os homens, os cavalos semelhantes aos cavalos, os bois semelhantes aos bois, desenhariam as formas dos deuses e os corpos fariam tais quais eles próprios têm.[61]
> Os egípcios dizem que os deuses têm nariz chato e são negros, os trácios, que eles têm olhos verdes e cabelos ruivos.[62]

Esses são os fragmentos 14, 15 e 16 na numeração de Diels-Kranz.

Vejamos o que alguns escritores modernos disseram a propósito desses versos. Guthrie, que escreveu a história da filosofia grega em cinco volumes, fala de uma "crítica destrutiva".[63] Mircea Eliade elogia a "crítica inteligente"[64] de Xenófanes, e Karl Popper, que considera Xenófanes um de seus precursores (de menor estatura, é claro), interpreta os fragmentos como "a descoberta de que as narrativas gregas sobre os deuses não podem ser levadas a sério, porque representam os deuses como seres humanos".[65]

Mas será que não podem mesmo ser levadas a sério, e que os versos de Xenófanes testemunham isso? Depende. Examinando a questão em termos históricos, vemos que a "crítica destrutiva" não passa de uma extensão do caminho do esquecimento que já vinha sendo percorrido. Desse modo, não faz muito sentido elogiar Xenófanes por sua inventividade ou "criatividade", como se costuma fazer atualmente. Por outro lado, vamos supor que algumas pessoas decidam não esquecer; que preservem cuidadosamente a memória de seus deuses e notem as diferenças entre eles e aqueles que encontram em outros países. Nesse caso, estamos lidando com divindades tribais e com fiéis cientes desse fato. Nesse caso, a dita "crítica" torna-se uma descrição correta de suas crenças. Podemos imaginá-los argumentando com Xenófanes: "Sim, você está certo. Nossos deuses são de fato deuses tribais, eles cuidam de nós e se parecem conosco – afinal, fomos construídos à sua própria imagem! *E quanto aos animais*, bem, não vemos nada de absurdo na ideia de que eles também tenham seus próprios deuses, e que, como artistas, dariam a eles sua própria forma". Além disso, o fato de os deuses serem retratados em diferentes formas humanas e com diferentes características faciais não pode servir para argumentar que sejam inumanos. Do mesmo modo, o fato de imagens de grandes cientistas mostrarem rostos brancos, negros, asiáticos, indianos, etc. não quer dizer que os cientistas sejam inumanos. De todo modo, o argumento de Xenófanes só funciona se já estivermos convencidos de que os deuses não existem, apenas princípios abstratos. Mas nesse caso o argumento não é mais necessário.

Permitam-me interromper a história nesse momento e ler um poema escrito por Czesław Miłosz, ganhador do Prêmio Nobel, em que ele celebra a Razão e a Filosofia. O poema mostra o que se tornou a antiga superficialidade que há pouco descrevi, promovida pela filosofia, nas mãos de um intelectual moderno, talvez até de um poeta. Também fala de como os poderes da Razão estão sendo usados por alguns de seus principais defensores: eles estão acostumados a glorificar ideias inumanas, resultado da má informação e da superficialidade, ao mesmo tempo que dão aos defensores dessas ideias uma boa consciência e mais que uma pequena dose de presunção.

Eis o poema:

CONJURO

1   Bela é a razão humana e invencível.
    Nem grades, nem arame farpado, nem trituração de livros,
    Nem a condenação ao exílio nada podem contra ela.
    Ela instala nas línguas ideias universais

5   E guia nossa mão, de sorte que escrevemos com maiúscula
    Verdade e Justiça, e com minúscula mentira e iniquidade.
    Acima do que é ela ergue o que deveria ser,
    Inimiga do desespero, amiga da esperança.
    Ela não conhece judeu nem grego, servo ou senhor,

10 Confiando a nosso governo o ofício comum do mundo.
    Da vil balbúrdia das palavras atormentadas
    Ela salva as frases severas e claras.
    Ela nos diz que tudo é sempre novo sob o sol,
    Abre a mão petrificada do que já foi.

15 Bela e muito jovem é a Philo-Sophia
    E a poesia, sua aliada a serviço do Bem.
    A natureza ainda ontem festejou seu nascimento,
    O licorne e o eco trouxeram a notícia às montanhas.
    Gloriosa será esta amizade, seu tempo não tem fim.

20 Seus adversários fadaram-se à destruição.[66]

A "destruição" (20) ameaça os oponentes de uma Razão não local voltada para "o governo do ofício comum do mundo" (10) sem nenhuma "vil balbúrdia das palavras atormentadas" (11), ou seja, sem discussão democrática. A "destruição", na verdade, acabou com todas as pequenas e bem-adaptadas sociedades que barravam a expansão na civilização ocidental, mesmo que tenham tentado defender seus direitos com "palavras atormentadas". A razão do Nobel, por outro lado, é quase "invencível" (1); profetas, propagandistas, políticos, guerreiros envolvidos com tortura, estupro e assassinatos a pisoteiam, os supostos amigos da razão a distorcem e a adaptam a seus interesses. As ciências do passado nos cobriram de presentes úteis e terríveis, mas sem usar um único poder imutável e "invencível". As ciências de hoje são negócios movidos por princípios corporativos – lembrem-se da barganha sobre o financiamento do Projeto Genoma e o acelerador de partículas do Texas. A pesquisa em grandes institutos não é guiada pela Razão e pela Verdade, mas pela moda mais promissora, e os Grandes Pensadores de hoje caminham cada vez mais em direção ao dinheiro, o que, durante muito tempo, equivalia à pesquisa militar. A "Verdade" não é ensinada nas universidades, mas sim a opinião de escolas influentes. A maior força nas prisões de Hitler não era a Razão ou o Esclarecimento, mas uma fé inabalável (na Bíblia ou em Marx), como descobriu Jean Améry.[67] A "Verdade" com "maiúscula" (6) é órfã nesse mundo, *felizmente* sem poder e influência, pois a criatura que Miłosz enaltece sob esse nome só poderia levar à mais abjeta escravidão. Ela não suporta opiniões divergentes e as chama de "mentiras" (6); coloca-se "acima" (7) da vida dos seres humanos, exigindo, como todas as ideologias totalitárias, o direito de reconstruir o mundo a partir daquilo que "deveria ser" (7), isto é, de acordo com seus próprios preceitos "invencíveis" (1). Ela falha e até se recusa a reconhecer a multiplicidade de ideias, ações, sensações, leis, instituições, traços raciais que separa uma nação (cultura, civilização) de outra e que, sozinha, nos dá apenas pessoas, ou seja, *criaturas com rostos* (9). Os primeiros filósofos, entre eles Xenófanes e Parmênides, eliminaram o rosto dos deuses e o substituíram por princípios impessoais. Miłosz, o humanitário, vai um passo além. Ele elimina o rosto das pessoas e o substitui por uma noção de humanidade abstrata, uniforme e sem fisionomia.

Essa é a atitude que levou à destruição dos feitos culturais dos povos nativos nos Estados Unidos sem que sequer fosse necessário olhar para eles; essa é a atitude que, com o álibi do "desenvolvimento", destruiu mais recentemente muitas culturas não ocidentais. A fé na Verdade e na Razão, para a qual uma discussão democrática não passa de "vil balbúrdia das palavras atormentadas" (11), é arrogante, cheia de si e totalmente cega – além de muito desinformada: a filosofia nunca foi uma "aliada" (15) da poesia, nem na Antiguidade, quando Platão falava da "antiga luta entre filosofia e poesia" (*A República*, 607b),[68] nem hoje, quando se procura a Verdade nas ciências, quando a poesia é reduzida à expressão de sentimentos e a filosofia é interpretada (pelos desconstrutivistas) como poesia que não conhece sua verdadeira natureza. É impressionante ver quanta bobagem pode ser colocada num único poema – e certamente quem levou a "notícia" não pode ter sido um "licorne e o eco", mas um asno velho e caduco.

Vamos voltar uma vez mais a Xenófanes, que se encontra na gênese dessa tendência. Ele não era tão ruim assim. Gostava de banquetes e escrevia sobre eles. Naturalmente, ao escrever sobre os banquetes ele acabava expressando suas próprias ideias – mas de maneira humana e interessante, não como Miłosz, que se expressa como o vice-presidente do setor de relações públicas de uma empresa chamada RAZÃO. Portanto, para resgatar a poesia, citarei uma longa passagem de uma das obras de Xenófanes (na numeração padrão, trata-se do fragmento B1).

> Agora o chão da casa está limpo, as mãos de todos
> e as taças; um cinge as cabeças com guirlandas de flores,
> outro oferece odorante mirra numa salva;
> plena de alegria, ergue-se uma cratera,
> à mão está outro vinho, que promete jamais faltar,
> vinho doce, nas jarras cheirando a flor;
> pelo meio perpassa sagrado aroma de incenso,
> fresca é a água, agradável e pura;
> ao lado estão pães tostados e suntuosa mesa
> carregada de queijo e espesso mel;
> no centro está um altar todo recoberto de flores,
> canto e graça envolvem a casa.
> É preciso que alegres os homens primeiro cantem os deuses
> com mitos piedosos e palavras puras.
> Depois de verter libações e pedir forças para realizar
> o que é justo – isto é que vem em primeiro lugar –
> não é excesso beber quanto te permita chegar
> à casa sem guia, se não fores muito idoso.
> É de louvar-se o homem que, bebendo, revela atos nobres
> como a memória que tem e o desejo de virtude,
> sem nada falar de titãs, nem de gigantes,
> nem de centauros, ficções criadas pelos antigos,
> ou de lutas civis violentas, nas quais nada há de útil.
> Ter sempre veneração pelos deuses, isto é bom.[69]

Esse poema tem diversas características interessantes. Primeiro, a ambientação: uma festa um pouco restrita em que os presentes pensam nos deuses (*não* em um único deus-monstro) e não bebem em excesso. Embora alguns poetas, como Alceu, gostassem de beber por beber, e embora aqueles que imitavam os lídios "fossem tão corrompidos que alguns, bêbados, não viam nem o nascer nem o pôr do Sol" (ver a paráfrase de Ateneu ao fim do fragmento 3 de Xenófanes),[70] Xenófanes aconselha seus companheiros a beberem com moderação, de modo que apenas os mais velhos precisarão da ajuda de um servo para chegar em casa. Devemos esse fragmento precisamente a essas observações: o sofista Ateneu, que viveu no século I a.C., o citou em seu longo livro sobre dietética.

A segunda característica interessante é o conteúdo das conversas. Elas não falam de guerras ou de temas homéricos, e sim das experiências pessoais dos participantes – "atos nobres como a memória que tem e o desejo de virtude". Segundo Xenófanes, essas questões não são discutidas por Homero, nem pela adoração da época pelo atletismo (que ele condena em outro fragmento),[71] nem por histórias pessoais de guerra. Anuncia-se uma nova concepção de excelência humana.

Nem todos os primeiros filósofos pertencem à categoria de Xenófanes e Parmênides. Na China, os cientistas usavam uma abordagem múltipla que correspondia à pluralidade de regiões da natureza e à variedade de seus produtos. Havia uma unidade – mas essa unidade era uma conexão fraca entre os eventos, não uma essência subjacente. Essa ideia era mais prática do que sua alternativa ocidental; a tecnologia chinesa, na verdade, inclusive a medicina, durante muito tempo esteve bem mais avançada do que a do Ocidente. Digo "na verdade" como se eu soubesse disso, mas a verdade é que não sei chinês e não tenho como verificar as evidências. Apenas li alguns livros, alguns volumes da obra colossal de Needham sobre ciência chinesa, e é isso que os livros dizem.[72] Quando as "revoluções científicas" dos séculos XVI e XVII começaram no Ocidente, a tecnologia ocidental era bastante primitiva se comparada à tecnologia chinesa. Isso constitui um grande enigma para muitos historiadores: como um evento que revolucionou a tecnologia em todos os lugares, inclusive na China, pôde acontecer na Europa "atrasada" e não na China avançada? Talvez porque a Europa tinha uma filosofia abstrata? E como uma filosofia abstrata pode levar a avanços concretos? Será porque os chamados "avanços" também introduziram novos padrões, e porque esses padrões consideravam como excelente o que antes era considerado execrável? Vejam bem, são várias coisas para serem pensadas!

De todo modo, até mesmo no Ocidente nem todos os filósofos que propuseram noções gerais o fizeram da mesma maneira, confiando na perda da memória. Alguns filósofos defenderam generalidades usando fatos bem conhecidos. Um deles, Pitágoras, é especialmente interessante. Podemos dizer que ele era um cientista. Sua escola trouxe contribuições para a aritmética, a geometria, a astronomia e a ética. As contribuições eram tanto específicas (na aritmética, temos uma série de princípios e teoremas muito interessantes) como gerais, tratando da natureza das coisas. A ciência não era um fim em si mesmo. Iniciar-se na ciência era um meio de purificar a alma. Portanto, temos aqui uma doutrina que satisfaz às exigências de uma concepção de mundo coerente graças a uma conexão precisa entre questões científicas e propriedades da alma – uma concepção bastante interessante, na verdade, mas também bastante enigmática.

Tive a oportunidade de mencionar as dificuldades de identificar com precisão as ideias sustentadas pelos antigos filósofos. Em muitos casos, a evidência que temos consiste em fragmentos encontrados em autores posteriores, que os usaram para atacar os antigos e que não compreendiam mais o que queriam dizer. Intérpretes parcimoniosos presumiram que todos os filósofos diziam mais ou menos as mesmas coisas e se diferenciavam apenas em alguns aspectos. Simplício, principal aristotélico do século VI, dizia que Platão e Aristóteles concordavam em seus princípios filosóficos básicos, e escolheu suas citações de acordo com esse princípio. Temos diversos motivos para encarar com um olhar crítico as evidências e a interpretação desses intérpretes. No entanto, tais evidências pelo menos eram autênticas: vinham de livros escritos pelos próprios filósofos em questão e que foram "publicados" por eles da maneira como a publicação era entendida na época. O caso de Pitágoras é muito mais difícil. A Escola Pitagórica tinha o hábito de atribuir todas as descobertas importantes ao Grande Pitágoras. A escola também relatava eventos "reais" (que, como no caso de Tales, podem ter sido apenas rumores) ao lado de narrativas míticas mostrando, por exemplo, como rios, animais e até leões reconheciam Pitágoras, o reverenciavam e o louvavam.[73] Os principais tratados pitagóricos foram escritos muito depois que Pitágoras morreu e com a intenção de demonstrar suas qualidades sobre-humanas. Desnecessário dizer, o pitagorismo é um fértil campo de batalha para os estudiosos. Vou lhes dizer o que me parece plausível hoje. Não pensem que esta seja a palavra final ou a verdade incontestável e derradeira; daqui a alguns anos, a situação pode parecer bem diferente. Mas é uma história interessante.

Pitágoras iniciou sua carreira em Samos, sob o domínio do tirano Polícrates. Naquela época, havia muitas formas diferentes de governo, em torno do Mediterrâneo e mais para o interior. Havia monarquias, democracias, oligarquias, tiranias e outras. Os tiranos nem sempre eram maus. Ocasionalmente conquistavam o poder com a ajuda dos fracos e oprimidos. As pessoas que sofriam anos de injustiça e privação escolhiam um nobre como líder e derrubavam o resto da nobreza com a ajuda dele. Os tiranos criados dessa maneira governavam de forma benevolente durante algum tempo, talvez mesmo por toda a vida. De modo geral, seus filhos careciam de seu caráter ou sua astúcia, e a situação logo se tornava tão ruim quanto antes. De todo modo, Pitágoras cresceu em Samos, uma pequena ilha diante da Ásia Menor, sob o domínio do tirano Polícrates. Tendo suas próprias ideias políticas, Pitágoras não se entendia muito bem com Polícrates; por causa disso, acabou se mudando para Crotona, no sul da Itália.[74]

Quando chegou a Crotona, Pitágoras se dirigiu primeiro às mulheres; explicou que o que ensinava era um estilo de vida correto para elas e para as pessoas em geral. Depois, dirigiu-se aos rapazes por volta dos 17 anos e lhes falou – usando palavras diferentes, porque quando somos jovens ouvimos de uma maneira diferente – sobre a natureza da sociedade, sobre o papel que eles e os pais tinham na sociedade, sobre a natureza dos deuses, etc. Por fim, dirigiu-se aos homens adultos – os guerreiros e políticos. Seus discursos foram tão bem recebidos que ele foi eleito para ocupar uma posição política de destaque em Crotona.[75]

A história sobre os feitos de Pitágoras em Crotona é incrível demais para ser verdade. Pensem bem: esse sujeito, um estranho para o povo de Crotona, chega da afastada Samos. Ao discursar, usava basicamente seu próprio dialeto, o que poderia soar para os cidadãos de Crotona como soam os cidadãos da Bavária para os da Prússia, ou os da Sicília para os de Piemonte. As diferenças na linguagem costumavam estabelecer uma fronteira entre as pessoas, o que não aconteceu no caso dele.

Pitágoras então fundou seu próprio partido político, mas os cidadãos de Crotona logo desconfiaram. O partido era marcado por um grande sectarismo. Para se filiar, era preciso passar por um processo interminável.[76] Primeiro, anos de aprendizagem inicial, quase sem nenhuma recompensa, para testar a lealdade e a determinação dos membros. Depois de uns cinco anos, os candidatos podiam ouvir a voz de Pitágoras (ou seria a voz de um substituto?), mas não podiam vê-lo. (Recordemos do filme *O testamento do Dr. Mabuse*, de Fritz Lang. O Dr. Mabuse dá as ordens, mas nunca pessoalmente. Ele se senta atrás de um ecrã: ouve-se apenas a voz dele. Depois se descobre que ele nem sequer está ali; as ordens são fornecidas por um gravador. Ora, aparentemente Pitágoras era parecido com o dr. Mabuse.) Com o passar do tempo, os cidadãos de Crotona acharam a mesma coisa e expulsaram os pitagóricos da cidade. Muitas pessoas morreram. Pitágoras fugiu para o templo de uma deusa. De acordo com uma versão da história, ele morreu lá; de acordo com outra, ele sobreviveu até a velhice.[77] Alguns pitagóricos modernos podem até acreditar que, se ele não morreu, deve viver até hoje entre nós, talvez no corpo de um velho e sábio buldogue.

O que Pitágoras ensinava? Aritmética, geometria e astronomia.[78] Ele ensinava esses assuntos como uma maneira de purificação e salvação. Outra vez, o conhecimento não corresponde apenas a uma questão prática – ele tem uma função além da mera utilidade. Ele mantém a alma no caminho certo.

A propósito, devo lembrá-los que um grande físico moderno, Wolfgang Pauli, tentou usar o conhecimento exatamente da mesma maneira. Depois de estreitar relações com C. G. Jung, o apóstata de Freud, ele quis associar o conhecimento às questões da alma. Cientistas anteriores, entre eles Kepler, vislumbraram essa associação e trabalharam na direção dela. Pauli escreveu um ensaio sobre esse aspecto da física e da astronomia de Kepler.[79] A física clássica – isto é, a física do século XIX – rejeitava explicitamente qualquer associação desse tipo. Acreditava-se que sua "objetividade" consistisse nisso. Uma abordagem que correlacionasse a física, a psicologia e a religião, as três disciplinas em que se dividiu o conhecimento antigo, era impossível. Na mecânica quântica, pelo contrário, essa possibilidade não foi excluída, e Pauli se esforçou ao máximo para aproveitar essa oportunidade: tentou reunir a religião, a mente e a ciência. Não pense que Pauli era um desses cientistas enfadonhos que dissertam com precisão sobre um domínio estrito, mas que nos levam às lágrimas quando se ocupam do resto. Pauli tinha uma mente crítica e perspicaz. Na realidade, ele era chamado de "o flagelo dos físicos",[80] por causa do modo como criticava seus companheiros. Einstein e Bohr falavam com ele como um igual e muitas vezes recebiam golpes violentos como resposta. Suas cartas não continham apenas críticas, mas também sugestões positivas, e ele não se importava quando alguém, beneficiando-se de suas sugestões, ganhava um Prêmio Nobel. A ideia de propriedade intelectual parecia-lhe totalmente estranha – característica singular para um cientista moderno! De todo modo, ele mesmo não demorou a ganhar um Nobel. Portanto, a antiga ideia pitagórica não era tão ridícula quanto parecia para um "esclarecido" moderno.

Voltemos a Pitágoras! Uma das principais ideias da filosofia pitagórica é que tudo consistia em unidades, e que essas unidades eram números.[81] Trata-se de uma forma de atomismo, embora bastante abstrata. E havia argumentos que atestavam sua possível veracidade. Esses argumentos se dividiam em dois tipos: primeiro, havia diversas relações entre os números, isto é, havia uma *teoria dos números*;[82] segundo, as relações numéricas foram descobertas na natureza, isto é, a teoria não era vazia, mas tinha *aplicações*.[83] Uma das aplicações mais extraordinárias estava na música. Existe uma variedade infinita de barulhos, e apenas alguns são sons. Os sons, por sua vez, também formam uma variedade infinita, e apenas alguns mantêm uma relação harmônica entre si, caracterizada pelas relações entre números inteiros: 1/2 (oitava), 2/3 (quinta), 3/4 (terça maior), etc. Em todo caso, tanto as simetrias da teoria quanto as propriedades das aplicações sugeriam que tudo são números. Essa foi a primeira versão no Ocidente da ideia de que a ciência é baseada na matemática e que as relações são científicas somente quando podem ser expressas em termos matemáticos. Considerando que a matemática, para os pitagóricos, era aritmética, e que a geometria estava submetida às leis aritméticas (recordemos os triângulos pitagóricos), isso significava que, de acordo com os pitagóricos, uma relação era científica, ou expressava um conhecimento, apenas quando declarada em termos aritméticos.

O exemplo da música também ilustra a cosmologia dos pitagóricos. Existe uma continuidade de sons – mas o que há de racional nessa continuidade pode ser expresso como números inteiros. De maneira semelhante, os pitagóricos acreditavam que o cosmos começou como uma grande nuvem da qual se formaram os entes descontínuos. O caos, isto é, a continuidade, ainda paira na periferia do cosmos.[84]

Agora vamos comparar o que eu disse até agora com Parmênides. Tanto Pitágoras quanto Parmênides são pensadores muito abstratos (digo "Pitágoras" e não "os pitagóricos" porque é mais fácil). Eles buscam leis gerais, mas o fazem de diferentes maneiras. Pitágoras, ao que parece, estava atento às conquistas nas matemáticas da época (que, para ele, significam aritmética e geometria) e à sua aplicação (como diríamos hoje – para Pitágoras, as duas coisas não existiam separadas) e desenvolvia suas concepções generalizando a partir dos dois domínios. Parmênides, provavelmente dirigindo sua crítica aos pitagóricos, volta sua atenção para um termo fundamental de todo o discurso – ao termo "é", ou *estin* em seu poema.[85] Os números são, a água é, tudo é, ou, em outras palavras, o Ser é. Disso ele infere que o nível mais fundamental é um contínuo estático, sem mudança ou diferença. Vale notar que a ideia de contínuo (hoje falaríamos de um conjunto denso em toda parte), ou seja, de uma entidade que é a mesma entre quaisquer de suas partes (consideradas em termos abstratos), tem origem em Parmênides. A teoria aristotélica do contínuo é um desenvolvimento de Parmênides, aplicada à geometria e ao movimento.[86] Tal teoria tem a consequência interessante de que um corpo em movimento não tem tamanho bem definido. Seja como for, temos aqui dois cientistas – podemos muito bem chamá-los assim – que, argumentando de diferentes maneiras, apresentaram ideias que foram e ainda são de grande importância.

Quero agora lhes mostrar uma coisa, um teorema encontrado em Euclides, mas sua origem é muito mais antiga. Como sabemos disso? Pela linguagem e pela forma de argumentação. Podemos também dizer que é pitagórico. Por quê? Porque usa a oposição entre par e ímpar como base do argumento. Essa oposição teve um papel fundamental na filosofia pitagórica – fazia parte de uma tabela de opostos muito mais ampla que incluía a oposição entre masculino (ímpar) e feminino (par), direita e esquerda, etc.[87] O professor Seidenberg, que examinou as origens dos conceitos e procedimentos matemáticos e descobriu restos arqueológicos em que os números eram distribuídos em pares, sugeriu que o processo de contagem deriva de um rito primitivo envolvendo pares numa dança contínua.[88] Isso explicaria como par e ímpar passaram a ser associados com feminino e masculino e por que os pitagóricos preservaram essa associação na sua tabela de opostos. Finda a nota introdutória, vamos voltar ao teorema.

Dado um quadrado, o quadrado formado sobre sua diagonal é duas vezes maior do que o quadrado dado. Observando o desenho, percebemos essa relação imediatamente.

Daí, $b^2 = 2a^2$.

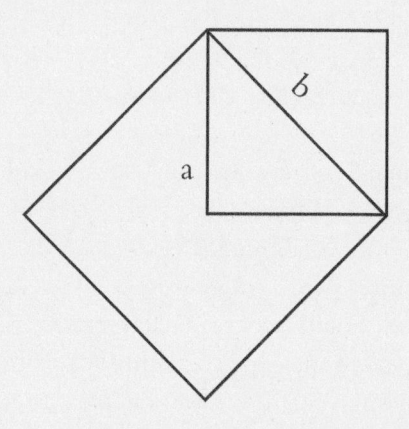

Se eliminarmos os fatores comuns dos dois lados da equação, ela nos diz que b é par e a é ímpar. (Vale lembrar que estamos removendo os fatores comuns!) Isso quer dizer que b pode ser escrito na forma de $2c$. Todo número ímpar pode ser escrito dessa maneira. Ora, se $b = 2c$, temos $4c^2 = 2a^2$, e então $2c^2 = a^2$, e depois, pelo argumento usado antes, descobrimos que a é par. Ou seja, a é tanto par quanto ímpar — temos uma contradição. O que deu errado? A suposição de que o lado e a diagonal, ou, de modo mais geral, que o tamanho das linhas pode sempre ser expresso como números inteiros.

Imaginem o efeito que essa descoberta deve ter tido nos primeiros pitagóricos![89] Eles partiam do pressuposto de que tudo consiste em números e que o conhecimento expressa relações entre os números — quando falo de números, refiro-me sempre a números inteiros, um, dois, três, quatro, e não a coisas como *pi* ou a raiz quadrada de dois. Agora temos uma entidade que certamente pertence à ciência, a diagonal de um quadrado, e que não pode ser expressa em números inteiros. Qual seria uma situação análoga em nossos dias? Que alguns fatos científicos importantes não podem ser expressos matematicamente! Seria um desastre!

Na verdade, há vários relatos que descrevem essa descoberta como um desastre na época. Por exemplo, há a história de que os pitagóricos queriam guardar a descoberta em segredo, mas um deles não conseguiu ficar em silêncio e foi severamente punido.⁹⁰ Duas gerações depois, no entanto, a prova tornou-se corriqueira. Platão a menciona no diálogo *Teeteto* para mostrar algo totalmente diferente;⁹¹ ele não faz nenhum alarde sobre o caso – raízes quadradas e sua incomensurabilidade com a unidade já tinham se tornado um fato estabelecido. Os cientistas aprenderam a lidar com ele. Hoje diríamos que o conceito de número foi expandido no sentido de incluir entidades que, embora não sejam números inteiros, obedecem à maioria de suas leis. Posteriormente, os matemáticos inventaram novas disciplinas que pouco a pouco foram cobrindo quase todas as formas de raciocínio. Até mesmo a ideia de que a matemática é uma ciência puramente quantitativa não é mais verdadeira. Há a teoria dos conjuntos, a topologia. Portanto, a ideia de que tudo pode ser expresso em termos matemáticos tornou-se quase uma tautologia.

07/05/1992
Quarta conferência

Na primeira conferência, falei da diferença entre eventos que ocorrem em diferentes campos – na astronomia, por exemplo, e na vida das pessoas nos guetos, ou em países devastados por guerras. De um lado, o frio juízo objetivo, talvez acompanhado por uma sensação de prazer (ou de desgosto), mas presumivelmente não constituído por ele. De outro, sofrimento e anseio de paz frustrado pelo nacionalismo e por delírios ideológicos. Os filósofos encontraram excelentes maneiras de mostrar não só por que *não existe* conexão, mas também por que *não deveria existir* uma conexão. A ciência, dizem eles, lida com os fatos, e os fatos apenas *são*. A política, seja humana, seja desumana, concerne ao que *deveria ser*, e não há como argumentar, de uma maneira logicamente satisfatória, partindo do que é para o que deveria ser (e vice-versa). Além disso, a dor e o prazer não são coisas em si, mas designam a reação das pessoas ao ambiente, cuja verdadeira natureza independe dessas reações e não é afetada por elas. É dessa maneira que alguns filósofos e cientistas de inclinação filosófica tentam justificar as diversas distinções que parecem manter em compartimentos separados diferentes aspectos da nossa vida.

Mas como surge essa ideia das cisões? Foi o resultado de uma pesquisa "objetiva"? Se sim, como essa pesquisa começou? Houve uma época em que a ocorrência de eventos naturais estava nas mãos ou de uma série de deuses ou de um único ser, divino e todo-poderoso, e esses eventos podiam ser mudados pela vontade divina. Mas a experiência não mostrou o menor indício de leis eternas e objetivas. Até mesmo Aristóteles disse que o que é natural ocorre sempre, ou *quase sempre*.[92] É verdade, havia as estações do ano, o nascer e o pôr do Sol. Mas também havia tempestades, halos, parélios, terremotos, cometas, meteoros, erupções vulcânicas. Havia chuva, granizo, arco-íris. Os seres humanos podiam enlouquecer; os animais de vez em quando davam à luz monstros. Depois de uma noite fria, o Sol levava calor e vida para a natureza, o que era percebido e descrito como tal: o calor físico e o calor do sentimento, da gratidão e da alegria estavam inextricavelmente conectados tanto aos fenômenos quanto à linguagem usada para descrevê-los. Até hoje falamos de um sentimento caloroso por alguém ou da frieza dos canalhas. Os filósofos de inclinação objetivista afirmam que essas analogias são vagas e que não se deve atribuir conteúdo objetivo a tais expressões. Mas a separação não existia em Homero e Hesíodo e ainda é usada por poetas. Nesse caso, onde estavam os "fatos objetivos" que sustentavam tal cisão entre a natureza e os sentimentos? Ainda que a natureza fosse vista como a morada dos deuses, onde estavam os "fatos objetivos" que indicariam que a natureza, inclusive a vida, não tinha nada de divino e não passava de um mecanismo complicado? Não é possível encontrar o que não existe, e se você insiste que existe é porque está fantasiando, e não investigando. E se está fantasiando, de onde vêm as fantasias?

  Lembram-se de Monod? Ele defende o objetivismo, a ideia de que a natureza não conhece propósito. Segundo ele, o objetivismo não foi aceito por ser diferente demais da concepção da maioria das pessoas. No entanto, chama a atenção por causa de sua "prodigiosa capacidade de produzir resultados". Certamente ele produz resultados, pelo menos na opinião dos intelectuais. Mas essa "prodigiosa capacidade" não estava presente desde o começo, pelo contrário: nos primeiros séculos do desenvolvimento dos gregos, na época das epopeias homéricas, por exemplo, as coisas pareciam seguir numa direção totalmente diferente. Como surgiu, então, o "objetivismo" – ou o materialismo, para usar um termo mais difundido? E como conseguiu sobreviver sem absolutamente nenhum produto útil? Produtos úteis, afinal de contas, eram produzidos pelos artesãos, não pelos seguidores de Demócrito; e os artesãos seguiam a tradição. Temos aqui uma filosofia totalmente incerta, mas que apesar disso sobrevive e que, milênios depois, mostra uma "prodigiosa capacidade de produzir resultados". Existem outras ideias que apresentam características semelhantes?

Sim, existem. O cristianismo é um exemplo. No curso de toda sua existência, o cristianismo teve de combater enormes obstáculos. Houve perseguições. Depois o próprio mundo pareceu refutar a ideia de um Deus benigno e todo-poderoso. Houve epidemias, guerras, tempestades; invernos intermináveis e períodos de seca no verão que dizimavam os meios de sobrevivência. Bandidos e exércitos "legais" invadiam vilarejos, matavam os homens, violentavam as mulheres, ateavam fogo nas casas – a Guerra dos Trinta Anos foi repleta de eventos assim. No entanto, a crença em Deus sobreviveu, tornou-se mais forte e guiou as pessoas em seu infortúnio. O materialismo não oferecia nenhum consolo – quando muito, oferecia a ideia de que a morte era o fim da vida, e não o início de punições talvez eternas. E mesmo assim ele sobreviveu, não entre as massas, mas entre pequenos grupos dos chamados "instruídos", até que estivesse a salvo, em razão de sua "prodigiosa capacidade de produzir resultados". Ele *introduziu* o imenso hiato entre eventos subjetivos e processos objetivos, *não se baseou* nele. Mas de onde surgiu essa ideia? Qual foi a origem, a fonte, a inspiração para uma ideia que acabou por desantropomorfizar inclusive os seres humanos? Como aconteceu de a natureza ser gradualmente desumanizada até os seres humanos não serem mais considerados "humanos"?

Voltemos agora nossa atenção para as ciências como se apresentam hoje. Dizem que elas são isentas de juízo de valor, mas isso é uma mentira. Um resultado experimental ou uma observação tornam-se fato científico apenas quando fica claro que não contêm quaisquer elementos "subjetivos" – ou seja, que podem ser separados do processo que levou ao seu anúncio. Isso quer dizer que os valores têm um papel importante na constituição dos fatos científicos. Deixem-me dar um exemplo: encontrar uma amiga. De certo modo, vejo toda nossa relação escrita no rosto dela. Ela parece diferente de quando a vi pela primeira vez, e daqui a alguns anos parecerá diferente do que é agora. Essa diferença na expressão facial não é um fato objetivo: não é algo que esteja esperando ser descoberto por um procedimento experimental objetivo, mas faz parte da nossa relação e me envolve de uma maneira essencial. Desse modo, não é nenhum fato científico, embora seja mais importante para mim do que poderia ser qualquer fato científico. Contudo, não é "cientificamente importante", e se a ciência prevalecer, tampouco será socialmente importante. Já não está claro que a ciência e os valores estão interligados de uma maneira complexa e nem sempre transparente? E que a separação entre diferentes assuntos não pode simplesmente ser removida por um ato da vontade?

Esta é a situação por trás da minha maneira de lidar com os problemas hoje classificados como "filosóficos". Algumas vezes, depois de contar uma narrativa como a de Tales ou de Xenófanes, as pessoas me pedem uma "reconstrução sistemática". Acham que a narrativa é bela, mas também muito superficial, pois não chega à raiz da questão. Por exemplo, posso contar para vocês uma narrativa sobre como surgiram certas ideias a respeito da natureza do conhecimento. No entanto, a história não nos diz o que é o conhecimento. Para responder essa questão, precisamos proceder "sistematicamente", fazendo uso de princípios e da lógica. Mas de onde vêm os princípios e a lógica? E por que deveríamos usar sua versão atual e não uma mais antiga, ou uma versão defendida por uma cultura diferente, ou por uma escola de pensamento diferente? A experiência e a experimentação é que decidem, diz um *slogan* moderno. Mas por quê? Porque, hoje em dia, as coisas são feitas dessa maneira. E por que devemos tomar como guia uma prática estabelecida? Afinal de contas, existem outros procedimentos disponíveis. Porque a experiência e a experimentação têm tido sucesso. Sucesso em quê? Em trazer a paz ou tornar as pessoas mais amáveis? Nada disso! Tiveram sucesso em encontrar leis gerais que, por sua vez, levaram a tecnologias interessantes. Essas leis foram encontradas por procedimentos experimentais? Não, porque esses procedimentos só foram usados mais tarde na história do Ocidente. Surgiram quando a ideia de leis gerais ainda não tinha qualquer fundamento empírico. Isso quer dizer que ainda hoje podemos adotar visões sem fundamentação empírica? Aparentemente, sim. De todo modo, todos esses problemas podem ser esclarecidos (não resolvidos!) dando uma olhada na história. Não estou dizendo que a história seja a resposta, e uma abordagem sistemática não o seja. Nesse caso, não existe "a" resposta. A história é apenas o primeiro passo dessa descoberta. Ela solapa certezas prévias e suscita problemas em relação a princípios que pareciam bem-estabelecidos – mas, em si, não é um fundamento novo e melhor. Qual seria, então, um fundamento novo e melhor? Não sei. Na realidade, acho impossível encontrar um "fundamento" ou uma forma de discurso superior a todo o resto. Então, por enquanto, vou continuar falando da situação na Grécia antiga (isto é, do século XIX ao V a.C.).

Havia diferentes grupos sociais na Grécia. Havia os homéridas, isto é, cantores que davam continuidade à tradição de Homero. Eles ganhavam dinheiro para ir de um lugar para outro recitando seus cantos – onde quer que chegassem, recebiam abrigo e alimentação. "Há sessenta e sete anos levo minhas meditações pela Grécia...", escreve Xenófanes.[93] Havia também o povo comum, a nobreza, os artesãos (muito deles escravos) e os filósofos. Para começar, estes não formavam um grupo especial. Tales, Parmênides, Platão – todos eram cidadãos ricos que participavam ou queriam participar da vida política de suas cidades. Ainda não eram "filósofos" profissionais. A situação mudou no século V, com a chegada dos sofistas.

Desde Aristófanes e Platão, os sofistas possuem uma reputação ruim. Eram acusados de serem superficiais e de cobrarem dinheiro por seus serviços; diz-se que enganavam os jovens, ensinando-lhes a trapacear e, para piorar ainda mais as coisas, a convencer de que tinham feito a coisa certa. Há um diálogo maravilhoso de Platão, uma farsa, quase, chamado *Eutidemo*, que revela alguns aspectos dessa atividade.[94] A cena se desenrola no Liceu, um dos três ginásios conhecidos da Atenas clássica. Os ginásios tinham espaços disponíveis para o atletismo, banho e vestiário, onde os alunos podiam se sentar para conversar. Sócrates está sozinho no vestiário e prestes a ir embora, quando tem um pressentimento: escuta uma voz interior pedindo para ficar, ao que se senta de novo. Entram então Eutidemo e Dionisodoro rodeados por "diversos discípulos, pareceu-me", diz Sócrates, que começa a contar a história. Depois de caminharem um pouco, Clínias se junta a eles, trazendo consigo um grupo de admiradores – amor entre homens e entre homens e rapazes era costumeiro naquela época. Entre eles está Ctesipo, um jovem muito bonito, mas também bastante impetuoso, como é característico dos jovens. Clínias avista Sócrates, aproxima-se, senta-se à direita dele (estou contando os detalhes porque talvez alguns de vocês queiram reproduzir o diálogo na forma de uma peça de teatro, literalmente ou com uma adaptação). Sócrates era feio, tinha "cara de sapo", como ele mesmo dizia, mas era muito charmoso; os jovens (entre eles, Platão) se sentiam atraídos por ele. Então lá está Sócrates, com Clínias sentado à sua direita. Eutidemo e Dionisodoro olham para os dois, trocam olhares entre si, olham de novo para eles e finalmente se aproximam; Eutidemo senta-se à direita de Clínias, e Dionisodoro, à esquerda de Sócrates. Este então os cumprimenta e apresenta Dionisodoro e Eutidemo a Clínias:

> São, seguramente, homens sábios: com efeito, conhecem tudo a respeito da guerra, todas as coisas que, a quem vai ser um bom general, é preciso conhecer: táticas e comando dos exércitos, bem como lutar com armas. Mas são capazes também de torná-lo apto a prestar assistência a si mesmo nos tribunais (273c).

Já existiam mestres de armas há algum tempo; pouco a pouco, a atividade se profissionalizou. Os tribunais eram instituições antigas. No famoso escudo de Aquiles, na Ilíada (Livro XVIII, 503 e segs.), há uma insígnia de um tribunal.[95] Os acusados tinham de se defender pessoalmente, geralmente sobre questões militares. Não havia advogados; no entanto, os acusados eram aconselhados por pessoas experientes. Essa atividade de aconselhamento também foi se profissionalizando lentamente. Sócrates sabia que Dionisodoro e Eutidemo eram conselheiros profissionais na arte da guerra e em questões legais, e contou o fato para Clínias. Continua então Sócrates:

> Tendo então dito essas coisas, fui olhado com desdém por eles; ambos se puseram então a rir, olhando um para o outro, e disse Eutidemo: Não, Sócrates, já não é disso que cuidamos; servimo-nos, antes, dessas coisas como acessórias.

Surpreso, Sócrates prossegue:

> E eu, espantando-me, disse: deve ser uma bela coisa essa vossa ocupação, penso, se acontece de coisas dessa magnitude serem acessórias para vós. Pelos deuses!, dizei-me o que é essa bela coisa.
> – A virtude, Sócrates – disse ele, – é o que acreditamos ser capazes de transmitir melhor e mais rapidamente que qualquer outro homem.

A virtude era de fato um dos assuntos ensinados pelos sofistas, tanto os de menor envergadura quanto os maiores, como Protágoras. Sócrates desafia Eutidemo e Dionisodoro a demonstrarem sua arte.

"Persuadi-o [Clínias] de que é necessário amar a sabedoria e cultivar a virtude" (275a).

Nesse momento, Eutidemo inclina o corpo para frente; Ctesipo, louco para escutar e ficar mais perto de Clínias, não consegue mais vê-lo. Então se levanta e senta-se diante de Clínias e Sócrates. Os outros, seguidores de Eutidemo e Dionisodoro, bem como os admiradores de Clínias, fazem o mesmo e se sentam em volta de Sócrates, Clínias, Eutidemo e Dionisodoro. Imaginem a situação; pensem nessa cena como algo vivo diante dos seus olhos e terão uma ideia não só desse diálogo específico, mas de uma pequena parte da vida pública na antiga Atenas. Eutidemo começa então sua demonstração (275d-276c).

– Clínias, quem são, dentre os homens, os que aprendem: os que sabem ou os que ignoram?

E o menino, sendo difícil como era a questão, enrubesceu, e, ficando em aporia, lançou um olhar para mim. E eu, compreendendo que ele estava perturbado, disse:

– Tem confiança, Clínias, e responde, corajosamente, qual das duas coisas te parece ser o caso. Pois talvez, vê bem, ele esteja prestando a maior ajuda.

Nesse momento, Dionisodoro, debruçando-se um pouco ao meu ouvido, e com um largo sorriso no rosto, disse:

– De fato, Sócrates, te adianto que, de qualquer das duas maneiras que responda o menino, será refutado.

E enquanto ele falava isso, aconteceu de Clínias responder, de modo que não me foi sequer possível recomendar ao menino tomar cuidado, e ele respondeu que eram os inteligentes aqueles que aprendem.

E disse Eutidemo:

– Algumas pessoas há quem chamas mestres, ou não?

Clínias concordou.

– E os mestres são mestres dos que estão aprendendo, como o citarista e o mestre de escrita, certamente, foram mestres teus e das outras crianças, e vós, aprendizes, não é?

Ele conveio.

– Então, enquanto aprendíeis, ainda não sabíeis as coisas que aprendíeis, não é?

– Não – disse.

– Então, pois, éreis pessoas que sabem, quando não sabíeis essas coisas?

– Claro que não – disse ele.

– Por conseguinte, se não éreis pessoas que sabem, éreis ignorantes.
– Perfeitamente.
– Vós, pois, aprendendo aquilo que não conhecíeis, era sendo ignorantes que aprendíeis.
O menino anuiu com a cabeça.
– São pois os ignorantes que aprendem, e não os sábios, como tu crês. Tendo ele dito essas coisas, como um coro sob a direção de um mestre que dá o sinal, aqueles que seguiam Dionisodoro e Eutidemo puseram-se ao mesmo tempo a erguer aclamações e a rir. E antes de o menino devidamente retomar fôlego, Dionisodoro, recebendo-o de Eutidemo, disse:
– Então, Clínias, todas as vezes que o mestre de escrita vos recitava uma lição, quais eram, dentre as crianças, as que compreendiam as coisas que eram recitadas: os que sabiam ou os que ignoravam?
– Os que sabiam – disse Clínias.
– São os sábios, então, que aprendem, e não os ignorantes, e não respondeste bem a Eutidemo há pouco.
Aí então também puseram-se a rir e a aplaudir enormemente os apaixonados dos dois homens, admirando o saber deles. Mas nós outros, perplexos, calávamo-nos.

Essa cena curta tem diversas características interessantes. Primeiro, apresenta dois homens que mudaram de profissão na meia-idade, tornando-se professores de "virtude". Segundo, ela exibe parte do repertório deles, a saber, argumentos que levam a conclusões paradoxais. Quem é confrontado com esses argumentos fica "perplexo", sem saber o que dizer. Argumentos desse tipo não eram usados apenas para entreter; quando proferidos diante de um tribunal, eram capazes de derrotar um oponente. Terceiro, o próprio perigo levou alguns sofistas a examinar a questão em mais detalhes: ao fazer isso, eles prepararam o caminho para o que conhecemos hoje como lógica, com sua distinção entre raciocínio válido e inválido. Quarto, aprendemos que os paradoxos eram debatidos publicamente, e que o debate tinha um público participativo: as pessoas se interessavam por questões lógicas. Até durante a chamada Idade das Trevas alguns santos travavam discussões verbais com hereges e saíam vitoriosos graças a sua capacidade superior de raciocínio. Aqui, no entanto, estamos no meio de um paradoxo. Quem fala é Sócrates, referindo-se ao que aconteceu enquanto estava no vestiário do ginásio (283e-284c):

– Como então, Ctesipo? – disse Eutidemo. – Parece-te ser possível mentir?
– Sim, por Zeus! – disse ele, – se não estou louco, pelo menos.
– Dizendo a coisa sobre a qual é a fala, ou não a dizendo?
– Dizendo, disse ele.
– Então, não é?, se realmente quem fala diz isso, não diz outra coisa, entre as coisas que são, senão essa precisamente que ele diz.
– Como poderia dizer outra coisa? – disse Ctesipo.
– Mas aquilo que ele diz é uma das coisas que são, diferente das outras coisas.
– Perfeitamente.
– Então, quem diz aquela coisa que é, di-la, não é?
–Sim.
– Entretanto, quem diz uma coisa que é e coisas que são diz a verdade.
– Sim – disse Ctesipo, – mas quem diz essas coisas, Eutidemo, não diz coisas que são.
E disse Eutidemo:
– Mas as coisas que não são, é outro o caso senão que não são?
– Não são.
– E as coisas que não são, não são coisas que não são em lugar nenhum?
– Em lugar nenhum.
– No que se refere a elas então, às coisas que não são, há como se possa agir de alguma forma, de modo que quem quer que seja possa fazer aquelas coisas que não estão em lugar nenhum?
– A mim, pelo menos, não parece – disse Ctesipo.
– E então? Os oradores, quando falam na assembleia do povo, não agem de alguma maneira?
– Certamente que agem – disse ele.
– Então, se realmente agem, também fazem, não é?
– Sim.
– Falar é pois agir, e também fazer?
Ele concordou.
– Logo, ninguém diz coisas que não são, pois já estaria fazendo algo [...].

E a conversa continua. De maneira similar, Eutidemo e Dionisodoro argumentam que é impossível contradizer alguém. O primeiro diz uma coisa, o segundo diz outra coisa, cada um fala por si e pronto. Não existem opiniões falsas, pois cada um diz o que diz e fim de papo. O pano de fundo desses argumentos é Parmênides com as mudanças trazidas por Protágoras. Segundo Parmênides, não se pode dizer aquilo que não é – dizer o que não é equivale a não dizer nada.[96] De todo modo, os sofistas foram os primeiros a introduzir essas dificuldades nos tribunais e nos debates públicos; com o passar do tempo, construíram a retórica e sua disciplina relacionada, a lógica. Lembrem-se, estamos falando da época da democracia total. Todo cidadão livre (o que excluía escravos, estrangeiros e mulheres – a propósito, a maioria dos sofistas era estrangeira), cedo ou tarde, presidiria uma assembleia pública ou falaria nela. Ou teria de se defender num tribunal – os cidadãos tinham de falar por si próprios, não podiam deixar que um advogado falasse por eles.

A arte de construir um belo discurso era uma arte antiga. Os guerreiros homéricos tinham de se sair bem nas batalhas e também na arte da oratória. Os sofistas transformaram essa arte em uma ciência e examinaram a natureza da linguagem. A partir disso, se aventuraram por outros assuntos e, por fim, acabaram tratando de tudo o que existe. Hípias, por exemplo, vangloriava-se de confeccionar ele mesmo todas as roupas que usava.[97] Fez contribuições no campo da matemática e tinha discursos prontos sobre quase tudo: falas breves e econômicas para ocasiões modestas, discursos de duração mediana e mais caros para banquetes, e outros ainda mais longos e mais caros para ocasiões especiais.

Desnecessário dizer que o conhecimento produzido pelos sofistas, embora "sofisticados", careciam de profundidade. Em certo sentido, ele constituía um progresso – o conhecimento "profundo" cria um respeito profundo e reduz nossa capacidade crítica. Os sofistas, poderíamos dizer, levaram as pessoas a substituírem uma abordagem religiosa acerca do conhecimento por um enfoque mais "mundano". Isso foi uma vantagem, mas não inteiramente. Platão já havia observado que a vida sem algum tipo de compromisso é fadada à futilidade. Ele desprezava os sofistas por causa dessa futilidade e porque eles cobravam por seus serviços (para ele era fácil criticar, pois era rico), mas havia exceções: ele sempre mencionava Protágoras e Górgias com certo respeito. Ele também não aceitava muito bem a ideia de que existem bons argumentos para qualquer causa, e de que era possível "tornar forte o discurso mais fraco".[98] Protágoras parecia acreditar nisso, e aqui chegamos a um problema interessante e, até certo ponto, perturbador: com um pouco de inventividade, é possível encontrar uma boa defesa para quase todos os posicionamentos. A vida, afinal de contas, é muito complicada: alguns de seus aspectos continuam ocultos, mas podem ser evocados por um argumento engenhoso. O argumento, por mais "racional" que seja, pode não atingir seu objetivo, a saber, mudar a opinião das pessoas – o que mostra que só a razão não é suficiente para guiar uma vida. Existem outros fatores. Platão tinha muita coisa interessante para dizer sobre essa situação.

Como Platão chegou à filosofia? Ele responde essa pergunta na *Carta VII*.

Como sabemos, Platão escrevia diálogos. Foi uma decisão deliberada por parte dele. Os escritores que tentavam contar uma história ou apresentar ideias tinham vários estilos à disposição. O *estilo épico* era o mais antigo. Homero, durante muito tempo, foi a única fonte de informações sobre a história, os deuses e as virtudes. Revolucionários como Xenófanes e Parmênides ainda usavam o hexâmetro para explicar suas concepções. A *poesia lírica* introduziu diferentes tipos de versificação e tratava de problemas variados. A maioria dos poetas líricos falava de maneira pessoal; alguns deles caçoavam dos costumes tradicionais. O *teatro* combinava argumentação e elementos visuais e sonoros para mostrar as consequências de determinados modos de vida. Ésquilo, por exemplo, pode ser considerado um antigo Erwin Piscator – muito mais simples, é claro, mas não menos impressionante. Platão e Aristóteles escreveram ensaios sobre o modo trágico de apresentação: o primeiro criticando-o (no Livro X de *A República*), o segundo formulando uma defesa ingênua (na *Poética*). Nenhum dos dois consegue fazer justiça ao que realmente acontecia no palco. A *Oréstia*, de Ésquilo, por exemplo, tinha muito pouco em comum com o que Aristóteles diz sobre a tragédia.

Depois surgiu um novo gênero, a *prosa científica*, que começou na Jônia e de lá se espalhou pela Grécia. É claro, as pessoas sempre falaram em prosa, mas a prosa científica era tão diferente das conversações cotidianas quanto um artigo moderno sobre abelhas é diferente da linguagem dos apicultores. Na *História*, Heródoto utiliza uma mistura de estilos, entre eles o romance, o conto, ditos espirituosos, o exemplo instrutivo e, é claro, a prosa científica.[99] Platão analisou esses estilos e rejeitou todos eles. Nesse sentido, ele demonstrou uma liberdade muito maior que os filósofos modernos, que nem sequer consideraram o problema, que se irritam quando questões sérias são apresentadas de maneira irreverente ou dramática, e que, de uma forma ou de outra, são controlados por editores que defendem suas próprias ideias sobre a forma apropriada de um enunciado filosófico, científico ou teológico. Platão escolheu o *diálogo*, um gênero novo introduzido pouco antes de sua época. Ele explica o motivo no *Fedro*[100]: o diálogo lembra uma conversa pessoal; segundo ele, esse era o melhor meio de explorar problemas difíceis. É claro, um diálogo escrito não é uma conversa, mas um artefato: é uma imagem cristalizada de uma parte de uma conversa e útil apenas para os participantes. Ao ler o diálogo, os participantes podem se lembrar de como foi o encontro, durante o qual aconteceram muito mais coisas do que poderia ser contado num diálogo escrito. Para nós, que vivemos séculos depois de Platão e Sócrates, e que nunca vimos o rosto deles, nunca ouvimos a voz deles ou admiramos os gestos deles, os diálogos são como partituras musicais, mas sem informações sobre quais instrumentos usar, como usá-los, o ritmo ou o volume, a natureza das variações possíveis ou previstas, e coisas do tipo. São letras mortas que podemos reviver, do mesmo modo como faríamos com textos babilônicos, mas não podemos jamais identificar o sentido originário deles. Platão estava ciente dessa situação. Muitos de seus diálogos contêm introduções para esclarecer que o verdadeiro evento aconteceu muito tempo antes e que pouquíssimas pessoas se lembram dele. Na *Carta VII* ele diz de modo bem explícito que "não existe nem nunca existirá uma obra minha".[101]

    Além dos diálogos, Platão também escreveu cartas. Ou, para ser mais exato, existem cartas atribuídas a Platão – alguns estudiosos as consideram autênticas, outros dizem que são falsas. (Digamos que esse problema também existe em relação aos diálogos, porém em menor grau.) Uma das cartas, a sétima, é aceita como autêntica por quase todos os estudiosos. Ela tenta justificar as ações de Platão na Sicília. Vejam só – Platão não apenas *escreveu* sobre política, ele também tentou *concretizar* a sociedade ideal descrita em *A República*, e fracassou. A *Carta VII* explica como ele se interessou por política e por que ele acreditava que apenas um novo modo de considerar os deuses, o mundo físico, o mundo social e a natureza dos seres humanos poderia superar a irracionalidade e a insanidade da política tradicional.

    Explicarei agora um aspecto dessa nova forma de ver que se tornou um ingrediente importante na ciência e na filosofia ocidentais.

Vejam bem, não vou discuti-lo do modo como se encontra em Platão. Platão foi um autor incomum que muitas vezes mudava de opinião sem dizer explicitamente. A ideia que vou evocar tem um papel importante no pensamento dele, mas logo tomou vida própria. Ela inspirou o trabalho científico, criou movimentos filosóficos e contribuiu para abrir caminho a muitas atividades populares, modas, programas de pesquisa e *slogans* que viveram às custas dos avanços das duas áreas. Em termos mais simples, a ideia tem a ver com a maneira como os conceitos são introduzidos, transformados e justificados.

Tomemos um conceito como o de árvore, ou de ser humano. Conceitos desse tipo surgem de maneira bastante intuitiva, como consequência de encontrar, observar e agir em relação a vários indivíduos diferentes. As palavras associadas a eles e as explicações simples em que aparecem transmitem apenas parte de seu conteúdo. O restante reside nos sentidos, que se habituaram a reconhecer os traços pertinentes ou que foram treinados para percebê-los; na memória, que reconhece os traços quando eles reaparecem; no aparelho motor, incluindo os músculos faciais, que desencadeiam os movimentos adequados – em suma, reside em todas as partes do corpo que compreende o conceito.

O conceito de doença, como formulado pelos médicos, traz as mesmas características gerais, ainda que seja muito mais complexo. É uma espécie de cesta de compras que comporta diferentes distúrbios sob uma única designação – "doença". A natureza e o tamanho dessa cesta dependem do que é considerado uma vida normal e da natureza dos distúrbios selecionados. Invasões realizadas por tribos hostis são distúrbios – mas raramente são categorizadas como doença. Desse modo, a "natureza da doença" depende do modo como as pessoas organizam sua vida, o que significa que diferentes culturas sofrem de diferentes tipos de doença. Pessoas curiosas, portanto, estabelecem conexões entre os aspectos explícitos de um distúrbio particular e processos mais implícitos e buscam descobrir como o distúrbio muda através do tempo – o que acontece quando deixamos que siga seu curso, ou quando há a interferência do clima, do comportamento de amigos e familiares, de mudanças de dieta ou das ações de um médico. Uma vez mais: boa parte do conhecimento envolvido é visual, auditivo ou habitual. As pessoas que estudam os distúrbios precisam aprender a *ver* os aspectos relevantes, a reconhecer as reações "normais" e as "perturbadas" de um corpo humano, e a adaptar seu comportamento – inclusive as percepções – a novos fenômenos inesperados (e invisíveis, àqueles que não possuem o preparo adequado). São como artistas que, ao observar as coisas comuns, descobrem propriedades incomuns e as representam de maneiras incomuns. O conhecimento obtido dessa maneira assemelha-se ao conhecimento de atletas, pianistas e artistas de circo: reside no corpo ou nas partes da mente que ativam o corpo, e deve ser comunicado por exemplos e ações – as palavras não bastam. O físico-químico Michael Polanyi identificava esse conhecimento com o nome de "conhecimento tácito".[102]

A maior parte dos ofícios foi e continua sendo baseada no conhecimento tácito. É preciso mão firme e olhar treinado para ser um bom joalheiro. Também é preciso mão firme e olhar treinado para ser um bom médico – mas a visão e as ações necessárias são diferentes nos dois ofícios. Conceitos cotidianos, como o de raiva, são ligados a um rico repertório de ações, percepções e sentimentos, e o conteúdo dos conceitos provém dele. O repertório muda a cada nova experiência, originando novos conceitos: a cozinha de uma casa recém-comprada parece bem distinta da mesma cozinha 20 anos depois, mesmo que materialmente continue sendo igual; o comportamento dos usuários da cozinha também vai mudar, e o mesmo vale para o marido, a esposa, o namorado ou a namorada que entre na cozinha. Contudo, as definições, ou seja, sequências curtas de palavras que juntam um conceito ordinário a outro, são úteis: elas estabelecem uma ligação temporária de alguns "conjuntos" que constituem nosso conhecimento tácito. Elas não os substituem por "algo mais sistemático", mas é exatamente isso que os teóricos desejam fazer.

No diálogo *Fedro*, Platão discute a retórica e a medicina.[103] A medicina, diz ele, lida com os seres humanos. Os médicos, portanto, precisam saber o que são os seres humanos. Os médicos tinham essa informação, mas era implícita e empírica. Grande parte dela estava nos olhos e no corpo, e estava sujeita a falhas e peculiaridades. Para Platão, que considerava a matemática o paradigma do conhecimento e que, como muitos depois dele, considerava o raciocínio matemático como completamente transparente, essa informação tinha pouco a ver com o conhecimento. Segundo Platão, o conhecimento consiste em enunciados obtidos e testados ao seguirmos determinadas regras. *Não mudanças incontroláveis do corpo, mas diretivas claras da mente constituem o conhecimento e decidem acerca da verdade e da falsidade.* Ou, em linguagem moderna: o conhecimento vem das teorias, não da experiência.

É interessante ver em que medida essa filosofia ainda governa a administração do conhecimento. A ciência moderna, é claro, não é apenas teoria: é teoria fundada na experimentação. Isso a distingue radicalmente do ideal platônico de ciência. Contudo, durante muito tempo os filósofos da ciência modernos prestaram pouquíssima atenção aos procedimentos experimentais. O Círculo de Viena distinguia os enunciados teóricos dos observacionais. O principal problema era compreender como os termos teóricos adquiriam seu significado. No final dos anos 1950, diversos filósofos da ciência falavam de uma "contaminação ascendente do significado" – como a seiva de uma planta, o significado flui a partir das raízes do conhecimento, constituídas pela observação, para o alto, rumo aos termos teóricos.[104] Argumentando que as observações feitas por si só não têm absolutamente qualquer significado, eu sugeri inverter a ordem: o significado flui das teorias para as observações.[105] Nos dois casos, presume-se que produzir enunciados observacionais seja algo simples – que cientistas experimentais certamente saberiam como obtê-los.

Os cientistas experimentais sabiam como obter enunciados observacionais, mas de uma maneira que subvertia completamente o esquema positivista. Para começar, cientistas experimentais baseiam-se numa enorme quantidade de conhecimento tácito. Eles não somente registram o que a natureza dita, mas também dirigem seus equipamentos como pilotos de corrida dirigem seus carros, geralmente levando-os até o limite, e depois elaboram juízos intuitivos sobre as reações obtidas – um exemplo seria Walter Baade no Monte Wilson em 1942. Além disso, os relatórios publicados por uma equipe geralmente são resultado de delicadas negociações entre seus membros – são documentos políticos repletos de compromissos e finalizados sob considerável pressão. O plano experimental forma toda uma cultura à parte, cuja relação com a teoria não é nada clara.

No final da década de 1960, no entanto, escolas de Engenharia nos Estados Unidos e na Grã-Bretanha decidiram substituir o ensino de práticas de engenharia pelo ensino de teorias. Como consequência, os projetos de engenharia começaram a usar uma "abordagem descendente" – os teóricos desenvolvem modelos enviados para o local na esperança de que os profissionais não terão nenhuma dificuldade para colocá-los em prática. Mas a adesão da prática à teoria não é tão simples assim.

Não se deixem enganar pelo fato de os teóricos terem considerado uma grande variedade de evidências, nem pelo fato de suas teorias, portanto, terem suporte empírico. Teorias implicam idealizações, o que significa que as evidências são selecionadas e processadas de modo especial. Isso não afeta as predições que são realizadas sob circunstâncias igualmente idealizadas. Mas *afeta* a confiabilidade dos produtos decorrentes de um material que conservou suas idiossincrasias – como a margem de um rio, o chão sob um arranha-céu ou o padrão dos ventos de uma região bem circunscrita. Para avaliar um projeto, os engenheiros precisam tanto da experiência teórica quanto da experiência no local, e isso significa que precisam ter uma formação tanto teórica quanto prática. A ocorrência de alguns desastres convenceu alguns administradores de que o enfoque descendente é imperfeito e que a engenharia prática é uma parte importante também da formação de um engenheiro teórico. Para mais detalhes, leiam o livro *Engineering and the Mind's Eye*, de Read Ferguson, publicado pela MIT Press.[106] (Desnecessário dizer que a medicina teórica baseada exclusivamente na teoria e em relatos de laboratórios é igualmente inadequada.)

Para resumir essa parte do meu argumento: o conhecimento que alegamos possuir, inclusive o conhecimento geral proporcionado pela física teórica moderna, é uma rede intricada de princípios teóricos e habilidades práticas quase corporais, que não pode ser compreendida apenas por uma análise da teoria. Grande parte dos textos de divulgação científica e muitas das análises filosóficas são pura e simplesmente quimeras. São tão enganadores e distorcidos quanto uma história da arte que considere os quadros como fenômenos naturais de um tipo especial, sem sequer mencionar os indivíduos que estavam ao redor deles quando apareceram pela primeira vez.

Ora, se essa conclusão está correta, então muitas atividades consideradas com respeito e admiração deixam de fazer sentido. Todos os tratados filosóficos "sistemáticos" que consideram apenas as ideias e suas relações mútuas são exercícios de futilidade. Incorporadas a um empreendimento em atividade, as ideias desempenham um papel importante, ainda que não facilmente compreendido; tomadas em si mesmas, são como fósseis estudados como formas abstratas, sem considerar os processos que lhes dão origem.

Darei um exemplo para mostrar como esses processos podem ser complexos.

O trabalho de Galileu estava submetido a uma série de fatores limitantes, alguns complementares, outros contraditórios. Para começar, havia as limitações derivadas de sua *profissão*. Galileu começou como matemático. Na época, a matemática era considerada uma disciplina susceptível de verificação, mas incapaz de se aplicar à realidade. A realidade era assunto dos filósofos, que, como um todo, defendiam uma abordagem aristotélica. Galileu queria sustentar que a realidade tinha uma natureza matemática. Ora, havia ciências que usavam a matemática, mas também lidavam com as coisas reais; elas eram chamadas de *ciências mistas*. Os principais exemplos eram a óptica e a astronomia. O estatuto teórico dessas duas ciências era algo questionável, o que diminuía as dificuldades de Galileu, mas não as eliminava por completo.

Precisamos também considerar as limitações impostas pela *teologia*. O Concílio de Trento havia reafirmado a autoridade da Igreja, que na época era a única autoridade em questões bíblicas e em partes do conhecimento secular que, em sua opinião, traziam implicações bíblicas. Alguns membros do clero, como Belarmino, concediam que a interpretação de passagens bíblicas poderia mudar à luz de evidências científicas. Muitas passagens bíblicas sugerem que a Terra era plana. Não obstante, a esfericidade da Terra já era fato no século XII.[107] A reinterpretação, no entanto, deveria ser realizada por teólogos, não por cientistas que nutriam algum interesse por teologia. Mesmo aqui a situação não era totalmente inequívoca – a Igreja não era monolítica. Havia grupos com interesse particulares, os jesuítas, os franciscanos, os dominicanos, que concebiam a doutrina básica com diferentes perspectivas e assumiam diferentes posturas em relação a um consenso.[108]

Isso nos leva à questão do *mecenato*. Para progredir, um cientista, ou qualquer pessoa pública que carecesse de dinheiro e influência, necessitava de um mecenas. Tanto naquela época quanto agora, o mecenato tinha regras complexas que muitas vezes conflitavam com as regras da ciência. Alguns estudiosos sugerem que Galileu teve problemas não porque se opôs à doutrina da Igreja, mas porque violou as regras do mecenato *vis-à-vis* um de seus mais poderosos mecenas, o Papa Urbano VIII.[109]

Ainda não mencionei as regras da ciência. A *experiência* tinha um papel fundamental, tanto entre os aristotélicos como entre seus oponentes. Galileu levava a experiência em consideração? Nem sempre, e certamente não quando ele falava de leis inexoráveis e sem exceções. Afinal, as exceções eram a ordem do dia: na biologia, em que eram chamadas de monstros; na astronomia, em que até mesmo Tycho recorria ao poder dos deuses para explicar o surgimento de uma nova estrela; nas questões humanas, em que o demônio era invocado para explicar diversos eventos fisiológicos e psicológicos estranhos (o *Malleus Maleficarum*, publicado cerca de dois séculos antes, é um texto verídico sobre aberrações mentais). Aristóteles não dava muita atenção para essas questões – por isso afirmava que natural é aquilo que acontece sempre *ou quase sempre*. São Tomás de Aquino se opunha com o argumento de que Deus era estável. Guilherme de Ockham defendia que atribuir uma estabilidade a Deus significava restringir seu poder. Tudo que podemos fazer é notar o que Deus fizera e tentar sistematizar nossas descobertas: as leis da natureza não são inerentes à natureza; são construtos mentais que ordenam eventos que nós não entendemos e não podemos entender. Descartes retornou à ideia de estabilidade, e também Galileu, apesar de Ockham, da experiência e de Aristóteles. Já nessa época torna-se claro que sua abordagem dependia não tanto das regras, mas de uma escolha entre regras.

As regras mais importantes eram as *regras de argumentação*. Distinguiam-se três tipos de argumento: a demonstração, os argumentos dialéticos e os argumentos retóricos. A demonstração partia de premissas verdadeiras e bem-estabelecidas, e conduzia a resultados verdadeiros e bem-estabelecidos. Aristóteles explicou as regras de demonstração nos *Analíticos*. A demonstração era possível na matemática e em determinadas partes da física. Um argumento dialético partia de opiniões comuns, de especialistas e do senso comum para tentar chegar à verdade. Avançava e retrocedia entre diferentes opiniões até que restasse apenas uma – pelo menos momentaneamente. Aristóteles explicou os argumentos dialéticos nos *Tópicos*. Por fim, havia os argumentos retóricos ou "relações públicas", como os chamamos hoje. Os argumentos retóricos tinham o objetivo de convencer os adversários a aceitarem uma opinião independentemente de sua verdade ou falsidade, mas sem renunciar ao uso dessas palavras. Aristóteles abriu caminho aqui também com a *Retórica*. Ao apresentar suas ideias, portanto, o escritor podia escolher entre demonstração, dialética ou retórica.[110] Alguns autores afirmam que houve um aumento no uso de argumentos retóricos durante o debate em torno de Copérnico, por parte não só de Galileu, mas também de seus opositores. Desde então, essa quantidade vem aumentando.[111]

Por fim – para a minha apresentação, mas não na realidade –, precisamos considerar o *temperamento de Galileu*. Ele era um sujeito irascível, ávido por obter reconhecimento, cheio de desprezo pelas pessoas que não estavam à sua altura.

Agora imaginem Galileu preparando seu *Diálogo sobre os dois máximos sistemas do mundo ptolomaico e copernicano*.[112] Não sabemos o peso relativo que essas limitações exerciam sobre sua mente. No entanto estavam lá, ele tinha consciência delas, bem como do conflito entre alguns delas, e precisava fazer uma escolha. Essa escolha foi motivada pelo conhecimento tácito acumulado, que por sua vez foi modificado por seu caráter e, mais especificamente, por seu humor naquele momento. O produto final foi moldado por muitos fatores, não por uma única cadeia linear de pensamentos. Isso é o que acontece quando uma pessoa inteligente e inventiva, usando o conhecimento passado e tentando se ater a padrões considerados importantes, produz uma teoria, uma obra de arte, um experimento, um filme ou qualquer coisa do tipo.

Agora que temos o produto diante de nós, os sistematizadores podem colocá-lo sobre a mesa, analisá-lo e relacionar seus elementos conforme suas categorias prediletas. Na filosofia da ciência, esse processo foi chamado de "reconstrução lógica": a ideia é que os grandes inventores não sabem o que estão fazendo e precisam de um "reconstrutor" que lhes diga o que conseguiram fazer. O problema dessa abordagem é que a maioria das formulações reconstruídas é estéril – não tem o poder de sugerir novas ações, ideias ou procedimentos. Apenas as declarações desconcertantes dos cientistas parecem ter esse poder. Isso significa ou que não podemos descobrir nada a menos que deixemos o terreno da razão, ou que o terreno da razão é muito diferente de como os filósofos e outros promotores de ideias o retrataram. Desnecessário argumentar que os cientistas (também artistas, políticos, etc.) muitas vezes se inspiram em ideias filosóficas, o que só acontece porque eles as transformam profundamente. As ideias filosóficas são como um tipo de alimento que os cientistas consomem, digerem e depois acabam regurgitando, mas transformado em um material totalmente diferente – no corpo irreconhecivelmente belo de uma teoria, um experimento, um novo tipo de medicina, um prédio ou uma sinfonia. É claro, esse processo é raro. A maioria das pessoas simplesmente imita palavras, ideias e hábitos estabelecidos. Elas não são piores por causa disso – exceto quando começam a acreditar que seu modo de fazer as coisas é o único que existe e o único que deveria ser financiado e imposto aos demais.

Dibattito[113]

P: *Você acredita em Deus?*
R: Não sei. Mas com certeza não sou nem ateu nem um agnóstico presunçoso. É preciso uma vida inteira para conhecer alguma coisa acerca dessas questões. Tenho a sensação de que existe um bastardo supremo em algum lugar por aí. Tenho pensado nessa questão.

P: *Qual sua opinião sobre a ideia de uma ordem cosmológica natural proveniente da ideia geral de ordem jurídica ou social?*
R: Você está perguntando qual minha opinião sobre o pressuposto de que existe um elo entre as leis científicas e a ordem social que as revela? O pressuposto é bastante plausível. Outra questão é saber o que vem primeiro, se as leis sociais ou as leis naturais. Para mim, essa questão nem sequer faz sentido. De todo modo, as duas áreas estão definitivamente separadas. Deixe-me fazer outra pergunta: você acredita que primeiro algumas pessoas fixaram determinada ordem social, depois começaram a pensar sobre o universo e por fim projetaram sua ordem social no universo – é nisso que você estava pensando?

P: *Sim, mas há um autor bem conhecido, Rodolfo Mondolfo, que apresentou essa ideia. Acho que Jaeger propunha a mesma coisa.*
R: Bom, você pode ver correlações, mas é impossível descobrir o que vem primeiro e o que vem depois. Vamos voltar aos caçadores-coletores: eles precisavam saber muita coisa do mundo para sobreviver.

E também sobre as estações, porque os peixes nadam corrente acima em determinada época do ano, e assim por diante. Para saber das estações, eles precisavam ter algum conhecimento sobre o movimento do Sol. Foram encontrados ossos de 30 mil anos com ranhuras correspondentes à periodicidade da Lua – aparentemente, os dias eram contados pela Lua, e as estações, pelo Sol. Eles tiveram essa ideia a partir da estrutura social em que viviam? Bem, os caçadores-coletores quase não tinham estruturas sociais fixas. Não obstante, tinham algumas ideias de astronomia e precisavam tê-las para sobreviver. Acredito que dizer que a estrutura social os tornou astrônomos significa ir pelo lado errado. Todo mundo, não importa a qual estrutura social pertença, precisa conhecer geografia, astronomia, etc. para poder sobreviver. Mondolfo eu não conheço; Jaeger eu li, mas me esqueci – e a questão não é o que este ou aquele autor disse, a questão é o que é plausível.

P: *Gostaria de retornar ao exemplo da tragédia. Você falou sobre a tensão de uma ordem, e Orestes violou duas leis que existiam em conflito uma com a outra. No fim, a ordem ainda continua. Instaura-se uma ordem para que duas leis diferentes convivam, ou para que as duas leis entrem em conflito, sejam destruídas e surja uma nova ordem. A questão final é: há essa tensão em relação a uma ordem existente na política e nas ciências sociais, e essa nova ordem poderia muito bem ser, no fundo, compatível com a presença de leis que parecem ser intrinsecamente conflitantes. De certo modo, a coerência não é necessária para se estabelecer uma ordem.*

R: Mas foi exatamente isso que eu disse – há diferentes grupos e eles estão interessados em diferentes tipos de ordem. Alguns preferem um tipo de ordem mais "elementar", outros, um tipo mais abstrato. Com frequência, os tipos mais "primitivos" de ordem costumam ser preservados. Na astronomia, temos Ptolomeu. Ele sugeriu um esquema em que a órbita de cada planeta fosse calculada de maneira especial e diferente. Depois temos Copérnico, que tinha um ordenamento único para todos os planetas. No entanto, se quiséssemos calcular, por exemplo, a trajetória de Mercúrio, ainda teríamos de fazer suposições especiais diferentes das feitas no caso, digamos, da trajetória de Marte. Desse modo, havia uma ordem mais ampla que, até certo ponto, preservava as diferenças do sistema precedente. Então surgiu Newton e, com ele, uma lei independente dos fatores espaçotemporais. Mesmo assim, as antigas diferenças foram preservadas como diferenças de aproximação. Na *Oréstia*, temos a velha lei das Fúrias, a nova lei de Apolo e, no fim, uma "síntese" das duas.

P: *Dada uma certa ordem ou lei, ela é usada para predizer, descrever ou explicar?*

R: Bom, pessoas diferentes fazem coisas diferentes. Algumas pessoas dizem: "Não somos metafísicos, não explicamos, apenas predizemos". Outras dizem: "Podemos explicar o que aconteceu", e então continuam e oferecem o que chamam de explicação, mas que, na maioria dos casos, é algo um pouco mais elaborado do que uma predição. Sempre há grupos diferentes, mas hoje, a maioria deles, pelo menos na física, gosta de leis básicas independentes de fatores espaçotemporais.

P: [*Minha pergunta pode parecer um tanto óbvia; pode até ser que você já a tenha respondido.*][114] *Há um amplo debate nas ciências sociais sobre se podemos apenas descrever e compreender a realidade (a realidade social) ou se também podemos explicá-la. Fico pensando se existe discussão semelhante em outras ciências e se há uma posição clara a respeito.*

R: Tem havido um longo debate na filosofia da ciência e nas ciências físicas sobre a explicação, a descrição e a predição. O cientista explica ou apenas descreve ou prediz? Na minha opinião, o problema ainda não foi resolvido. Eu diria que explicar significa relacionar coisas que percebemos a coisas que pensamos que são reais e que realmente têm uma conexão com o caso que se está examinando. Do contrário, estamos apenas descrevendo. Isso quer dizer que "explicamos" o desconhecido pelo que já é conhecido? Não, pois a entidade real à qual nos referimos pode ter sido introduzida junto com a explicação e ser desconhecida até então. Por exemplo, quando as pessoas introduziram os átomos para explicar o vento, o calor, etc., elas introduziram uma nova entidade para explicar fenômenos muito bem conhecidos. Então, na verdade nós explicamos o conhecido pelo desconhecido, e não o desconhecido pelo conhecido, como muitos acreditam. Eu diria ainda que a menos que exista uma diferença na prática entre a explicação e a mera descrição, a menos que aqueles que pensam explicar ajam em suas pesquisas de maneira diferente daqueles que dizem apenas descrever, a diferença entre descrição e explicação será apenas uma querela verbal.

Vou dar um exemplo das ciências físicas. Uma pedra cai no chão. Alguém quer descobrir por quê. Outro introduz a força de gravitação que a Terra exerce sobre a pedra. É uma explicação? Sim, poderíamos dizer, porque agora não temos apenas a pedra caindo, mas também outra coisa – a força que a Terra exerce sobre a pedra. Temos uma conexão real entre a pedra e a força – e, com essa conexão, a explicação desejada.

Até aqui, tudo bem. Agora vejamos o que disse Berkeley. Reagindo à explicação (e à teoria de Newton sobre a gravitação em geral), ele perguntou: "O que você quer dizer quando fala da força de gravitação? Qual o valor real dessa afirmação? Seu valor prático é apenas que as pedras caem; os planetas giram em torno do Sol, etc. Assim, a gravitação é um *compêndio* de muitos eventos, entre eles a pedra que cai; não é uma entidade nova".[115] Ora, se interpretarmos a gravitação como um compêndio de muitos eventos, deduzir a pedra que cai a partir da lei da gravitação não é uma explicação: estamos apenas usando um elemento do compêndio.

Por isso, tudo depende do que pensamos sobre os termos por meio dos quais nós explicamos. Se pensamos que eles designam processos reais, podemos dizer: "Fizemos uma descoberta, portanto explicamos". Se os consideramos compêndios, então estamos apenas descrevendo. Em todo caso, o termo "explicação" tem muitos significados, e esse é só um deles – um que, aliás, foi proposto há uns 40 anos na filosofia da ciência.

P: *Gostaria que você explicasse o subtítulo de sua obra* Contra o método. *Você escreveu que se trata de um livro "anarquista" e, sobretudo, de um ponto de vista "dadaísta".*[116]

R: É tudo uma brincadeira. Veja só, o subtítulo diz: "Esboço de uma teoria anárquica do conhecimento". Mas o que é anarquismo? Desordem. O que é teoria? Ordem. Combinar os dois termos é um artifício dadaísta voltado para aqueles anarquistas que querem ser anarquistas e ao mesmo tempo possuir uma teoria – ou seja, uma tarefa impossível. Um anarquista italiano me escreveu certa vez solicitando que eu contribuísse para uma coletânea de artigos sobre o anarquismo. Respondi com uma carta um tanto jocosa. Ele publicou a carta, mas a reduziu a um parágrafo de comemoração entusiasmada. Ora, se é isso que o anarquismo faz, então *bye-bye* ao anarquismo! E existe uma segunda razão para o subtítulo: estou convencido de que, ao serem confrontados com a história da ciência em todo seu esplendor, os filósofos da ciência que acreditam na lei da razão ficariam tão chocados que diriam que a ciência é pura anarquia.

P: [Sergio Benvenuto] *Gostaria de fazer uma pequena defesa da filosofia, especialmente a de Platão, contra os ataques de Feyerabend. Ontem você disse que a tragédia na Grécia antiga era essencialmente uma magnífica síntese entre diferentes formas de vida, e que depois de Platão essa síntese se desfez. É claro, você cita o ataque de Platão em* A República *contra a tragédia, etc. Mas depois de Platão também teve Aristóteles, o primeiro verdadeiro teórico sobre a tragédia. Mas mesmo a atitude de Platão em relação à tragédia é muito ambígua e complexa. Estou atualmente lendo* O banquete *e, no fim, quando todos os convidados adormecem de tão bêbados, apenas três personagens continuam lúcidos: Sócrates, Agatão, um tragediógrafo, e Aristófanes, um comediógrafo. Sócrates então tenta mostrar para os dois que o verdadeiro escritor, o verdadeiro autor, deveria ser capaz de escrever tanto tragédias quanto comédias.*[117] *Acho que essa é uma chave para entendermos* O banquete *e a própria filosofia de Platão, ou seja, seu conceito de filosofia como um empreendimento tragicômico.*

Você destacou o final feliz da Oréstia; por outro lado, a tragédia de Sófocles é muito sombria. Talvez a cisão que você critica na filosofia tenha se produzido na tragédia. E talvez, desde Platão, a filosofia tenha tentado se rebelar contra essa cisão, porque a tragédia já não era mais capaz de unificar, numa síntese, os diferentes aspectos da vida. Talvez a verdadeira utopia da filosofia fosse reconstruir a unidade das diferentes formas de vida – bem, belo e verdade. Talvez o que a filosofia esteja tentando fazer depois do fracasso da tragédia é continuar essa tentativa de unificar o mundo e a vida humana.

R: É verdade, eu disse que Platão tinha uma atitude bastante negativa em relação à tragédia, mas acrescentei "no livro X de *A República*", não de maneira geral. Platão não se resume a apenas um livro. Ele muda constantemente, e é interessante pensar no contexto em que ele critica a tragédia.

No livro VIII ele menciona a aritmética, a geometria, a música e a astronomia. Todas essas disciplinas têm um lado prático e, com exceção da astronomia, também um lado teórico, ou seja, um lado que lida com a realidade. Ele espera que futuros estudos descubram esse lado teórico também na astronomia. Ora, no livro X Platão fala sobre outro grupo de disciplinas que, segundo ele, são completamente inúteis – nesse livro específico, não nos outros diálogos –, porque não podem ser suplementadas por uma parte teórica e porque são enganadoras. No fim da crítica, ele diz uma coisa muito interessante: "Contudo, tendo nós mesmos sido encantados pela musa trágica (alguns dizem que Platão escreveu uma tragédia quando jovem e depois a destruiu), convidamos aqueles que a estimam a defendê-la, em verso ou em prosa, e dessa maneira mostrar seus méritos".[118] Ele está dizendo que a palavra definitiva ainda não foi dada. Coube a Aristóteles defendê-la.

A própria tragédia não era apenas uma coisa, mas muitas. Mencionei Ésquilo, que, em certo sentido, é um racionalista democrático. Também mencionei Sófocles, que é totalmente diferente. Em Ésquilo, os seres humanos conseguem resolver seus problemas com a ajuda dos deuses. Em Sófocles isso é impossível, porque o mundo é inerentemente contraditório; ele tem o que poderíamos chamar de uma "dimensão trágica".

No *Eutífron*, que é um dos primeiros diálogos de Platão, o filósofo critica essa concepção com a seguinte questão: "Bem e mal são decididos pelos deuses? Ou os deuses decidem o que é bem e mal considerando a ideia do bem?".[119] Platão diz que os deuses consideram a ideia de bem, e por isso não pode haver uma contradição trágica. Por implicação, acredito, ele critica Sófocles por dar a entender que os conflitos trágicos são inerentes à natureza das coisas e possivelmente não podem ser eliminados. Por isso Platão quer que a tragédia seja substituída por uma ideia de bem e mal que permita se afastar do que é mal e que não carregue consigo esse conflito trágico. Pelo menos nesse diálogo, é essa a tarefa da filosofia. Quem devemos seguir – Sófocles ou Platão?

Eu diria que a decisão cabe a quem esteja considerando a questão. De um lado temos a antiga tragédia, que contém ambas as possibilidades. De outro, temos uma concepção de vida mais restrita e menos complexa, proposta não ao público geral das tragédias, mas a uma pequena elite de filósofos.

Ora, a filosofia tinha pouco efeito sobre os cidadãos de Atenas; o que os afetava era Sócrates parado nas esquinas importunando a todos – para eles, aquilo era um filósofo. As pessoas sabiam que Platão existia, mas suas ideias só eram bem conhecidas por uma pequena elite. Portanto a solução, se é que existe uma, é reservada às elites, enquanto as pessoas em geral ficavam à margem de tudo isso.

Isso representou um progresso? A tragédia apresentava uma concepção mais rica da vida do que apresentava a filosofia, tal como defendida por Platão. Essa concepção mais rica era acessível para mais pessoas – para toda a população, na verdade –, e elas conseguiam compreendê-la. Filosofia? Em comparação com a tragédia, a filosofia se mostra totalmente árida e elitista, incluindo a filosofia do divino Platão.

Vou concluir com um episódio relatado por Aristóteles. Platão passava a maior parte do tempo na Academia, mas uma vez deu uma aula pública sobre o Bem. Muitos atenienses compareceram, acreditando que poderiam aprender a melhorar o casamento, a cuidar melhor da família – e assim por diante. Mas Platão falou sobre a unidade, a divisão da unidade ou a incomensurabilidade da divisão com a unidade, etc. Depois de cinco minutos não havia mais ninguém exceto seus alunos.[120] Platão não era um filósofo popular. E, notem, isso não teria acontecido com a tragédia.

P: *Quero apenas fazer um breve comentário sobre a física teórica moderna. Talvez eu tenha entendido errado o que você disse, mas me parece que a ideia de que as leis físicas são leis invariáveis e universais não é um a priori da física teórica moderna. Milhares de físicos ficariam felizes se encontrassem fatos ou eventos que são mais bem explicados supondo uma violação dessas leis invariáveis e universais.*

F: Sim, essa ideia de que as leis básicas não podem conter nenhum parâmetro espaçotemporal não é universalmente aceita, mas é uma ideia bastante popular! Quando há a violação de uma simetria, a maioria dos físicos busca por uma simetria mais geral que inclua a primeira como um caso especial. Por que a mecânica clássica era tão popular? Porque parecia possível explicar todos os efeitos com a ajuda dela. Por que ela foi substituída pela relatividade restrita? Porque ninguém se contentava em apenas acrescentar efeitos especiais a ela.

P: *Sim, mas se trata de um pressuposto porque ele basta para explicar os fatos. Quando se tem fatos não explicados por esse pressuposto, os físicos estão prontos para modificá-lo e ficarão felizes em fazê-lo. Quando temos fatos, eventos, que exigem uma modificação nas leis, os estudiosos não procuram por algo melhor – não se trata de um* a priori.

R: Você está dizendo que eles devem substituir suas leis por outras que não sejam invariáveis em relação ao tempo?

P: *Não importa. Qualquer evento que introduzisse uma evolução na física teórica moderna seria bem-vindo...*

[Grazia Borrini-Feyerabend] *Gostaria de fazer uma intervenção como profissional da física. Trabalhei com física durante algum tempo e posso dizer que nada do que eu fazia estava aberto a modificar as leis. O que eu fazia consistia em coletar alguns dados e tentar ajustá-los a leis já conhecidas. E às vezes, se por acaso o jantar não me caísse bem, acordava na manhã seguinte pensando que todas as leis eram um lixo, mas esse tipo de pensamento não fazia parte do meu trabalho diário. Para mim, a ideia de ajustar dados a leis que já existem guia a ação da maior parte dos cientistas modernos.*

R: Existem leis que contêm um parâmetro temporal, ou um parâmetro espacial, ou os dois, mas dificilmente os cientistas as considerariam leis fundamentais. Admito que se trata de um preconceito – por que não deveríamos todos estar envolvidos num processo grandioso que não é o resultado das descobertas de leis independentes do espaço-tempo? É um preconceito muito antigo que, como disse, remonta ao argumento de Parmênides de que o Ser é, o não-Ser não é, e que a mudança, que seria uma transição do Ser ao não-Ser, não existe. Alguns cientistas sugeriram inserir um parâmetro temporal; se me lembro corretamente, Dirac foi um deles. Mas suas ideias nunca se tornaram muito populares.

As pessoas esperam encontrar violações às leis fundamentais porque "isso é progresso", não porque gostam de leis que contêm parâmetros, mas porque as violações podem dar a direção a leis fundamentais melhores e mais gerais. Naturalmente, há teoria e fenomenologia na física das partículas elementares. A fenomenologia é estudada por sujeitos que se dedicam a distribuir dados em gráficos curvilíneos. Estão satisfeitos com o que obtém nesse nível, assim como os físicos experimentais se contentam em descobrir uma maneira apropriada de produzir resultados específicos. O fato é que muitos cientistas experimentais desconfiam da teoria; pensam que eles, e não os teóricos, estão em contato com a realidade. Mas então os teóricos tentam descobrir uma fórmula geral que forneça tanto as curvas quanto os resultados. Com bastante frequência, os fenomenologistas abandonam seus "dados brutos" e os substituem por dados sugeridos pela curva. Isso pode gerar problemas para os cientistas que tentam uma nova abordagem e são criticados porque ela não parece corresponder "aos fatos", ou seja, aos fatos sugeridos pela curva. Feynman relata um exemplo interessante disso. Também existe um tipo de hierarquização dos cientistas. Isso é muito interessante, porque reflete algumas atitudes muito antigas: no topo estão os teóricos, depois vêm os fenomenologistas (ou os que trabalham com ajuste de curvas) e, embaixo, os que descobrem fatos. Nem todos aceitam essa hierarquização – mas ela é bastante popular. Os teóricos são mais bem pagos e respeitados; os não cientistas postam imagens de Einstein ou Bohr na parede de seus escritórios e até de casa – dificilmente usam Michelson como ícone. Há cerca de um ano, um rapaz me escreveu dizendo que, para ele, os teóricos têm até mais *sex appeal* do que os experimentadores que lidam com a matéria bruta. A mesma situação existia há muito tempo – os artesãos fabricavam muitas coisas úteis, mas os filósofos negavam que tivessem "conhecimento".

P: *Você diria que, hoje em dia, a concepção predominante entre os cientistas é que na verdade eles lidam efetivamente com a realidade? Para mim, essa é a visão dos leigos, não dos cientistas.*

R: Então, como eu disse, há cientistas e cientistas. Há aqueles que lidam com uma teoria fundamental que supostamente deve ser aplicada a tudo e aqueles que lidam com leis restritas: por exemplo, o que acontece com as partículas elementares sob condições muito restritas.

Há também os cientistas que só trabalham com sistema de ajuste de curvas. Depois de obter alguns resultados, [os cientistas] buscam encontrar a curva que os relaciona melhor. Se você perguntar se eles acham que estão lidando com a realidade, alguns vão dizer: "Me deixe em paz, não tenho nada a ver com isso! Consegui alguns números e estou tentando relacioná-los". Outros podem dizer que não têm uma opinião clara. Em suma, há opiniões diferentes.

Alguns dos cientistas que inventaram a teoria quântica foram obrigados a tratar de questões da realidade por causa dos paradoxos com os quais se depararam.[121] De certo modo, os paradoxos eram semelhantes àqueles de um realismo ingênuo que diz que o que percebemos também existe. Force os olhos até ficar estrábico e o mundo lhe parecerá duplicado. Ele realmente se duplicou? Certamente não. Por isso, precisamos ser mais cautelosos. Como? Ora, refletindo um pouco mais. Da mesma maneira, os paradoxos da mecânica quântica exigem uma reflexão sobre a ideia do que é real e do que não é.

Portanto, cientistas possuem distintas opiniões *oficiais* acerca da "realidade". Além disso, eles têm suas próprias filosofias particulares, que muitas vezes escondem dos colegas por medo de serem ridicularizados. Há uma importante escola dentro da ciência que diz que se chegarmos a leis fundamentais, não poderemos mais falar de uma realidade que seja independente do observador. Para o senso comum e para as ciências que tratam dos fenômenos macroscópicos, a realidade científica é algo que existe independentemente do que os seres humanos fazem. Os seres humanos são como alienígenas que chegam num mundo que já existia muito antes de eles existirem; eles examinam esse mundo sem perturbá-lo e descobrem suas propriedades. Hoje muitos cientistas dizem que essa concepção não está de acordo com determinadas leis fundamentais. De onde ela veio?

Uma das fontes pode ter sido o livro de *Gênesis*. De acordo com o *Gênesis*, Deus criou primeiro o Céu e a Terra, depois uma série de outras coisas e, por fim, os seres humanos. Deus soprou o espírito da vida nos seres humanos, o que os tornou estranhos, porque agora tinham um elemento que faltava no mundo criado.

As ações dos seres humanos têm efeito sobre o mundo? Certamente sim. Pensem na camada de ozônio. Os Estados Unidos, todo o continente americano foi bastante modificado desde a invasão pelos europeus: mudou o leito dos rios, o clima, a qualidade das águas, espécies inteiras desapareceram, temos blocos de concreto em todos os lugares, etc.

Os realistas dizem que o que vemos e as regularidades que descobrimos não são a realidade, porque a realidade é mais profunda do que o que vemos. Lembram do que eu disse sobre Parmênides? Parmênides sustentava que existe uma realidade imutável e que nossa vida, erigida sobre a mudança, é uma ilusão. Então, o fato de haver um monte de mudanças acontecendo como resultado da presença dos seres humanos indica, para quem acredita em fatos e leis objetivos imutáveis, que esses fatos e leis objetivos imutáveis devem ser bem diferentes do que percebemos diretamente, ou seja, devem ser muito diferentes da vida real dos seres humanos normais.

Os materialistas, por outro lado, pensam que o observador faz parte do mundo, que as interações entre o observador e seu ambiente fazem parte do mundo e que ambos obedecem a leis fundamentais imutáveis. Portanto, não é mais tão fácil separar os seres humanos do resto do mundo. Onde situamos a fronteira entre os dois? Se supomos que há uma alma imortal e uma capacidade perceptiva especial, é outra coisa. Mas se presumimos que o interior e o exterior são a mesma coisa, onde traçamos o limite?

P: *Na conferência anterior você falou sobre a revolução cultural produzida pelos primeiros filósofos, que perturbaram com a concepção de um mundo harmônico expressa nos poemas épicos e na tragédia de Ésquilo. O que podemos pensar dessa revolução? Ela foi positiva ou não? Se dizemos que não foi boa, como ela mesma parece sugerir, teremos então de procurar uma maneira de recuperar algo que se perdeu, essa harmonia entre os vários aspectos da nossa vida. Parece-me que ela exclui a possibilidade de a filosofia ser útil, pelo menos na medida em que a filosofia se compromete a promover a unidade baseada apenas na Razão, em detrimento de outros aspectos da vida e das atividades humanas, como emoções, sentimentos, experiência, etc. Na minha opinião, o pensamento filosófico também pode nos dar soluções positivas.*

Mais um esclarecimento: para você, qual seria o papel apropriado da ciência na sociedade moderna?

R: Para começar, eu não diria que a crítica que Platão faz da tragédia e o apelo dos filósofos a princípios unificadores são coisas ruins. A crítica de Platão conduziu ao esplêndido ensaio de Aristóteles, e como tudo que é esplêndido, tem efeitos bons e também ruins.

No que concerne à separação entre ciência e filosofia, bom, os domínios *estão* separados um do outro já há algum tempo.

Os antigos artesãos gregos sabiam coisas que outros cidadãos não sabiam – por exemplo, como construir casas, fazer joias, curar. Especialistas desse tipo são encontrados em todas as culturas de todas as épocas. Existiam no antigo Egito, na Babilônia, na China. A questão é: qual era a posição social desses grupos?

Na Grécia, muitos artesãos eram escravos. Nem todos se importavam em ser escravos. Ao contrário dos homens livres, eles não tinham de ir para a guerra. Aristófanes fala de guerreiros cansados que voltam da guerra e encontram escravos ricos e felizes, exibindo suas riquezas em público.

Ésquilo e Aristófanes não eram escravos; no entanto, eram diferentes dos cidadãos comuns por causa do seu talento especial para escrever peças de teatro: nesse aspecto, estavam separados das outras pessoas. Para Platão, contudo, eles não eram apenas inúteis, eram também perigosos – ele queria expulsá-los de sua sociedade perfeita. O problema é: qual a melhor maneira de integrar pessoas especiais, como artesãos ou dramaturgos, na sociedade? Aplicando o problema aos Estados modernos, qual a melhor maneira de lidar com os cientistas?

Não creio que podemos resolver esse problema de uma vez por todas. Hoje temos algo chamado liberdade acadêmica. A pesquisa e o ensino dos professores devem ser julgados por seus pares, não por poderes externos. Muitos intelectuais consideram a liberdade acadêmica um direito fundamental e um mandamento sagrado que deve ser obedecido pelo resto da sociedade. Mas é uma tolice assumir essa postura. Esse assim chamado "direito" surgiu em circunstâncias históricas particulares, quando alguns príncipes queriam proteger os cientistas da Igreja. A Igreja, na época, controlava grande parte da vida intelectual, e era importante ter um contrapeso. Hoje a situação se inverteu: precisamos de uma força que contrabalanceie o poder da ciência. Além disso, príncipes saíram de moda, as Igrejas, pelo menos nos países ocidentais, têm apenas uma fração do poder que costumavam ter, e as monarquias foram substituídas por democracias e repúblicas. Uma democracia confia questões importantes ao povo ou a seus representantes eleitos. A educação é uma questão importante; o modo como é gasto todo o imposto recolhido, também. Hoje a liberdade acadêmica está tão deslocada na sociedade quanto a doutrina da Imaculada Concepção em uma aula de biologia. Os cientistas ou são funcionários públicos – como nas universidades públicas – ou empregados privados. No primeiro caso, têm uma obrigação primeiro com o Estado, só depois com suas manias particulares. No segundo caso, precisam se adaptar aos programas, às tendências e às modas da indústria em que trabalham. Podem conseguir pessoas que aceitem suas ideias, mas não podem partir do pressuposto de que serão ouvidos só porque conseguem encher um quadro-negro com símbolos estranhos.

Podem ter suas próprias ideias sobre verdade e método e se convencer fortemente em relação a elas; depois escrever livros sobre o assunto e dissertar sobre ele pelas esquinas – afinal, estamos num país livre, como dizem alguns (o que considero otimista demais, diga-se de passagem). Mas seria estúpido permitir que enfiassem essas ideias na cabeça dos jovens, desconsiderando as demais, e seria outra tolice fazer prevalecer as ideias que eles propõem em detrimento de todas as outras, quando se trata de resolver questões complexas.

Até agora falei do papel de pessoas especiais na sociedade. Sobre se devem ser privilegiadas, tratadas como todas as outras e o que deve ser feito com suas invenções. Outro problema é como suas *ideias* devem ser relacionadas com o resto. Por exemplo, qual deve ser a relação entre ciência e religião? Mais uma vez, respondo que essa decisão precisa ser tomada caso a caso e não pode ser definitiva de uma vez por todas. Além disso, os fabricantes de ideias estão trabalhando nesse problema desde tempos imemoriais. Por isso, minha sugestão seria apenas mais uma entre muitas, e não tenho certeza de que seria nova. O que vocês podem fazer é examinar o que já foi feito, da maneira como acharem mais confortável ou compensadora, e depois tirar suas próprias conclusões.

P: *Hoje temos a prova de que a raiz quadrada de 2 é um número irracional. Provar que a raiz quadrada de 2 é um número irracional pressupõe que a raiz quadrada de 2 não pode ser explicada como uma relação entre números inteiros. Vamos supor que a e b sejam dois números inteiros, então provamos que isso leva a um absurdo. Como conclusão, a raiz quadrada de 2 é um número irracional. Qual o problema nisso?*

R: Naturalmente, hoje não há nenhum problema. Hoje conhecemos números inteiros, as frações, os números irracionais, transcendentes, transfinitos, etc. Quando a prova foi sugerida pela primeira vez, tudo o que se conhecia eram os números inteiros. E os números inteiros eram considerados a essência das coisas, pelo menos de todas as coisas racionais. Nesse sentido, a diagonal de um quadrado, que parecia ser uma questão certamente racional, não poderia mais ser representada por um número inteiro quando comparada ao lado do quadrado. Dado o contexto da época, isso significava que a diagonal não poderia ser representada por quaisquer números. Quem acreditava que tudo podia ser representado por números se viu diante de um sério problema, solucionado pela extensão do conceito de número. Mas essa era uma questão difícil – recordemos que a primeira definição de números irracionais a satisfazer os matemáticos modernos foi elaborada por Dedekind, no século XIX.

Vamos tratar um pouco mais desses pensadores antigos e retroceder ainda mais, agora até Homero. Trata-se de um campo minado, uma vez que há muitas questões ainda em aberto. Vou começar com algo que parece mais ou menos seguro, pelo menos para mim, que não estudei a literatura especializada, que só aumenta de semana a semana.

Quase todos os conceitos usados nas epopeias são agregados: caracterizam uma coisa, uma virtude ou uma situação enumerando algumas de suas principais características. A honra de uma pessoa, por exemplo, é constituída por sua posição no conselho e na guerra, por seus feitos durante a batalha, pelos louros da vitória ao término da batalha, e assim por diante. A passagem da qual quero falar é um discurso de Aquiles.[122] Agamêmnon se apoderou de parte de seus espólios e Aquiles abandonou a batalha colérico. Alguns gregos, comandados por Odisseu, dizem-lhe que as ofensas sofridas foram reparadas e que ele devia voltar ao combate. Os erros de fato haviam sido reparados, conforme a concepção vigente – todos os itens da lista "honra" foram satisfeitos. Mesmo assim, Aquiles hesita, e explica sua hesitação em um longo discurso, no qual introduz uma distinção entre a lista e a "verdadeira honra". De certo modo, isso faz tão pouco sentido quanto a distinção entre uma cerimônia de casamento e um "verdadeiro casamento". Se levado a sério, o discurso de Aquiles representa uma ruptura entre o que as pessoas pensam e fazem e uma "realidade" que segue por conta própria. As pessoas boas devem sofrer, as "más" devem ser recompensadas – não de vez em quando, mas por causa da forma como o mundo é construído: o universo de Sófocles já se anuncia. Mas como Aquiles teve essa ideia? Seus visitantes estão confusos, eles não o entendem; estudiosos que escreveram milênios depois comentam sobre a "incomensurabilidade" entre essa ideia e a tradição,[123] e o tempo todo permanece o enigma: como Aquiles pôde abandonar a linguagem e ao mesmo tempo permanecer dentro dela? Será que se mostrava incapaz de articular um discurso sensato? Estaria apenas balbuciando? Se sim, o que seria necessário para dar sentido a esse balbucio, que só faria sentido algumas gerações depois? Na verdade, depois de algumas gerações passou a ser natural supor que o domínio da ação humana e do conhecimento humano não é o único existente; que existe uma "realidade mais profunda", uma realidade oculta que pode ser descoberta por alguns indivíduos dotados de inteligência, enquanto todos os outros devem segui-los. Essa concepção se tornou bastante popular com Platão e continua sendo amplamente em nossos dias; então se Aquiles, ao fazer tal distinção, abandonou a linguagem e tornou-se um "balbuciante", de que modo a distinção posteriormente se tornou fundamental? Essa é, acredito, uma questão muito importante que, a meu ver, está intimamente ligada ao advento primeiro da "racionalidade" e, em seguida, da ciência. Qual é a resposta?

Minha resposta é que os conceitos da linguagem são *ambíguos*: pode-se modificá-los de modo a violar regras linguísticas básicas (presumindo que essas regras sejam estáveis e precisamente definidas) sem que seja preciso parar de falar, explicar e argumentar. Pode acontecer que o discurso de uma pessoa pareça, à primeira vista, um contrassenso e que, posteriormente, essa mesma pessoa seja louvada por ter descoberto algo totalmente novo e profundo. A física está lotada de eventos desse gênero. A teoria quântica de Planck incluía a equação $E = h/T$, sendo E a energia de uma partícula, ou seja, de uma entidade localizada, e $1/T$ a frequência de um processo ondulatório que, no caso de uma energia bem-definida, seria infinitamente longa. "Estamos todos atônitos com essa situação", escreveu Wolfgang Pauli, um dos físicos mais críticos e inventivos de seu tempo. Em termos formais, a equação foi bastante útil: conduzia a predições corretas. Mas o que isso significava?

Hoje, mesmo com a mecânica quântica tão avançada, a pergunta ainda continua sendo feita. Permanece sendo útil; também existe uma interpretação que é aceita por muitos cientistas. Ela não é aceita por todos e tem seus problemas, o que significa que o problema do significado da equação ainda não foi resolvido. Mas será que foi resolvido para algum conceito? Por exemplo, para o conceito de amor? Existe alguma definição de amor, ou um poema ou ensaio sociológico, que "esclareça totalmente" o amor? Será que essa clareza seria desejável? Seria desejável saber ou pensar que sabemos tudo sobre o amor? Isso não significaria que a questão do amor está solucionada de uma vez por todas e que não há mais qualquer necessidade de ser explorada? E a virtude? Essa noção tem, certamente, uma função instrumental – ela serve para dar substância às leis, as quais, de fato, não são claras, mas por certo são mais claras do que efusões filosóficas sobre a virtude. Mas a lei e a virtude se influenciam reciprocamente, e tanto uma como a outra podem mudar. A conclusão a que chego com todas essas considerações é que a linguagem é ambígua, que é bom que seja ambígua e que qualquer tentativa de fixá-la com significados precisos representaria o fim do pensamento, do amor, da ação – em suma, da vida. O fato de alguns cientistas acharem que definiram as coisas com precisão, enquanto continuam surgindo descobertas revolucionárias; e o fato de os estudantes de ciências passarem por um treinamento para serem precisos em um sentido muito rígido, sendo que depois precisam enfrentar a ambiguidade, apenas evidenciam até que ponto estamos dominados pela ideologia e como prestamos pouca atenção nos princípios que estamos sempre dispostos a explicar e defender. Somos enganados pela ideologia e, de nossa parte, a enganamos. Deixemos que um filósofo desvende *esse* enigma!

Voltando, então, a Aquiles. Usando a ambiguidade da linguagem, Aquiles introduziu um novo aspecto da virtude. Não podemos dizer que ele "revelou" esse aspecto, pois isso pressupõe que o aspecto já existia e significa que o significado mais antigo do ambíguo fenômeno chamado "virtude" teria de desaparecer para sempre. Mas ele não desapareceu! Foi mantido vivo pelos sofistas, pelas pessoas comuns, pelos cantores homéricos posteriores, e continua vivo hoje graças aos relativistas éticos. De onde Aquiles tirou essa ideia? Não de sua criatividade. Grandes dualismos do tipo introduzido por ele, de modo tão insensato, já existiam – entre deuses e humanos e entre suas respectivas ações, ideias e atitudes. A ideia de que os deuses podiam influenciar no destino da maneira sugerida por Aquiles não era tão disparatada, e bastava um temperamento irascível – o que Aquiles tinha – e algumas adversidades para que Aquiles chegasse a essa conclusão. Tenham em mente essa história de Aquiles – e o que ela sugere sobre a ambiguidade da linguagem e de todos os fenômenos – quando alguém lhes disser que a ciência, de maneira inequívoca e indubitável, estabeleceu que........ – e aqui vocês podem inserir qualquer coisa que os entusiastas da ciência quiserem despejar em cima de vocês.

P: *Gostaria de comentar um caso concreto, importante para as ciências sociais: a teoria de Von Neumann-Morgenstern, a teoria sobre a tomada de decisão em situações de incerteza. Essa teoria está baseada em uma estrutura axiomática, com um conjunto de axiomas e de regras (de coerência, transitividade, etc.). A partir dos axiomas deriva-se uma função de utilidade, que leva em consideração determinadas incertezas. A teoria diz que, dadas determinadas condições e circunstâncias, as pessoas tomam suas decisões comportando-se de modo a otimizar a função de utilidade. Essa teoria entra em conflito com resultados práticos, há muitas violações e problemas. Então pergunto: o que devemos fazer com uma teoria que, por um lado, parece muito interessante e importante e, por outro, não corresponde aos fatos? Temos quatro opções: 1) procurar outra teoria; 2) refinar a função de utilidade; 3) modificar o conjunto de axiomas da teoria; 4) considerar a teoria como válida apenas em determinadas circunstâncias. O que fazer quando temos diante de nós essa variedade de opções?*

R: Minha sugestão para proliferar e fazer uso de diferentes pontos de vista, teorias e metodologias não se direcionava aos cientistas. Os cientistas têm seu modo próprio de proceder. Em alguns dos meus primeiros escritos, quis interferir na atividade deles e disse: "Vocês só vão fazer descobertas quando proliferarem seus pontos de vista".[124] Hoje eu diria que a única interferência que conta é a interferência das pessoas diretamente envolvidas. Por quê? Porque elas conhecem os detalhes, inclusive aqueles que não estão escritos em lugar nenhum, mas que residem na experiência. Então, no seu caso, eu diria: "Faça o que você achar melhor".

É diferente quando falamos sobre a educação geral. Nesse caso, os estudantes deveriam ser informados sobre tudo que acontece na sociedade e no mundo, não só sobre as tendências dominantes. Eles precisam saber que há alternativas, que elas não são populares, que não ficarão ricos as defendendo, que elas têm algumas vantagens, etc. Agora, para o grupo específico de cientistas que enfrentam os problemas que você descreveu, digo que precisaria primeiro fazer parte desse grupo antes de abrir a boca. Seria presunçoso de minha parte fazer quaisquer sugestões estando de fora. Uma pessoa do grupo pode propor preservar uma determinada abordagem apesar das suas dificuldades e de sua aparente inutilidade, porque acredita que pode obter algum resultado por meio de pequenas modificações. Depois, ela pode encontrar apoiadores. E quem sabe o que poderia acontecer quando muitas pessoas começarem a trabalhar de acordo com essa abordagem? É claro, quem sabe o que poderia acontecer se seguirmos na direção oposta? Alguns cientistas pedem ajuda aos colegas especialistas, por exemplo, um metodologista ou um filósofo da ciência. Não há problema nisso, pois, nesse caso, temos um cientista para filtrar através da própria experiência o que for proposto. Mas seria um erro se um cientista se deixasse guiar por um metodologista apenas porque se presume que seja um especialista, sem qualquer contato direto com ele.

P: *Isso nos leva ao problema da má formação acadêmica daqueles que participam de um grupo de pesquisa: como podemos melhorar essa situação?*

F: Exato, o problema reside na péssima formação acadêmica. Penso que se a bagagem cultural acadêmica fosse um pouco mais variada, talvez as pessoas conhecessem um pouco mais de outras áreas e não seriam tão monolíticas. E com isso não quero dizer que elas devam acrescentar as frases feitas de outras disciplinas às suas. Quero dizer que elas podem chegar a um tipo de síntese. Pensemos na filosofia. Eu veria com bons olhos se os cientistas fossem mais filósofos – de modo que não levassem as regras da própria disciplina tão terrivelmente sério, mas pudessem mostrar que possuem algum tipo de perspectiva. Muitos cientistas já estão fazendo isso, mas muitos outros ainda consideram determinadas realizações como se fossem fruto de uma inspiração divina. O que foi conquistado na filosofia deveria se tornar parte do conhecimento tácito das ciências, não uma informação agregada de fora.

P: [Sergio Benvenuto] *Tenho a impressão de que muitas vezes as pessoas não compreendem quais são os reais interesses de Paul Feyerabend. Muita gente parece pensar que você é um epistemólogo, mas, na minha opinião, esse insulto é indevido. Não é isso que o preocupa.*

A epistemologia, no curso do nosso século, tem sido identificada essencialmente com duas abordagens. A primeira lida com a origem e o real fundamento do conhecimento, o que inclui o empirismo e outras escolas que interrogam se o conhecimento é baseado na experiência ou na razão, na indução ou na dedução, e assim por diante. De acordo com a segunda abordagem, que se aproxima do estilo popperiano, a tarefa da filosofia da ciência consiste simplesmente em oferecer, em impor um método. Acredito que o seu verdadeiro interesse não consista nessas coisas. Talvez você não seja totalmente contra ambas as abordagens, mas, de todo modo, não é disso que se ocupa.

Acredito que, ao longo dessas conferências, você tenha nos mostrado que sua preocupação é explorar a estranha ligação entre o conhecimento teórico, a razão teórica e o conhecimento empírico, concreto. Não acredito que sua preocupação seja apenas mostrar qual é o real fundamento do conhecimento nem quais são os métodos corretos para obter o conhecimento científico.

Meu trabalho consiste essencialmente numa reflexão sobre as ciências sociais e humanas, e acredito que sua investigação sobre a estranha ligação entre o conhecimento prático e concreto e as teorias ou metateorias seja muito problemática nas ciências sociais; e fico muito contente que o mesmo problema possa emergir nas ciências "duras". Costumamos nos chocar quando analisamos, por exemplo, a prática de um psicólogo clínico, de um psiquiatra ou de um político, porque há sempre um tipo de ilusão compartilhada de que, se um político ou clínico obtém bons resultados, é porque a teoria era correta e mesmo verdadeira. Até que uma análise detalhada nos mostra que não existe ligação entre as duas coisas. Por exemplo, temos certeza de que em 1917 Lênin venceu a Revolução porque estava em posse da teoria adequada sobre a Revolução? É claro, ele era um filósofo marxista muito importante, mas as reconstruções históricas de hoje nos fornecem detalhes mais precisos: talvez Lênin tenha vencido por acaso ou por algum tipo de graça.

Acredito que o verdadeiro ensinamento de Feyerabend seja nos advertir a não presumirmos ser possível deduzir uma prática científica a partir de uma teoria, de uma visão de mundo. Não deveríamos atribuir nosso sucesso à adoção de uma boa teoria, mas a nós mesmos. Pergunto-me se você concorda com a reconstrução que fiz do seu real interesse.

R: Bom, como você colocou o problema dessa forma, vou dizer algumas coisas. Em muitos campos (não só no campo do conhecimento), temos, de um lado, pessoas que se envolvem com a prática e, de outro, pessoas que tentam fornecer uma visão de conjunto de todo o domínio. Tomemos o Direito como exemplo. Durante muito tempo, as pessoas julgaram crimes de acordo com uma lei comum, que resultava de modos tradicionais de lidar com uma grande variedade de "crimes". A lei comum se desenvolveu historicamente, caso a caso, até que em determinado momento havia muitos tipos de diferentes de prescrições que podiam ser memorizados, ou colocados numa lista.

Já em Homero encontramos exemplos de leis comuns. O escudo de Aquiles, no qual está esculpida uma representação de todo o universo, também exibe um tribunal – 12 anciãos sentados para um julgamento, para os quais são apresentados e explicados os casos a serem julgados.[125] Os 12 homens viveram muito tempo, lembram-se de uma grande variedade de casos e de como foram resolvidos; desse modo, julgam o novo caso com base na memória dos casos passados, levando em conta semelhanças e diferenças. Isso é o que chamamos de direito comum ou consuetudinário (ou, mais tecnicamente, jurisprudência).

Mas sempre havia aqueles que, não contentes com meras listas, tentavam unificá-las com leis mais gerais e universalmente válidas ou mesmo substituí-las por essas leis – leis que não variavam de caso a caso nem de acordo com a memória e a intuição de alguns idosos. É fácil ver que tais leis gerais serão mais tirânicas e menos adaptadas a casos individuais do que as leis baseadas na totalidade das decisões jurídicas acerca de casos particulares.

Em outras áreas a situação é exatamente a mesma. O teatro, por exemplo. Aqui temos uma prática teatral – Ésquilo, Eurípides, Sófocles, por exemplo –, e temos Aristóteles, que elaborou uma definição geral da tragédia. A definição de Aristóteles é interessante, mas não corresponde à prática dos autores gregos, e é muito menos rica. Por exemplo, se seguíssemos Aristóteles, não poderíamos ter discussões como aquelas entre Apolo, Orestes e as Fúrias na terceira parte da *Oréstia*.

Na pintura, durante muito tempo e até o século XV, os pintores aprendiam sua arte em oficinas, onde os alunos primeiro aprendiam a preparar painéis de madeira ou a base para um afresco, a misturar cores, vernizes e esmaltes, a fazer desenhos simples e a colorir os rascunhos dos mestres. Tudo isso está explicado no livro de Cennino Cennini.[126] Até que, bruscamente, alguém descobriu a perspectiva! A perspectiva forneceu uma descrição geral da estrutura da pintura, e um dos primeiros textos sobre ela foi escrito por Leon Battista Alberti.[127] Alberti define a pintura como a intersecção dos raios que vão do objeto ao olho humano; então há esse feixe de raios, o objeto na tela, o olho e a intersecção.[128] Trata-se de uma definição puramente matemática. Para pintar, o pintor precisa saber matemática, geometria, o efeito físico das cores, etc. Com essa nova definição, os pintores deixaram de ser práticos e se tornaram teóricos. Muitos ficaram fascinados pelo novo joguete – a perspectiva – e começaram a estudá-lo. Paolo Uccello abandonou a esposa e os filhos, tamanha sua admiração pela perspectiva. Mas os pintores, entre eles Leonardo da Vinci e Rafael, logo descobriram que, na pintura, a perspectiva não funcionava como pretendia a teoria. Então a teoria teve de ser modificada por meio de algumas exceções e deu origem a uma nova prática, um pouco como existe hoje a prática da engenharia ao lado da teoria física abstrata.

Em casos como esses, eu diria que existem pessoas que pensam em termos abstratos e pessoas que pensam e agem com base na própria imaginação e na memória de situações concretas. Além disso, há uma interação interessante entre os dois tipos. As pessoas práticas podem se interessar pela teoria e, como resultado, aprimorar ou deteriorar sua prática. Por outro lado, os teóricos que tentam aplicar ideias abstratas à experiência, à prática e ao senso comum podem modificar a teoria aqui e ali. Além disso, os teóricos costumam dizer que possuem o verdadeiro conhecimento, enquanto os práticos têm apenas uma sombra dele. Por causa disso, os teóricos desfrutam de maior respaldo do que trabalhadores manuais, e assim por diante. Já falei sobre as diferentes atitudes das pessoas em relação a teóricos e empíricos e sobre a origem histórica dessa diferença de tratamento. O que me interessa agora é a interação entre esses dois domínios — como ela se desenvolveu com o tempo, em determinada região ou sociedade; o que causa na vida e na reputação das pessoas. Estou do lado da prática, porque ele me parece mais democrática; no entanto, tenho consciência de que a teoria pode melhorar a prática, mas essa é uma questão complicada e nada fácil de entender. E essa é outra coisa que me interessa.

No caso da ciência, para algumas pessoas ela obedece a regras abstratas e deve a elas seu sucesso. Para outras pessoas, entre as quais Einstein, os cientistas usam o que é mais conveniente em determinada situação.[129] Minha tendência é estar ao lado de Einstein. Na verdade, os cientistas são exploradores do desconhecido, e exploradores precisam de instrumentos, veículos e vestimentas — usamos o mesmo equipamento em Uganda e no Polo Sul? Certamente não. Mas as diferenças encontradas na natureza são muito maiores do que as diferenças entre Uganda e o Polo Sul. Para avaliar teorias, os pesquisadores precisam de instrumentos de medição abstratos, ou seja, regras metodológicas. Podemos presumir que as mesmas regras podem ser aplicadas em todos os casos? Não, seria uma hipótese pouco realista. Medimos a temperatura de um quarto usando um termômetro e a temperatura da radiação solar usando um bolômetro. Nenhum dos dois é usado em siderúrgicas. Isso significa que precisamos adaptar nossos métodos ao caso em questão e que temos de inventar novos métodos quando surgem novos casos. Isso é o que diz Einstein – e, nesse sentido, ele está ao lado das pessoas práticas. Popper e seu princípio de falsificação está ao lado dos teóricos: a ciência é definida pelo método que usa, e esse método é a falsificação. No entanto, a quantidade de cientistas que se abalam diante de uma única grande falsificação é muito pequena, e a ciência seria bem diferente se seguíssemos apenas os princípios popperianos. Portanto, quaisquer que sejam as regras gerais em curso, elas fracassam se tomadas como um resumo da prática científica, embora possam funcionar em descobertas científicas particulares. A melhor coisa a fazer é considerar as regras gerais como aproximações.

Por essa razão, não condeno a abordagem abstrata, apenas nego que ela capture a essência de um campo de investigação, como se as pessoas envolvidas numa abordagem concreta tropeçassem por aí como cegos e só por acaso obtivessem o resultado correto, enquanto a abordagem abstrata nos diz o que de fato está acontecendo. Lembrem-se do que eu disse sobre a engenharia e o exemplo da agricultura na segunda conferência,[130] quando comentei sobre a abordagem abstrata recomendada por Monod.

Falemos novamente do teatro. A teoria aristotélica da tragédia é engenhosa e muito simples. Leiam a *Poética* se tiverem oportunidade; é um livro curto. A teoria ali expressa não corresponde à tragédia grega, mas exerceu muita influência. Ela levou à composição de grandes tragédias na França durante a Idade Média Tardia... naturalmente, trata-se de uma obra grandiosa do ponto de vista de quem gosta desse tipo de coisa. Ela provocou reações que fomentaram o teatro, e atualmente nos convida a usar novas abordagens na sociologia. Para Aristóteles, o aspecto mais importante da tragédia é revelar as leis básicas da sociedade: por isso, diz ele, a tragédia é mais filosófica que a história.[131] E certamente é melhor para compreender essas leis do que um ensaio sociológico cheio de notas de rodapé e termos técnicos. De todo modo, não é verdade que os filósofos, os cientistas e outros que usam tecnicismos estejam mais próximos da realidade do que outros, e que podem nos mostrar o caminho enquanto nós não temos nada para ensinar. Sim, eles podem nos mostrar coisas interessantes, mas também o podem mágicos, acupunturistas, observadores de pássaros, cozinheiros, engenheiros e vizinhos que acabaram de descobrir que têm poderes de cura (meu antigo técnico de televisão em Meilen é um exemplo). O fato de que tais pessoas existem deveria ser ensinado nas escolas, e as crianças deveriam aprender a identificá-las. É claro, a ciência é importante, seja pelas contribuições positivas que pode nos oferecer, seja porque sua sujeira está em todo lugar: é preciso um cientista para limpar a sujeira de outro cientista! O que é inquietante, e acredito que sempre me incomodará, é o fato de os cientistas ocuparem uma posição especial na sociedade, tanto na época em que os mitos tinham um peso maior quanto agora. Mas talvez eu esteja me preocupando à toa. As pessoas adoram ter heróis para admirar. E, naturalmente, darão a eles uma posição especial.

A propósito, gostaria de abordar um pouco o papel da prática nas ciências. Já falei que a ciência não é apenas teoria; também há experimentos, e aqueles que concebem, controlam e executam experimentos de larga escala consideram as coisas a partir de um ponto de vista consideravelmente diferente daquele dos teóricos, ou pelo menos é o que parece. Para começar, eles usam "aproximações", que não são teorias sem rigor, mas instrumentos intelectuais de um tipo especial, ou seja, adaptados a coisas que podemos ver e tocar e funcionam como um tipo de discurso baseado no senso comum. Além disso, usam equipamento experimental, que é como dirigir um carro: você aprende a agir em sintonia com o equipamento e depois o usa confiando nas suas próprias reações, e não em instruções memorizadas. Em 1942, quando Los Angeles ficou em plena escuridão temendo um ataque japonês, Walter Baade fez uma série de observações com um telescópio enorme instalado no Observatório Palomar. Ele era um excelente observador, conhecia muito bem os aspectos enganadores do telescópio e tinha uma série de truques que poderia usar. Ele também sabia como levar o telescópio ao limite – assim como um piloto de corrida que sabe do que seu carro é capaz e aproveita o que este tem de melhor: é um pouco como se o telescópio e o carro se tornassem partes do próprio corpo. Esse "conhecimento tácito", como Michael Polanyi[132] o chamou, exerce um papel fundamental nos experimentos científicos e, para ser eficaz, precisa das reações imediatas das pessoas, não de enunciados "objetivos".

Vale notar que o mesmo acontece na teoria. Nenhuma teoria brota da cabeça do teórico, como Atena brotou da testa de Zeus.[133] Há antecipações vagas, fragmentos do que pode se tornar uma teoria; estas são adaptadas às condições limítrofes que o teórico considera importantes, que podem ter a ver com o modo como as coisas são formuladas em sua disciplina matemática favorita (álgebra, topologia, etc.) ou com algum resultado experimental. Essa atividade preparatória também usa o "conhecimento tácito", isto é, o conhecimento das conjecturas sobre o comportamento de uma pseudoteoria em casos extremos e sobre como sua transformação pode mudar as consequências. O produto final, a teoria publicada, parece estático, é claro. Não é de admirar: é impressa num papel que muda muito pouco com o passar dos anos. Mas as mudanças a precedem, as mudanças a sucedem e estão todas ligadas ao conhecimento intuitivo que o teórico acumulou ao longo dos anos – o que, mais uma vez, significa conhecimento tácito. Desse modo, parece que a oposição entre teoria e experimentação não é uma oposição entre a teoria – entendida como semelhante às ideias platônicas – e uma prática mutável e parcialmente subjetiva; é uma oposição entre dois tipos de prática (mutável e subjetiva), uma aplicada às coisas, outra aplicada às fórmulas. O platonismo, no entanto, é um sonho que paira sobre as duas e não faz justiça a nenhuma delas.

Preciso acrescentar uma coisa, porque, notem, as coisas nunca são simples. Depois de uma longa discussão, chegamos a A. Então discutimos um pouco mais e não-A se torna plausível. Continuamos a discutir e descobrimos que nem A nem não-A fazem sentido, e assim por diante. De todo modo, o fato de que não é uma coisa boa apresentar uma teoria como se ela fosse a VERDADE em si não deveria impedir as pessoas de adotarem as teorias que apreciam, mesmo que todos os indicadores consultados estejam contra ela. Já falei para vocês que teorias ou visões de mundo podem ter um parto difícil e gerar frutos apenas séculos depois. Como exemplo, temos a teoria atômica, a ideia de que o mundo teve um começo, de que a Terra se move ou, ainda, de que os organismos se desenvolvem por um tipo de adaptação. Precisamos ter fé e ser pacientes. Acabei de mencionar o astrônomo Walter Baade. Na época das observações que descrevi, a ideia de que o mundo teve um início estava começando a ser levada em conta pelos astrônomos, mas com grande dificuldade. Alguns cientistas não gostaram da hipótese, porque ela lembrava o cristianismo. Outros aludiam às evidências: a idade do universo, conforme calculada pela constante de Hubble, era menor que a idade da Terra calculada a partir de observações terrestres. Baade descobriu que as Cefeidas usadas para calcular distâncias eram de dois tipos, que eles diferiam na relação entre seu período e sua luminosidade absoluta, e que os astrônomos, portanto, estavam usando o tipo errado. Isso eliminou a dificuldade, mas muitos astrônomos preferiram continuar com a teoria. Não seria essa uma atitude bastante irracional? De jeito nenhum. As dificuldades de uma teoria devem-se ao conflito entre a teoria e os meios usados para criticá-la. Elas mostram que há um conflito, mas não dizem onde está o erro. Aqueles que consideram a teoria como algo refutado confiam nos meios usados pela crítica – a evidência e os argumentos construídos a partir dela. Aqueles que defendem a teoria acreditam que as ferramentas críticas não são confiáveis, embora não possam dizer exatamente onde está o erro. O mesmo acontece quando confiamos em um amigo ou um cliente apesar de injúrias ditas contra eles e tentamos limpar seu nome. Talvez leve semanas, talvez leve meses, talvez nunca aconteça, e mesmo assim o acusado pode ser totalmente inocente. Portanto, não é irracional manter-se fiel a uma causa perdida, embora muitas pessoas, certas de que o mundo é bastante transparente, digam o contrário. Mas aceitar uma visão de sucesso aparente – seja na pesquisa, seja na política, seja na medicina – como guia para julgar pessoas e coisas é como eleger um sujeito aparentemente bom para um cargo público na esperança de que ele se saia bem. Significa que temos de apoiá-lo e ouvir seus conselhos *até segunda ordem*.

Isso tem consequências importantes para a educação. As crianças na escola nunca aprendem que o presidente de seu país ficará para sempre no comando. Elas aprendem que ele foi eleito, por que foi eleito e que a próxima eleição acontecerá dali a quatro anos. Também aprendem que ele pode ser destituído do cargo ou passar alguns meses fora do cargo. No entanto, quando se trata da física, elas aprendem que tudo é constituído por partículas elementares, não por enquanto, não até a destituição delas, mas de maneira absoluta. Elas não aprendem que existem outros candidatos esperando nos bastidores, candidatos que poderiam se sentir desencorajados porque a concepção corrente dominou por tanto tempo e, no entanto, continuam lá. Também não aprendem que a concepção corrente pode ser facilmente destruída por outra e como isso pode acontecer. O grande público, em geral, é igualmente mal informado. Por exemplo, ele supostamente paga impostos para empreendimentos que podem ruir em questão de anos. Não estou dizendo que não deva pagar, mas sim que precisa ser informado sobre o risco envolvido. Poucas pessoas se sentiriam à vontade para pagar dinheiro a Clinton em 2001. E é por isso que todo esse discurso sobre verdade é severamente enganador. É verdade que Clinton é presidente (espero que você esteja lendo esta comunicação enquanto tal afirmação ainda seja válida), e todos sabem o que isso significa. Também é verdade que a informação flui a partir do DNA para seus entornos, e nunca na direção contrária. Eu diria que isso é verdade da mesma maneira que é verdade que Clinton é presidente – daqui a alguns anos, não será mais será mais verdade. Eu também diria que isso é o que deveria ser ensinado nas escolas. Mas o que acontece nas escolas é que um bom procedimento – podemos permanecer fiéis para sempre a concepções pelas quais temos pouca consideração! – é transformado no seu oposto afirmando que um certo conjunto de enunciados é "verdadeiro" e sempre será o fundamento do nosso conhecimento.

P: *Tenho a impressão de que a palavra "teoria" foi usada aqui em diferentes acepções. Na física, essa palavra é usada num sentido muito bem definido. Então, quando você fala da "teoria da tragédia" ou "da pintura", acredita que o sentido tem mais a ver com a definição da tragédia ou da pintura?*

R: Concordo totalmente. Usei a palavra "teoria" de maneira intencional, porém imprópria, para me referir a todo tipo de explicação geral. Deixei de lado todas as outras subdivisões. Em Euclides temos postulados, definições e axiomas. A ocorrência desses termos varia segundo a edição – o que é axioma em uma pode se tornar postulado em outra. O que me interessa é como as pessoas lidam com noções gerais. Algumas formulam teorias, isto é, enunciados propositalmente gerais; outras formulam regras, que podem ter exceções; outras se contentam com predições. Houve uma longa discussão na filosofia da ciência sobre a distinção entre teorias e leis. Por exemplo, as pessoas falam da "teoria" da gravitação de Newton, mas das "leis" de Kepler, e depois tentam definir uma distinção entre as duas. Ora, uma diferença é que as leis de Kepler se aplicam apenas aos planetas, enquanto a teoria de Newton supostamente aplica-se a tudo. Mas falamos da segunda lei da termodinâmica, que, no entanto, é considerada válida em geral. Eu diria, então, que é melhor continuar sendo vago.

P: *Qual era sua intenção ao nos contar sua versão da história da filosofia grega?*

R: Eu quis contar uma história que não fosse muito enfadonha e, ao mesmo tempo, que esclarecesse um pouco alguns pontos. Por exemplo, eu quis mostrar características que, na ciência moderna, estão ocultas atrás dos detalhes técnicos.

P: *Naturalmente, se você escolheu contar uma história e não a outra, é porque...*

R: ...porque ela é mais interessante, e também mais complexa. Sei que muita gente prefere uma explicação sistemática, que trata de conceitos, e não de pessoas, e mostra como esses conceitos relacionam-se entre si. Esse é outro tipo de narrativa, mas para mim é pouco realista. É como se descrevêssemos a vida de uma pessoa dizendo apenas que ela nasceu, viveu e depois morreu, apresentando as três etapas como se acontecessem simultaneamente. Além disso, por que usar conceitos que aparecem em relatos sistemáticos comuns e não outros? Seria realista acreditar que os conceitos são sempre tão precisos quanto exigem o relato sistemático? Você tenta defini-los com precisão, embora não diga os motivos para fazê-lo. E depois de defini-los em seu livro, você pensa que estão definidos na sua mente e que outros os entenderão tanto quanto você. Essa suposição é muito ingênua! Uma história nos diz como certos conceitos surgiram, por que se tornaram importantes, por que se transformaram e, sobretudo, por que se propagam feito uma epidemia. Também nos diz – e também tentei fazer isso na minha terceira conferência aqui, acredito – que conceitos absolutamente precisos bloqueariam o pensamento, e que o desenvolvimento conceitual pressupõe a ambiguidade;[134] não uma ambiguidade bem-delimitada que possa ser definida por outro relato sistemático, mas sim uma ambiguidade que se mostra no decorrer da vida social de uma pessoa. Trata-se, portanto, de uma questão *subjetiva*, e é preciso contar a história da pessoa. Por todas essas razões, acredito que um relato sistemático, longe de tornar as coisas mais claras, substitui o verdadeiro mundo do pensar e do agir por uma quimera. Acreditar no que lemos num livro de epistemologia é como acreditar que a performance no palco de um teatro é tudo que existe e que não há ninguém nos bastidores acendendo os projetores, mudando as cores, colocando o cenário no devido lugar (como um jarro, por exemplo, ou um telefone), ou ainda fazendo um telefone tocar e baixando a cortina.

P: *Quando um cientista solicita um financiamento para pesquisa, ele não pode dizer que vai contar uma bela história...*

R: Bom, para começar, muitos cientistas mentem – não de maneira direta e descarada, pois eles estão cheios de boas intenções, mas indiretamente, de uma maneira da qual nem eles mesmos são conscientes. Em segundo lugar, é claro que eles contam uma história. Vão contar o que fizeram, quais foram seus primeiros resultados, porque os resultados não foram suficientes, etc. A história final que é publicada nos anais de ciência acaba sendo extremamente simplificada e falará de fatos e teorias. Mas isso é uma questão de estilo e de tradição. Até mesmo a produção de poetas é extremamente simplificada. Há ainda quem acredite que a produção poética surja subitamente, de um lampejo criativo na mente do poeta. Essas ideias não são corretas, podem perguntar para qualquer poeta. E por que elas existem? Bom, para explicar isso, temos de contar uma história. Por trás da simplificação dos resultados científicos existe a suposição de que eles descrevem a realidade como ela é, independentemente das ações dos cientistas. A suposição de que essa realidade existe é altamente questionável; mais uma vez, portanto, precisamos perguntar por que as pessoas acreditam nela. Dar as razões oficiais não serve como resposta, pois continuamos perguntando por que essas razões parecem válidas. Por que as pessoas as aceitam? Para responder, precisamos da história e, consequentemente, de contar uma história.

P: *O que é a verdade para você?*

R: Bem, às vezes é uma coisa, às vezes, outra. Vocês acham mesmo que existe uma única explicação breve e satisfatória, que integre todos os usos do termo "verdade"? Ou, de modo mais geral, que existe algo que possa explicar por que as pessoas dizem que o Big Bang é verdadeiro, que a existência de Deus é verdadeira, que o sofrimento de Cristo é verdadeiro, que a perversidade da minha sogra é verdadeira e que é verdade que, neste momento, eu estou com fome? Vocês acreditam que queremos dizer a mesma coisa em todos esses casos, e que essa coisa possa ser explicada em uma ou duas frases? Diante de um júri, uma testemunha supostamente deve dizer a verdade, somente a verdade, nada mais que a verdade. Comparemos com isso a Verdade do cristianismo. A primeira diz respeito a pormenores, a segunda, a toda a história da humanidade. É claro, usamos a mesma palavra, mas isso não quer dizer que as duas tenham o mesmo sentido, ou que tenham algum sentido.

P: *Você disse que alguns cientistas mentem...*
R: Alguns com frequência, outros de vez em quando, outros nunca.

P: *Minha pergunta é: por que deveriam mentir? O que deveriam escrever quando se inscrevem em financiamentos de pesquisa?*
R: Não estou dizendo que não deveriam mentir. Eu diria que, com frequência, você precisa mentir. Se dizer a verdade machuca o outro, então com certeza eu mentiria, a menos que mentir pudesse provocar outro dano. Não tenho um princípio do tipo "sempre dizer a verdade". Para mim, princípios desse tipo são totalmente ridículos.

Uma jovem uma vez escreveu para Immanuel Kant. Ela estava com um grave problema e perguntou se poderíamos mentir em determinadas circunstâncias, no caso quando sabemos que a verdade machucaria demais a outra pessoa. Kant respondeu dizendo que devemos dizer a verdade sob todas as circunstâncias, porque mentir significa trair toda a humanidade.[135] A comunicação verbal constitui um vínculo entre todos nós, e esse vínculo é baseado na veracidade. Bom, em primeiro lugar, se essa mulher contasse uma mentira para a mãe, por exemplo, apenas para tranquilizá-la, ela não prejudicaria ninguém na Somália... A ideia de que o que dizemos para uma pessoa afeta toda a humanidade é um pesadelo filosófico, produto de um Dr. Mabuse filosófico que tenta dirigir as relações humanas por detrás dos bastidores.

Há casos mais complicados envolvendo a questão da verdade. Por exemplo, muitas pessoas acreditam, e talvez corretamente, que o que percebem com os sentidos não corresponde ao que as coisas são.

O mesmo acontece nas relações pessoais, quando conhecemos uma pessoa, por exemplo: ela sorri para nós, é amigável, etc. – e depois começamos a suspeitar se a pessoa é ou não sincera. O que ela realmente pensa de mim? O que efetivamente é o caso? A pessoa pode perguntar se a primeira impressão positiva que teve de mim corresponde "ao que realmente sou". Não que esse conceito seja muito claro – talvez eu não seja uma única coisa, mas muitas –, mas faz algum sentido, ainda que vago. Algumas vezes, portanto, quando as coisas estão muito indeterminadas, buscar a verdade significa presumir que o mundo é construído de determinada maneira, que por trás dos eventos existe todo um mecanismo, e que conhecendo o mecanismo entenderemos um pouco melhor a natureza dos eventos. Nesse caso – e acredito que na ciência seja análogo –, falar da verdade equivale a fazer uma suposição sobre o modo como o mundo é construído e agir sobre ele. Existe um livro que me impressionou muito, escrito há algum tempo por Tom Wolfe, jornalista norte-americano, intitulado *A fogueira das vaidades*.[136] É uma história engraçada. Começa com a descrição de um evento simples. Depois de algum tempo, diversos grupos se interessam pelo que aconteceu, e o interesse deles é motivado por todo tipo de razões: políticas, religiosas e pessoais. Várias instituições começam a buscar a verdade, cada qual com seus próprios métodos e preconceitos, cada qual movida por seu próprio interesse. No final, o evento desaparece, e fica claro que ninguém jamais saberá exatamente o que aconteceu, exceto os participantes. Até mesmo os participantes vão se esquecendo pouco a pouco, as coisas começam a ficar diferente para eles. Bom, nesse caso faz sentido dizer: aconteceu assim e assado, essa é a verdade. Poderíamos tê-la descoberto, mas não a vamos descobrir, não da forma como as coisas são. Mas, vejam só, é preciso uma longa história para explicar o que aconteceu nesse caso e o que a verdade significa aqui. Nenhuma definição de verdade pode substituir a história, porque outros casos provavelmente serão diferentes.

Pensemos na antiga ideia de que a Terra está em repouso no centro do universo. Muitos acreditavam nisso, e os intelectuais mais destacados da época tinham fortes argumentos para defender essa crença. Hoje acreditamos que a Terra se move, então é difícil entendermos por que a antiga crença chegou um dia a suscitar adesão. Somos propensos a pensar seguindo este raciocínio: a Terra se move, não há dúvida disso; quem acreditava que ela não se movia certamente deixou passar alguma coisa, ou por causa de algum preconceito, ou porque não pensou com clareza suficiente. Desse modo, presume-se que a realidade seja a mesma nos dois casos, e algumas pessoas a veem com clareza, enquanto outras são induzidas ao erro por obstáculos de todos os tipos. Mas os pensadores antigos acreditavam que real é aquilo que pode ser observado diretamente, o que está perfeitamente de acordo com o senso comum; por outro lado, os pensadores "modernos" presumem que a "realidade" está oculta e que nossos sentidos são incapazes de apreendê-la diretamente. Os sentidos enganam, não somente agora, mas desde sempre: essa é a posição de Parmênides. Ora, há coisas que correspondem nitidamente ao sentido comum e constituem um mundo inteiro, e há coisas que são ocultas e precisam ser descobertas por meio de instrumentos e de especulação. Elas, também, constituem um mundo inteiro. Nenhum dos dois mundos é perfeito e desprovido de problemas, mas eles constituem dois grupos de referência diferentes, e a transição de um para o outro não pode ser descrita como uma transição do erro à verdade – esse é o ponto de vista do segundo mundo. Então, mais uma vez, falar da verdade é fazer determinadas suposições sobre o mundo, e essas suposições não têm necessariamente de ser aceitas.

P: [Sergio Benvenutto] *Houve uma longíssima discussão entre você e seus adversários sobre sua famosa frase "vale tudo"* (tutto fa brodo). *Você declarou repetidas vezes que houve um mal-entendido, destacando que seu verdadeiro ponto de vista não era esse, mas que falava de uma conclusão lógica de um ponto de vista teórico. Acho que, na Itália, você também é muito conhecido como aquele que acredita que "vale tudo"; queria que falasse um pouco sobre isso.*

R: *Tutto fa brodo*: é verdade! As coisas mais surpreendentes conduzem a grandes descobertas! Quem prensa que só é possível alcançar grandes conquistas percorrendo um caminho definido com precisão está errado. É impossível prever que tipo de movimento nos levará a uma nova intuição ou a uma nova descoberta. O movimento é "fútil" apenas quando comparado à opinião geral da época em que se vive. Por exemplo, presumimos que pisamos sobre uma Terra sólida: é nossa primeira e mais básica experiência. Anaximandro diz que a Terra flutua no ar.[137] É um choque, pense bem: nada flutua no ar, quer dizer, se soltamos um objeto no ar, ele cai. No entanto, Anaximandro diz que toda a Terra, pesada, flutua no ar. Essa ideia era anárquica, quando medida de acordo com os padrões modernos? Certamente sim. Mas ela se desenvolveu, e dela surgiu outra coisa. Então, "vale tudo" significa apenas "não reprima sua imaginação", porque uma ideia muito extravagante pode levar a um resultado muito sólido. Também não reprima sua imaginação pela lógica. Muitas teorias produtivas, se examinadas com a lente de aumento dos lógicos, são inteiramente inconsistentes. Mas os cientistas possuem o talento de contornar as dificuldades e prosseguir apesar delas. Além disso, uma inconsistência só é mortal quando temos conceitos rígidos. Mas conceitos são como barro: podem ser moldados de muitas maneiras. Em suma, eu diria que efetivamente *"tutto fa brodo"*.

P: *Você disse que é muito perigoso unificar conceitos aparentemente idênticos. Às vezes isso é uma consequência da superficialidade, e perdemos muitos aspectos particulares que são diferentes. Queria que você falasse um pouco do atomismo, teoria que foi aceita e refutada em diferentes períodos, o que mostra que o atomismo de Demócrito tem algo a ver com o atomismo do século XX.*

R: Existe, sim, algo em comum, mas muito pouco. O elemento comum é a ideia de que os sistemas são compostos de partes e que o comportamento do todo pode ser explicado por leis que se aplicam às partes. A diferença é que os átomos modernos, ou melhor, as partículas elementares, diferem dos átomos de Demócrito,[138] e que não podemos presumir que as partes preexistam no sistema que lhes dá origem.

P: [Giovanna Covi] *Minha disciplina é literatura e, mesmo que você tenha dito que não quer se aproximar da desconstrução (acho que você se referia a Derrida), sinto que sua leitura da história da filosofia se parece bastante, ao menos, à da chamada "teoria crítica", que é um tipo de desconstrução com ênfase particular na história, no historicismo. Qual sua posição em relação a outros filósofos contemporâneos que nós, da área de letras, consideramos tão interessantes?*

Minha segunda pergunta diz respeito à possibilidade de expor a base, a origem da filosofia, como resultado de uma tensão entre dois polos: masculino e feminino.

R: Sobre a insistência nos textos: contei uma história baseada nos textos: infelizmente, é tudo que eu poderia fazer. A tragédia grega, no entanto, não era composta apenas por texto: havia movimento, som, impressões visuais (há testemunhos de que as pessoas se encolhiam quando as Fúrias entravam em cena); havia também instrumentos, e assim por diante. Todas as pessoas que leem tragédias precisam saber que estão lendo apenas uma pequena parte (e talvez a parte menos importante) de algo muito mais abrangente. Uma apresentação multimídia como eram as tragédias não pode ser reduzida a um texto e depois analisada como tal. O mesmo acontece com a poesia. Eu disse que a poesia antiga, como a de Xenófanes, mas também a poesia menos intelectualizada, era recitada, geralmente com o acompanhamento de instrumentos. Os textos filosóficos eram publicados apenas para serem lidos em voz alta para um público selecionado, e nem sempre eram considerados decisivos. Um texto, disse Platão, é um substituto pobre do que realmente importa, que é a troca viva entre pessoas diferentes. Curiosamente, podemos notar que o mesmo se aplica, pelo menos em parte, ao conhecimento moderno. Os avanços na matemática acontecem em seminários e conferências. Os relatórios impressos são muito inferiores tanto em conteúdo como em profundidade. Lembrem-se do que eu disse sobre a tese de que a ciência é um sistema de enunciados,[139] isto é, um texto grandioso. É uma caricatura absurda do que é a ciência. Para mim, toda essa preocupação com os textos é resultado de uma degeneração dos eventos multimídia, ou da própria vida. Se tem uma coisa que entendo a respeito da desconstrução é que não podemos definir as ideias de maneira definitiva pela escrita. Concordo plenamente. Eu ainda diria que não podemos defini-las de jeito nenhum. Outra questão é que não existe distinção real entre literatura e filosofia, exceto que uma é mais vívida que a outra. Concordo mais uma vez, embora conheça muitos poemas chatíssimos.

Agora, que a filosofia surgiu de uma tensão entre masculino e feminino? É uma ideia interessante que encontra algum apoio em Ésquilo: a nova lei, que não é filosófica, mas mais geral, uma lei masculina, é a lei de Zeus e Apolo, e a antiga lei era feminina. Há uma tensão entre as duas, e Ésquilo a explora magistralmente. Ele também quer que as duas leis guiem a cidade, não apenas uma delas. A maioria dos filósofos reagiram ao senso comum e à tradição. Eu diria que os filósofos mais antigos eram grosseiramente machistas: defendiam princípios simples e um desprezo, talvez até um ódio, pela subjetividade. Parte de suas objeções era direcionada a Homero – mas as epopeias não são simplesmente femininas. Em Hesíodo, os princípios fundamentais têm um aspecto duplo – são parcialmente pessoais e parcialmente abstratos. É uma situação muito complexa, não sei quais conclusões extrair.

P: *Gostaria de saber até que ponto você sustenta a distinção entre conhecimento prático e teórico, pois acredito que há muitos tipos de argumentos contrários a essa distinção. Por exemplo, as profissões, como eram na Antiguidade, na Idade Média e até o século XIX, tinham uma maneira não escrita de transmitir saberes, diferente de como faziam os teóricos, mas o conhecimento era transmitido de todo modo. A universidade tem a tarefa de treinar jovens, e essa é uma tarefa extremamente prática. Além disso, no que se refere às definições, ao fato de algumas pessoas serem especialistas em palavras, em dar definições: trata-se de uma atividade prática dos chamados teóricos.*

R: Eu mesmo não levaria tão a sério essa distinção, mas ela foi levada a sério em diferentes épocas da história e foi usada para depreciar aqueles classificados como "práticos" – e eu quis falar exatamente sobre isso. Comentei aqui sobre a distinção de Platão entre hábito e conhecimento verdadeiro, sobre como alguns filósofos separavam a teoria física das experimentações, atribuindo papel secundário a estas, etc., e também falei que, para mim, até mesmo o ensino superior de Matemática é uma atividade prática, uma vez que está em fase de elaboração. Ora, quando as universidades começaram na Europa, no século X, havia dois grupos de disciplinas – o *trivium* e o *quadrivium*. O *trivium* era composto de gramática, retórica e dialética; o *quadrivium*, de aritmética, geometria e música, e às vezes incluía astronomia, às vezes outra coisa. Durante muito tempo, a pintura e a arquitetura não foram consideradas matérias universitárias. Por quê? Porque não tinham uma parte teórica com princípios abstratos e regras precisas. Então, quando a perspectiva foi descoberta, os defensores dos artesãos que tinham visão de futuro disseram: "Agora essas pessoas terão a chance de ver suas disciplinas ensinadas nas universidades – vamos então escrever alguns livros sobre o assunto". Os livros foram escritos e fizeram muito sucesso. Desse modo, essa distinção esteve em vigor durante muito tempo e teve consequências práticas importantes, apesar do fato de não ser nada realista.

P: *Não nego que a distinção entre conhecimento prático e teórico tenha sido feita. Quero destacar o fato de que se os chamados teóricos constroem uma teoria do conhecimento teórico, eles o fazem apenas para definir a si mesmos como um grupo profissional, para se qualificarem.*

R: Exatamente. É uma questão de identidade de grupo e jogos de poder.

P: *Wittgenstein disse que nem todo conhecimento é explicitamente aplicável. Não obstante, no campo da inteligência artificial, muitas pessoas estão tentando tornar explícitas muitas atividades comuns, e por isso se deparam com muitos obstáculos: é muito difícil interpretar procedimentos comportamentais de um ponto de vista teórico explícito. É muito difícil estabelecer regras para isso. Isso coloca a distinção entre prático e teórico num nível diferente: podemos falar de uma distinção entre teorias adquiridas pela ação e teorias adquiridas pela observação. Por exemplo, podemos fazer uma distinção entre um sujeito que segue princípios de ação e um sujeito que se inspira no comportamento dos outros, de tal forma que se todos atravessarem a rua no sinal vermelho, ele também vai atravessar. Ora, minha pergunta é: você acha que há um núcleo de conhecimento que não seja transmissível, o que você chama de conhecimento tácito?*

R: A posição de quem acredita no conhecimento tácito não é que o conhecimento tácito não possa ser transmitido, mas sim que não pode ser transmitido por meio de um texto escrito. O conhecimento tácito pode ser transmitido por instrução, como as instruções para lutar boxe, ou para tocar piano: tudo isso é transmissível, mas não pode ser adquirido lendo um livro.

P: *Na vida cotidiana, acontece com muita frequência de usarmos a tecnologia sem saber o que está por trás dela. A ciência produz efeitos sobre a vida cotidiana por meio de coisas cujo funcionamento as pessoas geralmente não entendem, embora consigam lidar com elas.*

R: Sim, é o que acontece com um televisor: você pode ligar o aparelho, desligá-lo, escolher um canal, mesmo sem saber o que se passa lá dentro. Mas nem sempre foi assim. Há algum tempo, as pessoas eram capazes de consertar os próprios carros e rádios. Hoje, além de não terem conhecimento para tal, também não têm o equipamento necessário. Carros e rádios não têm muitas partes cambiáveis, então temos de comprar peças grandes e caras, ou nos desfazer do objeto inteiro. Hoje a tecnologia encoraja a ignorância. Nesse sentido, concordo com o que disse.

Notas

[1] Cf. HESÍODO. *Teogonia*, versos 617-721.
[2] Alusão ao caso do taxista Rodney King, parado por excesso de velocidade por agentes do Departamento de Polícia de Los Angeles na madrugada de 1º de maio de 1992. George Holliday registrou a abordagem policial e, em seguida, enviou a gravação para o Canal 5 (KTLA). O vídeo mostrava King, já rendido, sendo brutalmente espancado por policiais com golpes de cassetete e sequências de chutes (nas articulações, nos joelhos, nos tornozelos e nas costas). O presidente George H. W. Bush chegou a expressar seu "profundo sentimento pessoal de frustração e angústia" diante das cenas.
[3] MONOD, J. *O acaso e a necessidade*. Tradução de Bruno Palma e Pedro de Sena Madureira. 3. ed. Petrópolis: Vozes, 1976. p. 188. Seguimos a tradução publicada pela Vozes, mas, assim como a edição italiana do texto de Feyerabend, traduzimos *pouvoir de performance* por "capacidade de produzir resultados", que melhor corresponde à interpretação do autor. A frase entre colchetes é de Feyerabend.
[4] WEINBERG, S. *The First Three Minutes. A Modern View of the Origin of the Universe*. New York: Basic Books, 1977.
[5] Referência à interpretação segundo a qual a técnica de pintura utilizada por Pollock consistia em uma metáfora do ato de urinar.
[6] Título fictício da obra de um personagem também fictício.
[7] Cf. PLATÃO. *Teeteto*, 124a.
[8] Cf. PLATÃO. *Teeteto*, 174a-b: "*Sócrates* – Tal como, quando Tales observava os astros, Teodoro, e olhava para cima, caiu num poço. Conta-se que uma bela e graciosa serva trácia disse uma piada a propósito, visto, na ânsia de conhecer as coisas do céu, deixar escapar o que tinha à frente, debaixo dos

pés. Esta graça serve para todos os que se dedicam à filosofia. Pois, a uma pessoa assim, o que lhe está próximo, o seu vizinho, é um desconhecido; não só o que faz, como se é mesmo um homem ou qualquer outra criatura".

[9] Cf. ARISTÓTELES. *Política*, I, 6, 1259a e seguintes.

[10] Cf. ARISTÓTELES. *Do céu*, II, 13, 294a-28; *Metereologia*, I, 3, 983b-6; e SIMPLÍCIO. *Física* 23, 22 (DK 11 A 13).

[11] "[...] Tales pensou que todas as coisas estão cheias de deuses" (ARISTÓTELES. *Da alma*, V, 422a-7; DK 11 A 22).

[12] GUTHRIE, W. K. C. *A History of Greek Philosophy*. Cambridge: Cambridge University Press, 1962. v. I, cap. 3, B., p. 45-72. (N.It.)

[13] Cf. PLATÃO. *Fédon*, 109b.

[14] Ver nota 93 e texto correspondente.

[15] Cf. DIÓGENES LAÉRCIO VIII, 36. O fragmento 7 de Xenófanes diz: "Sobre a reencarnação, dá testemunho Xenófanes numa elegia que começa: 'Agora vou passar a outra história e mostrar o caminho'. O que diz de Pitágoras reza assim: 'Diz-se que certa vez, ao passar por um cachorro que estava a ser espancado, cheio de pena disse: 'Pára, não lhe bata mais, porque é a alma de um amigo que eu reconheci, ao ouvir sua voz" (*Os filósofos pré-socráticos*, p. 229).

[16] Feyerabend se refere, especificamente, a dois fragmentos distintos: "Homero e Hesíodo atribuíram aos deuses tudo quanto entre os homens é vergonhoso e censurável, roubos, adultérios e mentiras recíprocas" (Fr. 11, SEXTO *Adv. Math.* IX, 193); e "Mas se os bois e os cavalos ou os leões tivessem mãos ou fossem capazes de, com elas, desenhar e produzir obras, como os homens, os cavalos desenhariam as formas dos deuses semelhantes à dos cavalos, e os bois à dos bois, e fariam seus corpos tal como cada um deles o tem" (Fr. 15, CLEMENTE *Strom.* V. 109, 3) (*Os filósofos pré-socráticos*, p. 172-173).

[17] Trata-se da seguinte passagem, citada por Simplício (*Física*, 24, 17; repete em 24, 13; DK 12 A 9): "[...] uma outra natureza *apeiron*, de que provêm todos os céus e mundos neles contidos. E a fonte da geração das coisas que existem é aquela em que a destruição também se verifica 'segundo a necessidade; pois pagam castigo e retribuição umas às outras, pela sua injustiça, de acordo com o decreto do Tempo' [...]" (*Os filósofos pré-socráticos*, p. 117).

[18] Cf. o fragmento 26+25 de SIMPLÍCIO (*Física*, 23, 11 + 23, 20): "Permanece sempre no mesmo lugar, sem se mover; nem é próprio dele ir a diferentes lugares em diferentes ocasiões, mas antes, sem esforço, tudo abala com o pensamento do seu espírito" (*Os filósofos pré-socráticos*, p. 174).

[19] Cf. DIÓGENES LAÉRCIO IX, 21-3 (DK 28 A 1) e ARISTÓTELES. *Metafísica* I, 5, 986b-18.

²⁰ Cf., por exemplo, o fragmento 6 de SIMPLÍCIO (*Física*, 86, 27-8; 117, 4-13).

²¹ Cf. PLATÃO. *A República,* Livro X, 607c-d: "Mesmo assim, diga-se que, se a poesia imitativa voltada ao prazer tiver argumentos para provar que deve estar presente em uma cidade bem governada, a receberemos com gosto, pois temos consciência do encantamento que sobre nós exerce". (N.It.)

²² ECO, U. *O nome da rosa*. Tradução de Aurora Fornoni Bernardini e Homero Freitas de Andrade. 2. ed. Rio de Janeiro: Record, 2009.

²³ BRECHT, B. *Brecht on Theatre: The Development of an Aesthetic*. Edited by John Willett. New York: Hill and Wang, 1964.

²⁴ Cf. ARISTÓTELES. *Poética*, 1449b 24-28.

²⁵ ARISTÓTELES. *Poética*, 1451a-36-1451b13: "E é evidente, a partir do que já foi dito, também que a dicção do que aconteceu, isso não é função do poeta, mas sim o que poderia acontecer e as coisas possíveis segundo o verossímil e o necessário. Com efeito, o historiador e o poeta não no dizer coisas com metro ou sem metro diferem (pois seria possível colocar os escritos de Heródoto em metros e em nada seria menos história com metro que sem metros); mas diferem nisto: em o primeiro dizer as coisas que aconteceram e o segundo as que poderiam acontecer. Por isso, a poesia é algo não só mais filosófico, mas também mais elevado que a história; pois a poesia diz de preferência as coisas de modo universal e a história, as coisas de modo singular. E <é> 'de modo universal', por um lado, quais coisas ocorrem a qual tipo de pessoa dizer ou fazer segundo o verossímil e o necessário, <fim> a que visa a poesia, mesmo impondo nomes; e 'de modo singular', por outro, <é> o que Alcibíades fez ou experimentou.".

²⁶ Consoante *Os fundamentos da aritmética*, de 1884, o conceito aritmético básico é o de número (ver, por exemplo, os parágrafos 45-54). Com efeito, o sistema fregiano definiu os números cardinais através da noção lógica de "classes de classes com o mesmo número de membros". Mas um uso específico da noção de conjunto ("o conjunto de todos os conjuntos que não se contêm a si próprios como membros") comporta uma contradição que implica o seguinte paradoxo da teoria dos conjuntos – descoberto por Russell em 1901: algumas classes são membros de si mesmas: a classe de todos os objetos abstratos é um objeto abstrato; outras classes não são membros de si mesmas: a classe dos burros não é, ela própria, um burro; considere-se agora a classe de todas as classes que não são membros de si mesmas. É essa classe um membro de si mesma? Se é, então não é; e se não é, então é.

²⁷ Cf. ÉSQUILO. *Eumênides*, versos 865 e seguintes: "Responderei também a isso e saberás/ que todos os meus argumentos são corretos./ Aquele que se costuma chamar de filho/ não é gerado pela mãe – ela somente/ é a nutriz

do germe nela semeado –;/ de fato, o criador é o homem que a fecunda;/ ela, como uma estranha, apenas salvaguarda/ o nascituro quando os deuses não o atingem/ Oferecer-te-ei uma prova cabal/ de que alguém pode ser pai sem haver mãe./ Eis uma testemunha aqui, perto de nós –/ Palas, filha do soberano Zeus olímpico –,/ que não cresceu nas trevas do ventre materno;/ alguma deusa poderia por si mesma ter produzido uma criança semelhante?/ De minha parte, Palas, sábio como sou, /darei glória a teu povo e à tua cidade;/ quanto a Orestes, que chegou até aqui/ como teu suplicante, fui seu condutor/ até a frente de teu templo e tua imagem;/ ele te traz a sua eterna devoção/ e a segurança de que terás nele mesmo/ e em todos os seus descendentes no porvir/ os aliados mais fiéis aos juramentos".

[28] Cf. HESÍODO. *Teogonia*, 570-587.

[29] Cf. ÉSQUILO. *Eumênides*, versos 1050-1069: "Ouvi-me: basta de soluços aflitivos!/ Não vos considereis vencidas, pois da urna/ saiu uma sentença ambígua, cujo efeito/ é pura e simplesmente dar força à verdade/ mas sem vos humilhar. Zeus todo-poderoso mandou sinais capazes de causar espanto,/ anunciando ao próprio Orestes que seu ato/ não acarretaria castigos divinos./ Vossa vontade é derramar sobre esta terra/ a vossa ira; peço-vos que reflitais/ em vez de agir obedecendo aos vossos ímpetos;/ não insistais em tornar este solo estéril/ deixando transbordar de vossos lábios sacros/ uma espuma raivosa que destruiria/ todos os germes produtores de alimentos./ Desejo oferecer-vos de maneira justa/ asilo e proteção nesta cidade; aqui,/ no trono de vossos altares reluzentes,/ tereis assento e o respeito de meu povo".

[30] Conto de terror de Edgar Allan Poe ("The Fall of the House of Usher"). (N.It.)

[31] Cf. PLATÃO. *Eutífron*, 4c-d, 10. (N.It.)

[32] Aristóteles (*Metafísica*, 1, 5, 986b-18/DK 28 A 24) diz sobre o Ser em Parmênides: "Julgando que fora do ser o não-ser nada é, forçosamente [Parmênides] admite que só uma coisa é, a saber, o ser, e nenhuma outra". Sobre a negação do movimento, ver: ARISTÓTELES. *Do céu*, III, 1, 298b-14 (DK 28 A 25): "Uns negam absolutamente geração e corrupção, pois nenhum dos seres nasce ou perece, a não ser em aparência para nós". Alguns dos atributos do Ser, segundo o poema *Sobre a natureza* (*Peri physeôs*), de Parmênides: uno (*hen*), homogêneo (*oulon mounogenes*), absoluto em si mesmo (*kath'heauto*), pleno em si (*pan d'empleon estin eontos*), perfeito (*tetelesmenon*), todo inteiro (*kath'heauto*), relativo apenas a si (*eon gar eonti pelazei*), integralmente igual (*homou pan, pan homoion*), contínuo (*tôi xuneches pan estin*), eterno e estático (*tauton t'en tautôi te menon kath' heauto te keitai*) (ver também SIMPLÍCIO. *Física*, 114, 29; DK 28 B 1-9) (*Os filósofos pré-socráticos*, p. 249-273).

³³ WEYL, H. *Philosophy of Mathematics and Natural Science*. Princeton: Princeton University Press, 1949. (N.It.)

³⁴ EINSTEIN, A. *Correspondance avec Michele Besso: 1903-1955*. Paris: Hermann, 1972. (N.It.)

³⁵ "Se adicionarmos mais uma dimensão ao universo visualizado por Parmênides, teremos o universo de Einstein (no qual, também, nada jamais acontece, pois, em termos de quatro dimensões, tudo está determinado e estabelecido desde o início" (POPPER, K. *Conjecturas e refutações*. Tradução de Sérgio Bath. Brasília: Editora UnB, 1980. p. 68).

³⁶ Cf. ARISTÓTELES. *Metafísica*, 1025a14-16, 1026b30-31, 1027a19-26; *Física*, II.8, 198b32-35, assim como (do mesmo livro) 196b-10, 197a-18, 197b-30, 198b-32 e 199a-22. No geral, Aristóteles distingue entre os eventos que acontecem frequentemente ("muitas vezes", *pollákis*) e os necessários por natureza ("sempre", *aei*).

³⁷ Para tais referências sobre a região celeste em Aristóteles, ver as passagens 269b, 270a, 270b, 287a de ARISTÓTELES. *Do céu*. Tradução, textos adicionais e notas de Edson Bini. São Paulo: Edipro, 2014.

³⁸ Cf. GALILEU GALILEI. *Ciência e fé: cartas de Galileu sobre o acordo do sistema copernicano com a Bíblia*. Tradução de Carlos Arthur R. do Nascimento. 2. ed. rev. e ampl. São Paulo: Editora UNESP, 2009. p. 60. Na carta remetida em 1615 à senhora Cristina de Lorena, grã-duquesa de Toscana (passagem 316-317), o cientista italiano escreveu: "[...] sendo a Natureza inexorável e imutável e jamais ultrapassando os limites das leis a ela impostas, como aquela que em nada se preocupa se suas recônditas razões e modos de operar estão ou não ao alcance da capacidade dos homens; parece, quanto aos efeitos naturais, que aquilo que deles a experiência sensível nos coloca diante dos olhos, ou as demonstrações necessárias nos fazem concluir, não deve de modo nenhum ser colocado em dúvida, menos ainda condenado, através de passagens da Escritura que tivessem aparência distinta nas palavras".

³⁹ Cf. ARISTÓTELES. *Sobre a alma*, 418a2, 425b23, 427b3, 428b12-30 e 431b26.

⁴⁰ A figura do Deus intervencionista é recorrente no pensamento de Newton. Cf., por exemplo, o Escólio Geral dos *Principia*, em que Deus é descrito como "inteligente e poderoso", "Senhor de tudo", "Ser eterno, infinito, absolutamente perfeito", "Ser vivente, inteligente e poderoso", "infinito, onipresente e onisciente", "o mesmo", "todo poder para perceber, entender e agir". O núcleo da mística do filósofo natural inglês ressalta que conhecemos Deus "somente por suas intervenções mais sábias e excelentes das coisas", dentre as quais a "diversidade das coisas naturais que encontramos adaptadas a tempos e lugares diferentes", que apenas poderiam vir a ser em

razão "das ideias e vontade de um Ser necessariamente existente" (ver as páginas 168-169 dos trechos selecionados em NEWTON, I. *Princípios matemáticos de filosofia natural*. Tradução de Carlos L. de Mattos e Pablo Rubén Mariconda. São Paulo: Abril Cultural, 1979).

[41] Cf. os documentos L.I.4, L.II.6, L.III,13, L.V.38 e L.V.99 referentes à correspondência entre G. W. Leibniz e S. Clarke (editados por H. G. Alexander, Manchester University Press, 1956). Especificamente, na Primeira Carta (novembro de 1715, como missiva à Princesa de Gales), Leibniz estabelece a analogia do intervencionismo divino de Newton como um relojoeiro incompetente que "necessita, de tempos em tempos, dar corda em seu relógio, pois do contrário ele deixaria de funcionar". A um tal Deus faltaria, pois, "presciência" para dar ao Universo o "movimento perpétuo" necessário. Assim, a "máquina de Deus" seria "tão imperfeita" que Deus estaria obrigado a movimentar "de tempos em tempos por um concurso extraordinário, e mesmo consertá-la". Em síntese, Leibniz entende que a compreensão newtoniana de que Deus intervém causalmente no mundo físico, por fim, finda por minimizar o poder de Deus.

[42] A história da réplica laplaciana à superficialidade da hipótese de Deus remonta a 1799, quando o físico francês teria presenteado o imperador com uma cópia do *Tratado de mecânica celeste*. Em 1802, Napoleão Bonaparte teria então solicitado que Laplace explicasse a função específica de Deus no interior de sua teoria do sistema solar, ao que teria recebido como resposta *"Sire, je n'ai pas eu besoin de cette hypothèse"*.

[43] Atribui-se a Leucipo e (em certa medida) a seu discípulo Demócrito a postulação da existência de átomos e do vazio (*plenum* e *inane*, nos termos de CÍCERO. *Academica priora*, II, 37, 119), como uma resposta à ontologia de Parmênides (conforme opinião de ARISTÓTELES. *Sobre a geração e a corrupção*, A, 8, 325a2-11). Também Aristóteles disse, em *Metafísica* A, 4, 985b4, que, segundo eles, os elementos básicos seriam o cheio ("cheio o sólido") e o vazio ("o que não é") – ambos "causas naturais das coisas existentes". A partir dessas "substâncias fundamentais" se originariam "as outras coisas por intermédio das suas [isto é, do cheio e do vazio] modificações" (agregação, divisão, colisão, emaranhamento, etc.). As diferenças na "forma, ordem e posição" dos elementos causariam as diferenças entre os seres. Os átomos seriam, pois, pequenos corpos indivisíveis, invisíveis, porém volumosos, que se moveriam no espaço vazio infinito se agregando por semelhança (Cf. DIÓGENES LAÉRCIO IX, 31; ARISTÓTELES. *Sobre a geração e a corrupção*, A, 8, 326a9; e *Do céu*, 300b8). Para detalhes, ver SIMPLÍCIO. *De Caelo*, 295, 11: "[...] estes átomos movem-se no vazio infinito, separados uns dos outros e diferentes no formato, tamanho, posição; ao ultrapassarem uns aos outros, colidem, e alguns são sacudidos

ao acaso, em qualquer direção, ao passo que outros, entrelaçando-se uns com os outros segundo a congruência das suas formas, tamanhos, posições e disposições, permanecem unidos e assim dão origem ao nascimento de corpos compostos" (*Os filósofos pré-socráticos*, p. 426, 430-431, 437; especialmente as p. 445-448).

[44] Por exemplo, ARISTÓTELES. *Física* (317a 1-11; 232b25; 231b6; também *Fís.* III, 6207a 20-25) e também *De Lineis Insecabilibus* (968a4, 970b10-15, 969a10, 970a3, 970a9-13 e 970b10-15).

[45] O termo grego é *"oikonomikè"* (*oikos*: "casa", "habitação"; *nomos*: "gerenciar", "administrar"). Para a questão no *corpus* aristotélico, ver *Política* (Livro I, 3-13; esp. I, 8, 1256a10-12; I, 10, 1258a27-34) e Ética a Nicômaco (Livro V, 5).

[46] KOSHLAND, D. E. Sequences and Consequences of the Human Genome. *Science*, v. 246, p. 189, 1989. (N.It.)

[47] Por exemplo, no Aforismo XCVIII do *Novum Organon: ou Verdadeiras indicações acerca da interpretação da natureza* (Tradução e notas de José Aluysio Reis de Andrade. São Paulo: Abril, 1973), Francis Bacon escreve que "os segredos da natureza melhor se revelam quando esta é submetida aos assaltos das artes que quando deixada no seu curso natural" (em latim: *quandoquidem natura rerum magis se prodit per vexationes artis quam in libertate propria*). Essa passagem pode ser interpretada (na linha de Feyerabend na conferência em curso) como indício de um ideal baconiano segundo a qual a experimentação científica consiste em uma *tortura* da Natureza. O Aforismo II da obra em questão também apontaria para essa imagem de uma manipulação forçada e violenta para extrair os segredos ocultos da Natureza: "Nem a mão nua nem o intelecto, deixados a si mesmos, logram muito. Todos os feitos se cumprem com instrumentos e recursos auxiliares, de que dependem, em igual medida, tanto o intelecto quanto as mãos. Assim como os instrumentos mecânicos regulam e ampliam o movimento das mãos, os da mente aguçam o intelecto e o precavêm". Contudo, importa notar que o termo original para a expressão "submetida aos assaltos das artes" (no supracitado Aforismo XCVIII) é *"vexationes artium"*, do latim *"vexare"* ("molestar", "oprimir", "espremer", "incomodar", "irritar"), sendo ambíguo ou tendencioso (tese de Vickers) traduzir *"vexationes"* (ou variações suas: *naturae constrictae et vexata*) como "tortura da natureza" (no sentido de extrair uma confissão aos moldes jurídicos) (tese de Pesic). Então, Bacon não empregaria o cognato jurídico *"tortura"* (indicando metaforicamente algum "abuso físico" com força extrema contra a Natureza) para se referir à investigação experimental (tese de Merchant). O uso dessas metáforas é mais bem captado por passagens nas quais o autor se refere à capacidade do Método de "pressionar" a Natureza

(ver o trecho em *O progresso do conhecimento*. Tradução, apresentação e notas de Raul Fiker. São Paulo: Editora UNESP, 2007; em especial a passagem IX, 407, §9 do *Livro segundo de Francis Bacon sobre a proficiência e o progresso do conhecimento divino e humano*). Para uma discussão técnica, ver: PESIC, P. Proteus Rebound: Reconsidering the Torture of Nature. *Isis*, n. 98, p. 304-317, 2008; PESIC, P. Wrestling with Proteus: Francis Bacon and the "Torture of Nature". *Isis*, n. 90, p. 81-94, 1999; MERCHANT, C. The Violence of Impediments: Francis Bacon and the Origins of Experimentation. *Isis*, n. 99, p. 731-760, 2008; e VICKERS, B. Francis Bacon, Feminist Historiography, and the Dominion of Nature. *Journal of the History of Ideas*, v. 69, n. 1, p. 117-141, 1 Jan. 2008.

[48] Para uma descrição detalhada desse modelo, ver o capítulo II ("O problema dos planetas") de KUHN, T. *A revolução copernicana*. Tradução de Marília Costa Fontes. Lisboa: Edições 70, 1990.

[49] Cf. nota 37.

[50] O método hermenêutico de Agostinho recorria à alegoria como uma via de solucionar problemas referentes ao Antigo Testamento e levava em conta a passagem bíblica de Coríntios (2: 3-6) em que se lê que "a letra mata, o espírito vivifica". Cf. AGOSTINHO. *A doutrina cristã: manual de exegese e formação cristã*. Tradução de Nair de Assis Oliveira. São Paulo: Paulus, 2002.

[51] Feyerabend explora essa questão em vários momentos de sua obra, como em *A conquista da abundância*. Tradução de Cecilia Prada e Marcelo Rouanet. São Leopoldo: Editora UNISINOS, 2006. p. 106, 108, 126, 292. Mas o referido argumento de Aristóteles contra Parmênides corresponde, mais corretamente, à crítica de Aristóteles aos filósofos que apresentariam ideias contrárias ao senso comum e à vida pública (nesse caso específico, discutindo a natureza do "Bem", e não "Deus", como diz Feyerabend), presente em *Ética a Nicômaco* I, 6, 1096b33 e segs. (tradução de Antônio de Castro Caeiro. São Paulo: Atlas, 2009): "Na verdade, se o bem predicado em comum é algo uno ou separado em si segundo si próprio, é evidente que não pode ser realizável pela ação humana nem pode vir a ser por ela alcançado".

[52] Cf. GINZBURG, C. *O queijo e os vermes*. Tradução de Maria Betânia Amoroso. São Paulo: Companhia das Letras, 2006. (N.It.)

[53] Feyerabend se refere às atividades realizadas em parceria com Christian Thomas. Juntos, eles editaram as seguintes obras: *Wissenschaft und Tradition* (1983), *Kunst und Wissenschaft* (1984), *Grenzprobleme der Wissenschaften* (1985) e *Nutzniesser und Betroffene von Wissenschaften* (1986). Tais volumes evidenciam a pluralidade de temas debatidos por diversos expositores na sala F1 do prédio central da Eidgenössische Technische Hochschule *Zürich*, dentre

os quais destacamos: P. Albert Ziegler (teologia católica) e Mohamed Mansour (tradição islâmica); Detlev Uslar, Hansueli Etter, Volker Henn (reducionismo científico); Albrecht Fölsing, Herwig Schopper, Jochen Benecke, Hans Primas e Valentin Telegdi (fundamentos epistemológicos da física de altas energias); Hannelore Bublitz, Ruth Meyer, Jürgen Mittelstrass (conceitografia); Irena Seib-Madeja e Krzysztof Zanussi (literatura); Antonella Neidhart-Pozzi, István Viläghy, Karin Richner e Willy Stoll (obstetrícia e ética médica); Esther Fischer-Homberge, Ina Wagner, Myriam Salzmann e Margarete Maurer (questões de gênero e feminismo); Francesco Kneschaurek e Henner Kleinewefers (*previsibilismo*); Herbert Hörz e Hermann Lübbe (teoria democrática); Hans Letsch, Elisabeth Michel-Alder e Maurice Cosandey (finanças e economia); Hans Bender, Eberhard Bauer e Piet Hein Hoebens (parapsicologia); Michel Gauquelin, Hans Jürgen Eysenck, Kurt Dressler e Arnold Keyserling (astrologia); Golo Mann (história) e Werner Bärtschi (música); Lucius Burckardt e Otti Gmür (arquitetura); Heinrich O. Proskauer, Viktor Gorgé e Gerhard Resch (história da ciência moderna); Rainer Krause e Gian Carlo Testa (psicologia); Marianne Herold, Alfred Binder Nater (agronomia e agricultura); Ruedi Albonico, Hans Mettler, Ernst Scheider, Kurt Jaggi e Peter Güller (práticas médicas tradicionais e não tradicionais); Vithal Rajan, Leelananda De Silva, Ulrich Zollinger, Atilay Ileri, Raimund E. Germann e Manfred Kuhn (relações entre política, poder judiciário e tecnocracia); Bernd-Olaf Küppers (reducionismo científico); Heinz Hasler e Pierre Fornallaz (tecnologia e militarismo); Dieter P. Wirth, Irena Seib (ensino e profissionalização das ciências); ou Rainer Flöhl, Ruggero Schleicher e Wolfram Huncke (divulgação e jornalismo científico).

[54] Feyerabend se refere ao papa João Paulo II, nascido Karol Jósef Wojtyla, cujo pontificado durou de 1978 a 2005.

[55] Para uma detalhada descrição histórica e técnica do experimento citado por Feyerabend, bem como da sua importância para o desenvolvimento das ideias da física moderna, ver SWENSON JR., L. S. *The Ethereal Aether. A History of the Michelson-Morley-Miller Aether-Drift Experiments, 1880-1930.* Austin: University of Texas Press, 1972.

[56] HACKING, I. *Representar e intervir: tópicos introdutórios de filosofia da ciência natural.* Tradução de Pedro Rocha de Oliveira. Rio de Janeiro: EDUERJ, 2002. (N.It.)

[57] CARTWRIGHT, N. *How the Laws of Physics Lie.* Oxford: Oxford University Press, 1983. (N.It.)

[58] Ver p. 71 deste volume. (N.It.)

[59] MERZ, T. *A History of European Thought in the Nineteenth Century (1904-1912).* New York: Dover, 1965. 4 v. (N.It.)

⁶⁰ Cf. REINHARDT, K. *Parmenides und die Geschichte der griechischen Philosophie*. Frankfurt: Klostermann, 1959. (Primeira edição: 1916). (N.It.)

⁶¹ "Mas se os bois e os cavalos ou os leões tivessem mãos ou fossem capazes de, com elas, desenhar e produzir obras, como os homens, os cavalos desenhariam as formas dos deuses semelhantes à dos cavalos, e os bois à dos bois, e fariam seus corpos tal como cada um deles o tem" (*Os filósofos pré-socráticos*, p. 173).

⁶² "Os Etíopes dizem que os seus deuses são de narizes achatados e negros, os Trácios, que os seus têm olhos claros e o cabelo ruivo" (*Os filósofos présocráticos*, p. 173).

⁶³ GUTHRIE. *A History of Greek Philosophy*, p. 370. (N.It.)

⁶⁴ ELIADE, M. *História das crenças e das ideias religiosas*. Tradução de Roberto Cortes de Lacerda. Rio de Janeiro: Zahar, 2011. v. II, p. 411. Ver também p. 187, nota 38. (N.It.)

⁶⁵ POPPER, K. *Em busca de um mundo melhor*. Tradução de Milton Camargo Mota. São Paulo: Martins, 2006. (N.It.)

⁶⁶ MIŁOSZ, C. *Não mais*. Seleção, tradução e introdução de Henryk Siewierski e Marcelo Paiva de Souza. Brasília: Editora UnB, 2003. p. 72-73. (N.It.)

⁶⁷ Cf. AMÉRY, J. *Além do crime e castigo*. Tradução de Marijane Lisboa. Rio de Janeiro: Contraponto, 2013. (N.It.)

⁶⁸ O trecho completo diz: "*Sócrates* – Aqui está o que tínhamos a dizer, ao lembrarmos de novo da poesia, por, justificadamente, excluirmos da cidade uma arte desta espécie. Era a razão que a isso nos impelia. Acrescentemos ainda, para ela não nos acusar de uma tal ou qual dureza e rusticidade, que é antigo o diferendo entre a filosofia e a poesia".

⁶⁹ Fragmento de Ateneu (X, 462c./DK 21 B 1-9).

⁷⁰ O fragmento 3 de Xenófanes (XII 526 A de Ateneu) diz: "As delicadezas inúteis [os homens de Cólofon] aprenderam dos lídios, e, enquanto estavam longe da odienta tirania, iam à ágora vestindo túnicas purpúreas, em geral, em número não inferior a mil, soberbos, orgulhosos de seus cabelos bem tratados, respingando perfume de unguentos artificiais".

⁷¹ "Mas se alguém obtivesse a vitória,/ ou pela rapidez dos pés,/ ou no pentatlo, lá onde está o recinto de/ Zeus perto das correntes do Pisa/em Olímpia,/ ou na luta, ou mesmo no penoso embate do pugilato,/ ou na rude/ disputa a que chamam pancrácio,/ os cidadãos o veriam mais ilustre,/ obteria nos jogos lugar de honra/ visível a todos,/ receberia alimento vindo das reservas públicas/ dado pela cidade e também dons que seriam seu tesouro./ Ainda que fosse com cavalos, tudo isso lhe caberia,/ embora não fosse digno como eu, pois mais que a força física/ de homens e de cavalos vale minha sabedoria./ Ora, muito sem razão é esse costume, nem justo/

é preferir a força física à boa sabedoria./ Pois nem havendo entre o povo um bom pugilista,/ nem havendo um bom no pentatlo, nem na luta/ ou pela rapidez dos pés, que mais que a força física/ merece honra entre as ações dos homens nos jogos,/ não é por isso que a cidade viveria em maior ordem./ Pequeno motivo de gozo teria a cidade,/ se alguém, competindo, vencesse às margens do Pisa, pois isso não enche os celeiros da cidade."

[72] NEEDHAM, J. *Science and Civilization in China*. Cambridge: Cambridge University Press, 1954-1988. 6 v. (N.It.)

[73] Sobre a louvação do rio (e outras narrativas místicas envolvendo Pitágoras), ver DK 14, 7: "O filho de Nicômaco [*i.e.* Aristóteles] acrescenta que Pitágoras foi visto certa vez por muita gente, no mesmo dia e à mesma hora, tanto no Metaponto como em Crótona; e que em Olímpia, durante os jogos, ele se pôs de pé em pleno teatro e mostrou que uma de suas coxas era de ouro. O mesmo escritor diz que Pitágoras, ao atravessar o rio Cosas, foi saudado por este, e que muita gente ouviu essa saudação" (*Os filósofos pré-socráticos*, p. 238).

[74] Ver, respectivamente: DIÓGENES LAÉRCIO I, 118 (DK 14, 8): "[...] Pitágoras, filho do cinzelador de anéis Menesarco, natural de Samos (no dizer de Hermipo) ou (como afirma Aristóxeno) Tirreno, proveniente de uma das ilhas que os Atenienses ocuparam após a expulsão dos tirrenos"; e DK 14,8 (PORFÍRIO. *A vida de Pitágoras*, 9): "Aristóxeno diz que ele (*sc.* Pitágoras), com a idade de quarenta anos, ao ver que a tirania de Polícrates era demasiado opressiva para um homem livre poder suportar um tal domínio e despotismo, partiu, por esse motivo, para Itália" (*Os filósofos pré-socráticos*, p. 232).

[75] Sobre as atividades de Pitágoras em Crótona, ver DK 14, 8a: "[...] quando ele desembarcou em Itália e chegou a Crótona, foi recebido como homem de notáveis poderes e experiência, devido às suas muitas viagens, e como pessoa bem dotada pela fortuna, no tocante às suas características pessoais. É que sua aparência era imponente e própria de um homem livre, e na sua voz, em seu caráter e em tudo o mais da sua vida havia graça e harmonia em profusão. Por consequência, foi capaz de organizar a cidade de Crótona, por tal forma que, depois de ter persuadido o conselho governativo dos anciãos com a nobreza de numerosos discursos, por ordem do governo fez aos jovens adequadas exortações, após o que se dirigiu às crianças, trazidas das escolas, e por fim às mulheres, pois também tinha convocado uma reunião delas" (*Os filósofos pré-socráticos*, p. 236).

[76] Segundo a doxografia (ver DIÓGENES LAÉRCIO VIII, 34-5/DK 58c3; e DK 58c6), as regras de iniciação incluíam: a abstenção de favas, não apanhar alimentos caídos da mesa, não tocar em galos brancos ou em peixes sagrados, não partir o pão; e não ser ambicioso ou presunçoso, seguir as leis, ser moderado e não viver ociosamente (Cf. *Os filósofos pré-socráticos*, p. 240-241).

⁷⁷ Cf. IAMB. *De Vita Pythagorica* (*VP* 248-9/DK 14/16): "Cílon, membro de uma das antigas famílias de Crótona, era o seu cidadão mais destacado pelo nascimento, reputação e riqueza; mas, por outro lado, era uma pessoa de trato difícil, violento, turbulento e de um caráter tirânico. Manifestou todo seu empenho em partilhar do estilo de vida dos Pitagóricos e acercou-se do próprio Pitágoras, que era um ancião, mas foi rejeitado como indigno pelos motivos acima referidos. Quando tal aconteceu, ele e os amigos declararam uma guerra feroz contra o próprio Pitágoras e seus companheiros, e tão excessiva e descomedida se tornou a rivalidade do próprio Cílon e dos seus partidários, que perdurou até ao tempo dos últimos Pitagóricos. Foi por esse motivo que Pitágoras se retirou para o Metaponto e aí morreu, segundo consta" (*Os filósofos pré-socráticos*, p. 232).

⁷⁸ Sobre contribuições matemáticas dos pitagóricos, Cf. DIÓGENES LAÉRCIO VIII, 12: "Apolodoro, o calculador, diz que ele [*sc*. Pitágoras] sacrificou cem bois, após ter descoberto que o quadrado da hipotenusa de um triângulo rectângulo é igual aos quadrados dos lados que formam um ângulo recto. E há um epigrama que diz: 'Quando Pitágoras descobriu a famosa figura, aquela pela qual ele fez o célebre sacrifício de bois'"; e sobre as astronômicas, Cf. ARISTÓTELES, *Do Céu* (II, 13, 239a18): "A maioria das pessoas diz que que Terra se encontra no centro do universo... mas os filósofos da Itália, conhecidos pelo nome de pitagóricos, têm uma opinião contrária. No centro, dizem eles, encontra-se o fogo, e a Terra é um dos astros que, com seu movimento circular em redor do centro, dá origem à noite e ao dia. Imaginam, além disso, uma outra terra em oposição à nossa, a que dão o nome de anti-terra [...] Sustentam que a parte mais importante do mundo, que é o centro, devia ser mais estritamente guardada, e dão-lhe o nome, ou melhor, ao fogo que ocupa esse lugar, de 'casa da guarda de Zeus', como se a palavra 'centro' fosse totalmente inequívoca, e o centro da figura matemática se identificasse sempre com o da coisa ou com o centro natural" (*Os filósofos pré-socráticos*, p. 352, 361).

⁷⁹ PAULI, W. Der Einfluss archetypischer Vorstellungen auf die Bildung naturwissenschaftlicher Theorien bei Kepler. In: *Naturerklärung und Psyche*. Zurich: Rascher, 1952. (Studien aus dem C.G. Jung Institut, v. 4), no qual também foi publicado o ensaio de JUNG, C. G. Sincronicidade: um princípio de conexões acausais (*Obras completas, 8/3: Sincronicidade, a dinâmica do inconsciente*. Tradução de Mateus Ramalho Rocha. 16. ed. Petrópolis: Vozes, 2011). (N.It.)

⁸⁰ W. Pauli era conhecido como *Der fürchterlich Pauli* ("Pauli, o terrível"), por seus comentários sarcásticos nos seminários; e o próprio assinava suas cartas como *Die Geissel Gottes* ("o flagelo de Deus").

⁸¹ ARISTÓTELES. *Metafísica*, I, 5, 985b: "[...] os chamados pitagóricos consagraram-se pela primeira vez às matemáticas, fazendo-as progredir, e, penetrados por estas disciplinas, julgaram que os princípios delas fossem os princípios de todos os seres". Assim como: "E o certo é que todas as coisas que se conhecem têm número; pois sem ele nada se pode pensar ou conhecer" (fragmento de ESTROBEU. *Anth*. I, 21, 7c) (*Os filósofos pré-socráticos*, p. 344). (N.It.)

⁸² Cf. ARISTÓTELES. *Física*, III, 4, 203a10: "Os pitagóricos dizem que o ilimitado é o par. É este que, dizem eles, quando está envolvido e limitado pelo ímpar, fornece o elemento ilimitado das coisas existentes. Uma prova desse facto é o que acontece com os números. Se se colocarem os gnómones em redor do um, e sem o um, num caso, a figura resultante varia constantemente, noutro, é sempre a mesma" (*Os filósofos pré-socráticos*, p. 354).

⁸³ Cf. ARISTÓTELES. *Metafísica*, I, 5, 985b23 (DK 58b4-5): "[...] todas as demais coisas no conjunto da natureza parecem ter sido modeladas a partir de números, e que os números parecem ser as primeiras coisas no total da natureza, supuseram [os pitagóricos] que os elementos dos números eram os elementos de todas as coisas, e que todo o céu era um acorde e um número" (*Os filósofos pré-socráticos*, p. 347).

⁸⁴ "Também os pitagóricos sustentaram que o vazio existe e que penetra no céu a partir do sopro ilimitado – por assim, dizer, ele inspira também o vazio [*sc.* além do sopro]. O vazio distingue as naturezas das coisas, por ser ele quem separa e define os termos sucessivos de uma série. É isto o que acontece, em primeiro lugar, no caso dos números, por ser o vazio a distinguir a sua natureza" (ARISTÓTELES. *Física*, IV/6, 213b24-9); "No primeiro livro da sua obra *Sobre a filosofia de Pitágoras* escreve que o universo é uno e que do ilimitado nele são introduzidos o tempo, o sopro e o vazio, que distingue sempre os lugares de casa uma das coisas" (ESTROBEU. *Anth*. I, 18, 1 *c*) (*Os filósofos pré-socráticos*, p. 358).

⁸⁵ Ver a nota 32 e o texto correspondente.

⁸⁶ Cf. FEYERABEND, P. Algumas observações sobre a teoria da matemática e do *continuum* de Aristóteles. In: *Adeus à razão*. Tradução de Vera Joscelyne. São Paulo: Editora UNESP, 2010. p. 263-294.

⁸⁷ Cf. ARISTÓTELES. *Metafísica*, I, 5, 984a22 (DK58b5): "Outros membros desta mesma escola dizem que os princípios são dez e dispõem-nos em duas colunas de cognatos – limite e ilimitado, ímpar e par, uno e pluralidade, direito e esquerdo, macho e fêmea, estático e dinâmico, recto e curvo, luz e escuridão, bom e mau, quadrado e rectangular [...]" (*Os filósofos pré-socráticos*, p. 356).

[88] Cf. SEIDENBERG, A. The Ritual Origin of Counting. *Archive for the History of Exact Sciences*, n. 2, p. 1-40, 1962.

[89] Cf. nota 78.

[90] Atribui-se a Hipaso de Metaponto (séc. V a.C.) a descoberta da existência de segmentos de reta expressos por razões incomensuráveis (Cf. ARISTÓTELES. *Metafísica* 984a7; DIOGENES LAÉRCIO VIII 84; e IAMB. *De Vita Pythagorica* [*VP* 88]). Uma lenda, narrada inicialmente por Plutarco (*Vida de Numa Pompílio,* 22), conta que o pitagórico quebrou o silêncio da Escola e revelou o segredo das grandezas dos números irracionais a não iniciados (DK 18). A versão de Pappus diz que Hipaso morreu afogado ao ser lançado ao mar da Calábria como punição pela divulgação de tal informação, ao passo que a versão de Jâmblico descreve a punição com o ostracismo e a construção de uma tumba (na qual estaria escrito "Seja ele declarado morto") para simbolizar sua morte, ainda em vida (*VP* 246). Para detalhes, ver VON FRITZ, K. The Discovery of Incommensurability by Hippasus of Metapontum. *Annals of Mathematics*, Second Series, v. 46, n. 2, p. 242-264, Apr. 1945.

[91] Cf. PLATÃO. *Teeteto*, 147d-148b.

[92] Cf. nota 32 e texto correspondente.

[93] "Já sessenta e sete anos se passaram fazendo vagar meu pensamento pela terra da Hélada; do meu nascimento até então vinte e cinco a mais, se é que eu sei falar com verdade sobre isso" (Cf. DIOGENES LAÉRCIO IX, 18. 19; "Elegias"/DK 21 B 1-9).

[94] PLATÃO. *Eutidemo*. Tradução, apresentação e notas de Maura Iglesias. São Paulo: Loyola, 2011. Fizemos pequenas adaptações à tradução para corresponder à interpretação dada por Feyerabend. (N.It.)

[95] Cf. HOMERO. *Ilíada*, versos 495-509: "[...] Às portas, param/ mulheres admiradas. Mais além, perante/ o povo, na ágora, dois homens litigando/ em torno de um delito; a lide: a morte de outrem/ e o resgate a ser pago em reparo do dano;/ um jurava ter pago o débito; afirmava/ o outro que nada recebera; um árbitro, ambos/ pediram, que julgasse o pleito; divididos/ os cidadãos, aos gritos tomavam partido;/ os arautos continham o povo; gerontes/ sentavam-se nas sedes de pedra polida,/ sacro círculo; arautos portavam seus cedros,/ voz sonora;/ tomando-os, erguiam-se e ditavam/ suas sentenças: dois áureos talentos, no solo/ postos, prêmio ao melhor juiz".

[96] SIMPLÍCIO. *Física*, 116, 28; versos 3-8: "Anda daí e eu te direi (e tu trata de levares as minhas palavras contigo, depois de as terem escutado) os únicos caminhos da investigação que importa pensar. Um, [aquilo] que é e que [lhe] é impossível não ser, é a via da Persuasão (por ser companheira da Verdade); o outro, [aquilo] que não é e que forçoso se torna que não exista, esse te declaro eu que é uma vereda totalmente indis-

cernível, pois não poderás conhecer o que não é – tal não é possível – nem exprimi-lo por palavras" (*Os filósofos pré-socráticos*, p. 255).

[97] Cf. PLATÃO. *Hípias Menor*. Tradução de Carlos Alberto Nunes. Belém: EDUFPA, 2001, especialmente a passagem 368b-d: "*Sócrates* – Vamos, Hípias, examina sob esse aspecto outras ciências, para veres se não se dá a mesma coisa em todas elas. Pois és o mais sábio dos homens em todas as artes, como de uma feita já te ouvi gabar-te na ágora, junto de uma banca de câmbio, ao enumerares a variedade verdadeiramente invejável de tuas aptidões. Dizia que certa vez em que fostes a Olímpia tudo o que trazias sobre o corpo havia sido feito por ti. Em primeiro lugar, o anel que tinhas no dedo – foi por aí que principiaste – era trabalho teu, pois, sabias muito bem entalhar anéis; trazias, também, um cinto feito por ti; tua escova de banho e um frasquinho de óleo eram de tua fabricação. De seguida, disseste que tu havias cortado os sapatos que então calçavas, bem como havias tecido o manto e a túnica. Porém o que mais deixou a todos estupefatos, como demonstração de sua extraordinária capacidade, foi dizeres que o cinto da túnica que tinhas no corpo, também feito por ti, era igual ao da mais fina fabricação persiana. Ademais, levavas contigo poemas diferentes, epopeias, tragédias e ditirambos, além de composições em prosa da mais variada espécie".

[98] Do original grego: tòn hétto lógon kreítto poieín (Cf. ARISTÓTELES. *Retórica*, II, 24, 1402a 23; ver também ISÓCRATES, DK 80 74, A21). Princípio atribuído ao sofista Protágoras (Fragmento 27, também conhecido como o "Fragmento dos *Logoi* Forte e Fraco") que concerne ao objetivo de tornar o discurso mais fraco/débil (*ho hétton lógos*) capaz de rebater e suplantar o discurso mais forte/vitorioso (*ho kreítton lógos*). Para a referida crítica de Platão à falsidade dessa ideia protagórica, ver *Apologia de Sócrates* (19b).

[99] HERÓDOTO. *História*. Tradução de Mário da Gama Kury. 2. ed. Brasília: Editora UnB, 1988. (N.It.)

[100] Cf. PLATÃO. *Fedro*, 274c-275b.

[101] Cf. PLATÃO. *Carta VII*, 341c.

[102] Cf. nota 132. (N.It.)

[103] Cf. PLATÃO. *Fedro*, 270b-274b.

[104] Um panorama das ideias do Círculo de Viena aparece em HAHN, H. *et al*. A concepção científica do mundo: o Círculo de Viena. *Cadernos de História e Filosofia da Ciência*, n. 10, 1986, p. 5-20, 1986. Uma discussão mais técnica sobre a teoria semântica neopositivista consta em: FEIGL, H. A visão "ortodoxa" de teorias: comentários para defesa assim como para crítica. *Scientiae Studia* v. 2, n. 2, p. 265-277, 2004; e também em CARNAP, R. O caráter metodológico dos termos teóricos. In: *Coletânea de textos*:

Moritz Schlick, Rudolf Carnap e Karl R. Popper. Tradução de Pablo Rubén Mariconda. São Paulo: Abril Cultural, 1975. p. 227-260. Para estudos especializados, ver: STADLER, F. *The Vienna Circle. Studies in the Origins, Development and Influence of Logical Empiricism.* Wien-New York: Springer 2001; What is the Vienna Circle? Some Methodological and Historiographical Answers. In: STADLER, F. (Ed.). *The Vienna Circle and Logical Empiricism. Re-Evaluation and Future Perspectives.* Dordrecht; Boston; London, 2003, p. XI-XXIII; The Vienna Circle: Context, Profile, and Development. In: *The Cambridge Companion of Logical Empiricism.* Edited by Alan Richardson and Thomas Uebel. Cambridge: Cambridge University Press, 2008. p. 13-40; UEBEL, T. *Rediscovering the Forgotten Vienna Circle. Austrian Studies on Otto Neurath and the Vienna Circle.* Dordrecht: Kluwer, 1991. (Boston Studies in the Philosophy of Science); *Overcoming Logical Positivism from Within. The Emergence of Neurath's Naturalism in the Vienna Circle's Protocol Sentence Debate.* Amsterdam; Atlanta, GA: Rodopi, 1992.

[105] Cf. FEYERABEND. P. An Attempt at a Realistic Interpretation of Experience. *Proceedings of the Aristotelian Society,* n. 58, p. 143-70, 1958; reimpresso em *Realism, Rationalism and Scientific Method.* Cambridge: Cambridge University Press, 1981. p. 17-36.

[106] FERGUSON, Eugene S. *Engineering and the Mind's Eye.* Cambridge: MIT Press, 1992. (N.It.)

[107] A Bíblia alude à forma da Terra em Eclesiastes 1: 5, Isaías 40: 22 e Jó 38: 14; à fixidez da Terra em Salmos 93: 1, 96: 10 e 104: 5; à estrutura da Terra em Isaías 11: 12, Apocalipse 7: 1 e Jó 9: 6, 38: 4; e à dimensão da Terra em Jó 11: 9, 28: 24, 37: 3 e 38: 13; Jeremias 16: 19 e Daniel 4: 11.

[108] Cf. FEYERABEND, P. Galileu e a tirania da verdade. In: *Adeus à razão.* Tradução de Vera Joscelyne. São Paulo: Editora UNESP, 2010. p. 295-314.

[109] Cf. BIAGIOLO, M. *Galileo, Courtier. The Practice of Science in the Culture of Absolutism.* Chicago; London: The University of Chicago Press, 1993. Feyerabend leu o manuscrito da obra e, posteriormente, publicou uma resenha dela em *Common Knowledge,* v. 3, n. 3, p. 173, Winter 1994. (N.It.)

[110] Aristóteles trata das discussões dialéticas em *Tópicos,* I, 1; 2, 101a25-b4; dos usos da dialética nos caps. 10 e 11 (especialmente 104a3-105a9, definindo proposições e problemas dialéticos). A definição da retórica em Aristóteles aparece na *Retórica,* I, 2, 1355b26 (o livro I segue distinguindo e detalhando os três gêneros oratórios).

[111] Cf. PERA, M.; SHEA, W. R. (Org.). *Persuading Science. The Art of Scientific Rhetoric.* Canton, MA: Watson Publishing International, 1991. (N.It.)

[112] GALILEU GALILEI. *Diálogo sobre os dois máximos sistemas do mundo ptolomaico e copernicano.* Tradução de Pablo R. Mariconda. São Paulo: Editora 34, 2011. (N.It.)

[113] As diferentes edições das conferências trentinas de Feyerabend não diferem apenas quanto à disposição das *domande* (ver nota iv, p. 8 da apresentação desta edição), mas também quanto às próprias selecionadas para publicação. Por exemplo, as perguntas reproduzidas adiante – sem autoria definida – constam apenas nas edições em inglês e francês do livro (p. 63, 131, 132; e 88, 165 e 166, respectivamente), mas não na edição italiana, tomada como base para esta edição:

P: *Em relação ao que você disse antes, ao falar das Fúrias, que a mãe era vista apenas como um receptáculo nutriz, eu queria entender por que, numa sociedade evoluída como a Grécia antiga, as mulheres não eram consideradas como tal, como mulheres.*

R: Na peça, essa ideia é introduzida por Apolo, que representa um novo tipo de religião. Para as Fúrias, a mãe não é apenas um receptáculo nutriz, mas também uma parente de sangue. Portanto existem dois lados, e a questão é como surge o novo lado. Eu não sei. A solução de Atena é que os dois lados contribuíram para a história da cidade e deveriam ser lembrados por isso. Era implausível afirmar que as mulheres eram receptáculos nutrizes? Não tenho como base o conhecimento da época. As mulheres davam à luz. Carregavam as crianças por nove meses. Engravidavam como resultado de uma relação sexual. Isso era conhecido, nada disso está sendo negado. Usando termos mais modernos, o que está sendo negado é a contribuição genética das mulheres. Trata-se de uma questão muito sutil que, na época, só poderia ser tratada pela ideologia.

P: *A* Comédia, *de Dante, é tanto tragédia quanto comédia...*

R: Depende de qual definição de comédia e tragédia você tem em mente; há muitas definições. Platão a chamaria de tragédia, pois também dizia que os poemas homéricos eram "tragédia". Segundo Aristóteles, Corneille ou Lessing, uma tragédia precisa de um enredo simples e deve ter conflito. O enredo de Dante é complexo, "episódico", como diria Aristóteles, e não tem conflito. Daí, segundo Aristóteles, Corneille ou Lessing, a *Comédia* seria uma epopeia, não uma tragédia.

P: *Mas em Dante há muito conflito...*

R: Atrito sim, mas nenhum conflito trágico.

P: *Talvez haja uma terceira via para lidar com isso, substituindo a palavra "teoria" por "regra" no sentido wittgensteiniano, como a regra de um jogo. Você concorda?*

R: Não, não acho que isso ajude, pois implica determinada concepção de regularidades que não considero particularmente atraente – mas essa é outra história.

[114] Preâmbulo presente apenas nas edições em inglês e francês desta obra.

[115] Cf. BERKELEY, *Do movimento* (*De motu*, 1720), §22.

[116] A questão remete a duas notas presentes na edição de 1975 do *Contra o método* (Tradução de Octanny S. da Mota e Leônidas Hegenberg. Rio de janeiro: F. Alvez, 1977). A nota 25 do capítulo I diz: "Ao escolher o termo 'anarquismo', simplesmente acompanhei uso geral. Contudo, o anarquismo – tal como praticado no passado e como vem sendo hoje posto em prática por crescente número de pessoas – apresenta características que não me disponho a apoiar. Pouco se preocupa com as vidas humanas e com a felicidade humana (salvo as vidas e a felicidade dos que pertencem a algum grupo especial); e encerra precisamente o tipo de seriedade e dedicação puritanas que eu detesto. (Há algumas encantadoras exceções, como a de Cohn-Bendit, mas são minorias). Por essas razões, eu prefiro recorrer, agora, à palavra Dadaísmo. Um dadaísta não feriria um inseto já para não falar em um ser humano. Um dadaísta não se deixa absolutamente impressionar por qualquer tarefa séria e percebe o instante em que as pessoas se detêm a sorrir e assumem aquela atitude e aquelas expressões faciais indicadoras de que algo importante está para ser dito. Um dadaísta está convencido de que uma vida mais digna só será possível quando começarmos a considerar as coisas com leveza e quando afastarmos de nossa linguagem as expressões enraizadas, mas já apodrecidas, que nela se acumularam ao longo dos séculos ('busca da verdade'; 'defesa da justiça'; 'preocupação apaixonada'; etc., etc.). Um dadaísta está preparado para dar início a alegres experimentos até mesmo em situações onde o alterar e o ensaiar parecem estar fora de questão (exemplo: as funções básicas da linguagem). Espero que, tendo conhecido o panfleto, o leitor lembre-se de mim como um dadaísta irreverente e não um anarquista sério. Cf. nota 4 do capítulo II". E a referida nota 4 do capítulo II diz: "'Dada', diz Hans Richter *(in Dada: Art and Anti-Art)* 'não se limitava a não ter programa; era contra todos os programas'. Isso não exclui a habilidosa defesa dos programas, para mostrar o caráter quimérico de todas as defesas, ainda que 'racionais'. [...] Espero que essas observações afastem o temor [...] de que eu apenas pretendia iniciar um novo movimento, onde os lemas 'proliferem' ou 'tudo vale' substituam os lemas do falseamento, do indutivismo ou da programação de pesquisas".

[117] Cf. PLATÃO. *O Banquete*. In: *Diálogos*. Tradução e notas de José Cavalcante de Souza. 2. ed. São Paulo: Abril Cultural, 1983, 223c-d: "[...] forçava-os Sócrates a admitir que é de um mesmo homem o saber fazer uma comédia

e uma tragédia, e que aquele que com arte é um poeta trágico é também um poeta cômico".

[118] Cf. PLATÃO. *A República,* Livro X, 607c-d. Ver o trecho completo reproduzido na nota 58.

[119] Ver nota 31. (N.It.)

[120] A fonte primária do relato em questão é, aparentemente, Aristóxeno de Tarento, *Elem. Harm.* II: "Como Aristóteles não se cansava de contar, é o que experimentou a maioria daqueles que foram os ouvintes da lição de Platão *Sobre o Bem.* Cada qual, relatava Aristóteles, anuía, supondo que aprenderia algo sobre o que tradicionalmente se considera como bens para o homem: riqueza, saúde, força física ou qualquer outra maravilhosa felicidade em geral. Mas, em se averiguando que preleções de Platão versavam sobre as matemáticas, os números, a geometria e a astronomia, concluindo que o Bem é um, imagino então que isso pareceu-lhes algo totalmente estranho. Por isso, alguns experimentaram uma sensação de desprezo pelo que acabavam de ouvir e outros manifestaram sua reprovação" (Cf. BRISSON, L. *Leituras de Platão.* Tradução de Sónia Maria Maciel. Porto Alegre: EDIPUCRS, 2011. p. 39-40).

[121] Cf. BOHR, N. Can Quantum-Mechanical Description of Physical Reality be Considered Complete? *Physical Review,* v. 48, p. 696-702, 1935. Para outros textos referentes a paradoxos e debates ontológicos suscitados pela teoria quântica, ver BOHR, N. *Física atômica e conhecimento humano.* Tradução de Vera Ribeiro. Rio de Janeiro: Contraponto, 1995; e *Causality and Complementarity.* Supplementary papers edited by Jan Faye and Henry Folse as the *Philosophical Writings of Niels Bohr, vol. IV.* Woodbridge: Ox Bow Press, 1998.

[122] Cf. HOMERO. *Ilíada,* IX, 309-429. O longo discurso de Aquiles no Canto IX da *Ilíada* é: "Ouve, Laertíade, poliastucioso: sem meios/ termos, claros, direi, direi quanto penso e farei,/ para que ninguém sente junto de mim, palrando/ um deste, outro daquele lado. Como às portas/ do Hades, detesto quem fala uma coisa e esconde/ outra na mente; quanto a mim, falarei como/ me apraz. O Atreide nunca me convencerá/ – e nenhum outro Dânao. Não há recompensa/ no incessante combate contra os inimigos;/ lote igual se destina/ ao valente e ao inerme;/ prestam honras iguais ao herói e ao poltrão;/ morre tanto o pugnaz, como o que nada faz./ Nada me adveio, após jogar a vida e tanto/ padecer, a lutar, expondo-me sem pausa./ Como a ave-mãe leva ao filhote implume o que acha/ para comer e fica à míngua, assim também/ privado do repouso de Hipnos, muitas noites/ tresnoitei, após dias a fio de sanguinosas/ pelejas, por mulheres alheias pugnando com bravos. Doze pólis minhas naus tomaram,/ e onze

apresei por terra em Ílion, férteis-plainos./ A todas despojei de esplêndidos tesouros,/ copiosos, que a Agamêmnon como dom portava;/ permanecendo atrás, junto de naus velozes,/ ele os recolhia: muito para si, bem pouco/ para a partilha. Então, galardoava os cabeças,/ os basileus com prêmios (intactos nas mãos/ destes, ao menos). Só das minhas retomou —/ cara ao meu coração — a esposa, e a goza agora/ na cama. Lutar contra os Tróicos, por quê? Por que o Atreide trouxe aqui seu exército? Não/ foi por Helena, lindos-cabelos? Artreides,/ eles, apenas, amam entre os mortais? Não!/ Todo homem reto, merecedor do nome, ama/ sua esposa e a ampara, como eu de coração, amo/ a minha, ainda que a tendo conquistado à lança./ Já que a tirou de minhas mãos, não venha agora/ tentar-me seduzir. Conheço bem suas manhas!/ Contigo Odisseu, com os demais basileus,/ tente salvar do fogo predatório as naus./ Muitas coisas já fez, sem mim. Edificou/ um forte bastião, com fosse largo e profundo;/ já plantou paliçadas. Mesmo assim nao pôde/ conter a força de Héctor, trudidador-de-homens!/ Enquanto junto aos Dânaos combati, jamais/ Héctor quis pelejar à distância dos muros;/ só chegava até à faia, às portas Céias. Uma única/ vez, uma só, me fez frente e fugiu-me ao ímpeto./ Que eu combata com Héctor? Não mais. Amanhã,/ Honrados Zeus e os deuses, naves carregadas,/ tu as verás, querendo, navegar ao largo/ do mar salino, do piscoso Helesponto, à hora/ do alvorecer, levadas pelo ardor dos remos./ E se o deus Tremedor-de-terra propiciar-nos,/ estaremos em Ftia em três dias, terra fértil./ Lá tenho bens copiosos. Fiz mal em deixá-los/ para vir aqui. Já levarei no retorno/ ouro, bronze vermelho, moças-de-cintura-/ fina, ferro cinzento, meu quinhão. O prêmio,/ Agamêmnon, de quem o recebi, de mim/ À bruta o arrebatou com hýbris ultrajante!/ A nu, dizei-lhe tudo, mando. Que os Aqueus/ o repilam, se pensa ainda ludibriar Dânaos,/ como sempre enroupado em despudor! Mas, quanto/ a mim, por descarado cão que seja, não/ ousará me olhar cara a cara. Ajudá-lo? Eu?/ Não coopero. Não dou conselho. Ele embrulhou-me,/ é um malfeitor. Não vai enlear-me com palavras/ de novo. Basta! Vai em paz! Sai, azar! Tonto/ que Zeus sapiente fez demente. Odeio as dádivas/ vindas de sua mão. Valem menos do que um pelo./ Dez, vinte vezes mais me desse do que tem,/ ou ganhe, quanto aflua ao Orcómeno e a Tebas/ egípcia, onde as mansões se abarrotam de bens;/ Tebas, de cem portais, que a duzentos guerreiros/ a cavalo e com carros dão passagem, cada/ um deles; se me desse tanto quanto areia/ ou pó, nem mesmo assim persuadiria o Arteide/ meu coração, enquanto não pagasse a ofensa,/ ânimo-abrasiva áscua em meu peito. Esposar/ a filga de Agamêmnon? Menos ainda, linda/ — mais linda — fosse que a áurea Afrodite; operosa/ como Palas Atena, olhos-azuis. Nem mesmo/ assim a esposaria./ Escolha um outro Aqueu/ mais condigno, mais dado a rei do que eu o sou!/ Se os deuses me salvarem, se retorno ao lar,/ certo o próprio Peleu me buscará uma esposa./ Na Hélade, na Fítia, entre as Aquéias há de sobra/ filhas de paladinos da pólis, princesas;/ farei da que prefira minha esposa cara;/ meu coração deseja há muito uma legítima/ consorte/ que comigo goze das riquezas/ que Peleu conquistou./ Pois nada como a vida./ Nem tanto quanto (dizem) Ílion, cidadela/ multipovoada, em paz, possuía antes da vinda/ dos Aqueus; nem também quanto encerre a soleira/ pétrea do Sagitário, no seu templo em Pito./ Bois ou nédios carneiros, podem-se apresar,/ comprar corcéis de crina loira, belas trípodes;/ porém, o sopro do homem não se reconquista,/ não se rapta de novo, transporta a clausura/ dos dentes. Pés-de-prata, a deusa Tétis, madre,/ me avisou: um destino dúplice fadou-me/ à morte como termo. Fico e luto em Tróia:/ não haverá retorno para mim, só glória/ eterna; volto ao lar, à cara terra pátria:/ perco essa glória excelsa, ganho longa vida;/ tão cedo não me assalta a morte com seu termo./ A todos os demais me imponho ponderar:/ navegai de retorno aos lares! Já não mais/ podereis arrasar Ílion de altas escarpas;/ o altíssono Zeus, mão estendida a Héctor, deu/ força aos seus. Ide, núncios, aos chefes aqueus/ e transmiti meu dito – é múnus dos Vetustos –;/ que excogitem na mente um outro plano para/ salvar a frota, o exército dânao, no bojo/ das naus côncavas. Não vinga o que propuseram/ em vão, pois me esfuria, e aparta deles, a ira./ Mas Fênix permaneça e pernoite entre nós,/ para amanhã seguir-me com suas naus à pátria,/ caso o deseje, não o forçarei".

[123] Feyerabend tem em mente o estudo de PARRY, A. The Language of Achilles. *Transactions and Proceedings of the American Philological Association*, v. 87, p. 1-7, 1956.

[124] Cf. FEYERABEND, P. Explanation, Reduction and Empiricism. In: FEIGL, H.; MAXWELL, G. (Ed.). *Minnesota Studies in the Philosophy of Science vol. III: Scientific Explanation, Space, and Time*. Minneapolis: University of Minnesota Press, 1962. p. 28-96; reimpresso no capítulo IV de *Realism, Rationalism and Scientific Method: Philosophical Papers*. Cambridge: Cambridge University Press, 1981. v. 1; e How to Be a Good Empiricist: A Plea for Tolerance in Matters Epistemological. In: BAUMRIN, B. (Ed.). *Philosophy of Science: The Delaware Seminar*. New York: Interscience, 1963. v. II, p. 3-39; reimpresso no capítulo III de PRESTON, J. (Ed.). *Knowledge, Science and Relativism: Philosophical Papers*. Cambridge: Cambridge University Press, 1999. v. 3.

[125] Ver nota 95.

¹²⁶ Cf. CENNINI, C. *Il libro dell'arte (circa 1390)*. Organizado por R. Serchi. Firenze: Le Monnier, 1992. (N.It.)

¹²⁷ Cf. ALBERTI, L. B. *Da pintura*. Tradução de Antônio da Silveira Mendonça. São Paulo: Unicamp, 2015. (N.It.)

¹²⁸ A definição da pintura como a intersecção plana da pirâmide visual a partir da matemática e da óptica, segundo Leon Battista Alberti, aparece, por exemplo, no Livro I, parte 12 do *Da pintura*: "Não será, pois, a pintura outra coisa que a interseção de uma pirâmide visual representada com arte por linhas e cores numa dada superfície, de acordo com uma certa distância e posição do centro e o estabelecimento das luzes".

¹²⁹ Feyerabend tem em mente a seguinte afirmação de Einstein (em *Albert Einstein: Philosopher Scientist*. Edited by P.A. Schilpp. New York, 1951. p. 683 e segs.): "As condições externas que os fatos da experiência colocam diante do cientista não permitem que ele, na construção de seu mundo conceitual, se restrinja demasiadamente pela adesão a um sistema epistemológico. Assim, o cientista parecerá aos olhos do epistemólogo sistemático como um tipo de oportunista inescrupuloso".

¹³⁰ Ver p. 77 deste volume.

¹³¹ Ver a nota 25.

¹³² Cf. POLANYI, M. *Personal Knowledge*. London: Routledge; Kegan Paul, 1958, 1962, e *The Tacit Dimension*. Garden City, NY: Doubleday, 1966; London: Routledge; Kegan Paul, 1967. (N.It.)

¹³³ Ver nota 28.

¹³⁴ Ver p. 142 deste volume.

¹³⁵ Cf. KANT, I. Sobre um suposto direito de mentir por amor à humanidade. In: *Immanuel Kant: textos seletos*. Tradução de Floriano de Sousa Fernandes. Petrópolis: Vozes, 2005. p. 72-78. Neste texto, Kant classifica a falta de veracidade nas declarações como "uma injustiça causada à humanidade em geral".

¹³⁶ WOLFE, T. *A fogueira das vaidades*. Tradução de Lia Wyler. Rio de Janeiro: Rocco, 1987. (N.It.)

¹³⁷ Cf. HIPÓLITO. *Ref.* I, 6, 3: "A Terra está suspensa no ar, sem nada que a segure, mas mantêm-se firme pelo facto de estar a igual distância de todas as coisas" (*Os filósofos pré-socráticos*, p. 134).

¹³⁸ Ver nota 43.

¹³⁹ Ver p. 87 deste volume.

Apêndices

Apêndice I
Ricordi su Feyerabend – Testemunhos pessoais[i]

O público das *Lezione trentine* de Feyerabend não se restringiu à comunidade acadêmica do Dipartimento di Sociologia e Ricerca Sociale da Università di Trento. Estudantes de diversos cursos da instituição trentina, docentes da região e pesquisadores de outras disciplinas e faculdades também acompanharam as quatro conferências – e o *Dibattito* subsequente – de Feyerabend em Trento.[ii] O historiador da ciência Renato Mazzolini, o psicanalista Sergio Benvenuto, o jurista Ugo Mattei e os sociólogos Massimiano Bucci e Riccardo Scartezzini estavam entre os convidados que participaram daquela edição especial do ciclo (a qual, inclusive, recebeu alguma divulgação por meio de jornais locais).[iii] Mais de duas décadas após a realização do evento que, em 1992, comemorou o 30° aniversário

---

[i] Organizado e traduzido por Alessandro Baungartner (PPGFIL-UFMG/Università Ca'Foscari di Venezia) e Luiz Henrique de Lacerda Abrahão (CEFET/MG).

[ii] Ver os relatos de Renato G. Mazzolini e Riccardo Scartezzini adiante.

[iii] No "*Dibattito*" (p. 144) encontramos a seguinte pergunta, elaborada por Sergio Benvenuto: "Tenho a impressão de que muitas vezes as pessoas não compreendem quais são os reais interesses de Paul Feyerabend. Muita gente parece pensar que você é um epistemólogo, mas, na minha opinião, esse insulto é indevido. Não é isso que o preocupa". A pergunta trazia, ainda, uma observação ("Tive essa mesma impressão ao ler os jornais locais reportando o acontecimento dessas conferências") que aparece apenas nas edições em inglês e francês (páginas 117 e 149, respectivamente), tendo sido omitida nas demais edições da obra. (N.T.)

da Fondazione Trentino Università, esses cinco intelectuais italianos redigiram testemunhos pessoais (exclusivos para a presente edição) em que recordam seus encontros com o filósofo e suas impressões referentes às teses feyerabendianas, em particular aquelas expostas e debatidas nas conferências que deram origem a este livro.

O conteúdo dos testemunhos compilados aqui inclui, entre outros tópicos: curiosidades sobre os bastidores do ciclo de conferências em Trento (por exemplo: "Feyerabend discorreu sem fazer uso de qualquer texto escrito. Ele não tinha fichas, nem ao menos um caderno de notas"), considerações sobre a recepção da obra feyerabendiana pelos os intelectuais italianos ("Feyerabend era malvisto por alguns cientistas" ou "Na época do seminário de Trento, Feyerabend estava no auge da sua popularidade na Itália") e impressões sobre a figura do filósofo ("Ele parecia um gênio, ou um director de cinema, com um cabelo desarranjado"; "Paul trazia os cabelos sempre um tanto longos e completamente bagunçados, sempre estava com uma blusa surrada"; e "[Feyerabend] mostrava-se uma pessoa gentil, jovial, sem formalidade e sem pompa"). Os testemunhos também destacam influências pessoais ("Uma epistemologia anarquista era exatamente aquilo pelo qual eu procurava"; "o que mais me fascinou naquelas lições foi o modo como Feyerabend fez emergir a racionalidade intrínseca dos chamados "mitos" da Antiguidade grega") e comentam temas específicos relativos ao *corpus* em questão, como a informação de que a expressão *"anything goes"* – o original do controverso "vale tudo" de *Contra o método* – seria inspirada em uma canção de Cole Porter (composta para um musical homônimo) e combateria o *puritanismo* metodológico do racionalismo científico.

Mas os *Ricordi* também elaboram reflexões mais substanciais. Eles abordam, por exemplo, a relevância filosófica da crítica feyerabendiana ao "narcisismo do Método": isto é, o dogma racionalista segundo o qual uma adesão irrestrita a ditames metodológicos prescritos por filósofos da ciência e epistemólogos (profissionais que o autor designava como "policiais do pensamento") asseguraria o status de cientificidade e objetividade das atividades cognitivas humanas. Além disso, explanam como, subjacente a tal crítica, reside um duplo ataque: à autoridade despótica dos *experts* nas sociedades democráticas e à hegemonia cultural e cognitiva de uma única ideologia ou forma de vida – em particular, a científica. Então, este material inédito permite entender que o núcleo do pensamento feyerabendiano comportaria uma "reinvindicação verdadeiramente estética". Contra a tendência reducionista de impor uma monocromática "homogeneização do mundo" ele defenderia uma realidade policromática marcada pela abundância de ações, pensamentos, tradições e cosmovisões. Os *Ricordi* exploram, ainda, como o austríaco afirmava o primado da prática científica sobre abstratas meditações epistemológicas, ao mesmo tempo que julgava valioso que "os cientistas se tornassem um pouco filósofos" (o mote feyerabendiano seria: "menos filosofia da ciência, mais cientistas filósofos"). De resto, a concepção de Feyerabend sobre a ciência – ou melhor: *"as ciências"*, e não "A Ciência", no singular e grafada com maiúscula – enquanto *práxis* conduziria a uma "desmistificação da imagem da ciência como um fenômeno unitário". Portanto, os documentos reunidos a seguir já permitem vislumbrar o posicionamento do autor de *Contra o método* quanto à clássica questão da Unidade da Ciência. Os *Ricordi* reforçam como, segundo ele, compreender e explicar a complexidade do pensamento científico como algo monolítico, harmônico ou unitário (o Monstro mítico que "fala através de uma única voz") refletiria unicamente a aceitação de "uma imagem propagandista da ciência".[i]

Sergio Benvenuto

Istituto di Scienze e Tecnologie della Cognizione – ISTC/CNR

Conheci pessoalmente Paul Feyerabend em abril de 1991, do mesmo modo que a Cinderela encontra o príncipe na fábula. Em 1988, eu havia publicado meu segundo livro, *Confini dell'interpretazione: Freud, Feyerabend, Foucault*, impresso por uma pequena editora da província.[ii] Jamais teria imaginado que um livreto, lançado por

---

[i] Cf. ABRAHÃO, L. H. L. *O pluralismo global de Paul Feyerabend*. 2015. Tese (Doutorado) – Universidade Federal de Minas Gerais, Faculdade de Filosofia e Ciências Humanas, Belo Horizonte, 2015. p. 247-329. (N.T.)

[ii] Posteriormente, o livro foi republicado (com o mesmo título) pela editora IPOC (Milão, 2013).

um jovem pesquisador como eu, seria apresentado publicamente pelo próprio Feyerabend. Ele não apenas o leu, apesar das dificuldades com o idioma italiano, mas também se dispôs inclusive a viajar até Nápoles para uma apresentação pública dele no Instituto Italiano de Estudos Filosóficos. (E pensar que naquele ensaio eu contestava até a tese de Feyerabend!) Dessa dança, da qual eu deveria fugir à meia-noite, participaram os filósofos Giulio Giorello[i] e Aldo Masullo (deputado junto ao Parlamento Europeu em Estrasburgo),[ii] o psiquiatra Sergio Piro[iii] e Roberto Esposito – destinado a se tornar, posteriormente, um dos filósofos italianos mais notáveis do mundo. Eu não poderia sonhar com uma apresentação mais prestigiosa.

Algum tempo depois, tendo me tornado amigo íntimo de Grazia Borrini, esposa de Feyerabend à época, indaguei-a: "Mas como é que Paul vai a Nápoles apresentar um livreto de um semidesconhecido?". E Grazia me respondeu: "Porque o teu ensaio o agradou muito". Esse episódio diz bastante sobre Paul: fazia as coisas porque lhe agradavam, ainda que fosse inútil fazê-las.

Em Nápoles, Paul me disse: "tive de consultar continuamente o dicionário para ler seu livro. Muito mais do que quando não compreendo o que leio em outros textos em italiano. Então, entendi que você havia escrito em ótimo italiano, para minha infelicidade". Naquela época, Paul tentava aprender o idioma, e a principal razão para fazê-lo era que sua linda esposa, Grazia, cerca de 30 anos mais jovem que ele, vivia em Roma. Paul, que queria sair de Berkeley após o terremoto de 1989, não excluía a possibilidade de se estabelecer na Itália. Já permanecia seis meses do ano em Zurique, onde lecionava. A aparição dele em Nápoles e o subsequente seminário em Trento, em maio de 1992, coincidiram com essa sua re-europeização.

Esse não conhecimento dos idiomas latinos devia ser um incômodo para ele. Ian Hacking, no obituário de Paul,[iv] conta que em

---

[i] Na época, já era o maior divulgador da "nova filosofia da ciência" na Itália.
[ii] Na época, o mais prestigiado filósofo napolitano.
[iii] O mais notável psiquiatra do *Mezzogiorno d'Italia*, atuante na reforma junto a Franco Basaglia.
[iv] Cf. HACKING, I. Paul Feyerabend, Humanist. *Common Knowledge*, v. 3, n. 2, p. 10-15, 1994.

Genebra (para onde havia acompanhado Grazia, que naquele momento trabalhava lá), quando veio a ser hospitalizado por causa do tumor que o levou à morte, uma médica do hospital lhe perguntou por que um dos críticos mais ferrenhos das tecnociências aceitou se internar em um hospital que empregava as mais avançadas tecnologias científicas. Ao que ele respondeu: "Para aprender francês".

O desejo de aprender um novo idioma em uma idade já próxima aos 70 anos não deve nos surpreender. Paul sempre foi movido por uma vontade implacável, daquelas que movem montanhas. Apesar de sua despreocupada postura de brincalhão, a vida de Paul sempre esteve encoberta por uma nuvem de profunda dor física e espiritual. Teve de conviver com longas reabilitações e analgésicos (a ferida de guerra que o tornou inválido ainda lhe causava fortes dores) e com "a fiel depressão", como ele dizia. Tudo isso não o impediu de acumular uma vasta cultura; teve quatro esposas (mesmo sendo impotente por causa do ferimento) e casou-se com uma maravilhosa mulher italiana, que o amava profundamente.

★★★

Na época do seminário de Trento, Feyerabend estava no auge da sua popularidade na Itália. Qualquer pessoa culta, ainda que não especialista em ciência e filosofia, conhecia, no mínimo, o nome dessa celebridade. Os mais destacados filósofos da ciência italianos eram feyerabendianos e/ou popperianos, ou seja, eram anticonformistas. O primeiro entre eles, Giulio Giorello, era professor de filosofia da ciência na Universidade Estadual de Milão, sucessor da prestigiosa cátedra de Ludovico Geymonat (considerado em fins dos anos 1970 o mais ilustre filósofo da ciência na Itália, marxista e muito comprometido com a extrema-esquerda). Giorello havia introduzido Feyerabend e Imre Lakatos na Itália, elevando-os à categoria de referências essenciais na filosofia da ciência. Professor de filosofia da ciência na Universidade de Pisa, Marcelo Pera, já popperiano e uma das pessoas menos "anárquicas" que podemos imaginar, também havia se tornado um feyerabendiano. Pouco tempo depois, Pera seria um dos "teóricos" de Silvio Berlusconi. Intelectual de primeira linha da nova direita italiana, Pera se elegeria presidente do Senado italiano de 2001 a 2006. Pode soar engraçado o fato de que alguém que foi discípulo e amigo de Feyerabend tenha se tornado o segundo cidadão do Estado (o presidente do Senado está subordinado apenas ao presidente da República). Com efeito, Paul falava de Pera como seu melhor amigo italiano, pelo qual nutria afeto e estima, e creio que ele teria ficado surpreso com os desenvolvimentos hiperconservadores e hiperinstitucionais do amigo.

Mas Feyerabend era malvisto por alguns cientistas que conheço (alguns deles que se interessavam por filosofia), os quais consideravam-no um provocador, um aventureiro. Algum tempo atrás, um físico teórico, que hoje é um dos meus melhores amigos, excluiu-me dos agradecimentos quando soube que eu havia escrito sobre Feyerabend (mas depois se desculpou). Reações desse tipo são típicas de filósofos que nada sabem de ciência; e de cientistas que nada sabem de filosofia. Era exatamente isso que Feyerabend lamentava: por sua parte, ele desejava que os cientistas se tornassem um pouco filósofos – o que tiraria o sustento de seus colegas filósofos da ciência (dos quais não gostava). Como afirmou claramente no seminário de Trento, o seu desejo era o seguinte: menos filosofia da ciência, mais cientistas filósofos.[i]

O seminário de Trento foi organizado por Riccardo Scartezzini, professor de sociologia das relações internacionais naquela universidade, com quem colaborei estritamente por vários anos. Amigo de Grazia, Riccardo prospectou a possibilidade de ela firmar um contrato com a Università di Trento, e tenho a convicção de que Paul aceitou o convite para dar uma ajuda à esposa. No seminário, atrás do assento de Feyerabend, estávamos eu e sua esposa, Grazia, na função de tradutores. Traduzíamos alternadamente do inglês para o italiano. Grazia intercalava, ainda, suas intervenções – as quais foram eliminadas da versão definitiva do seminário (provavelmente pelo próprio Paul),[ii] dado que não traziam um teor propriamente filosófico,

---

[i] "Eu veria com bons olhos se os cientistas fossem mais filósofos – de modo que não levassem as regras da própria disciplina tão terrivelmente sério, mas pudessem mostrar que possuem algum tipo de perspectiva" (Ver "*Dibattito*", p. 144). (N.T.)

[ii] Reproduzimos a seguinte intervenção de Grazia Borrini-Feyerabend no "*Dibattito*" (p. 134): "Gostaria de fazer uma intervenção como profissional da física. Trabalhei com física durante algum tempo e posso dizer que nada do que eu fazia estava aberto a modificar as leis. O que eu fazia consistia em coletar alguns dados e tentar ajustá-los a leis já conhecidas. E às vezes, se por acaso o jantar não me caísse bem,

mas ético e político (Grazia era "colaboradora" de uma ONG que atuava na elaboração de propostas econômico-políticas para países em desenvolvimento). É uma pena que algumas de nossas intervenções, das quais me recordo, tenham sido excluídas.

Por exemplo, em uma de minhas intervenções (reproduzida na p. 168 da edição italiana),[i] propus traduzir a famosa expressão *"anything goes"* por uma expressão italiana muito coloquial: *"tutto fa brodo"* ("tudo funciona igualmente bem" ou "tudo serve a qualquer coisa").[ii] Ou ainda: "na prática da ciência, tudo funciona igualmente bem". Paul aceitou de bom grado minha proposta (como se lê no texto); Grazia frisou (como *não* se lê no texto) que tal expressão havia sido tomada de empréstimo da famosa canção *osée*[iii] de Cole Porter. Paul concordou: aquela expressão – disse – ocorreu-lhe quando pensava naquela canção. Trago esse fato à memória pelo seguinte: quando, após a morte de Paul, escrevi para uma revista[iv] que ele havia tomado a expressão de empréstimo daquela canção, fui acusado de sensacionalismo: *"anything goes"* – insistiam comigo – é uma expressão comum. Contudo, como explicarei adiante, não considero uma simples coincidência esse tributo de Feyerabend a Cole Porter.

Depois que Paul ilustrou a demonstração pitagórica da incomensurabilidade entre o comprimento do lado e o comprimento da diagonal

---

acordava na manhã seguinte pensando que todas as leis eram um lixo, mas esse tipo de pensamento não fazia parte do meu trabalho diário. Para mim, a ideia de ajustar dados a leis que já existem guia a ação da maior parte dos cientistas modernos". (N.T.)

[i] Ver *"Dibattito"* (p. 157). (N.T.)

[ii] A tradução consagrada no Brasil para a expressão *"anything goes"* é "vale tudo" (ou "tudo vale"): ver, por exemplo, *Contra o método* (tradução de Octanny S. da Mota e Leônidas Hegenberg. Rio de Janeiro: F. Alvez, 1977. p. 9, 34, 44 n. 4, 290, 302, 335 e 450; tradução de Cézar Augusto Mortari. São Paulo: Editora UNESP, 2007. p. 37, 43); *A ciência em uma sociedade livre* (tradução de Vera Joscelyne. São Paulo: Editora UNESP, 2011. p. 51-52; ou *Adeus à razão* (tradução de Vera Joscelyne. São Paulo: Editora UNESP, 2010. p. 337). Seguimos essa tradução neste livro, como pode ser visto no *"Dibattito"* (p. 157). A edição portuguesa de *Contra o método* (tradução de Miguel Serras Pereira. Lisboa: Relógio D'Água, 1993, p. 34) opta pela expressão mais formal "qualquer coisa serve". (N.T.)

[iii] Ousada, arrojada. (N.T.)

[iv] Cf. Paul K. Feyerabend (1924-1994): *Search for Abundance*. Telos, n. 102, p. 107-114, Winter, 1995.

de um quadrado,[i] um professor irrompeu com o objetivo de contestar a reconstrução de Paul. Antes que Feyerabend tivesse oportunidade de replicar, outro jovem professor de matemática[ii] levantou-se e asseverou, com veemência, que, na verdade, a ilustração histórica de Paul estava absolutamente correta, aludindo a uma certa obtusidade do colega (fato que talvez explique o motivo de tal intervenção não ter sido publicada). O incidente é, porém, instrutivo, porque joga água no moinho de Paul. Algo que deveria ser absolutamente elementar para matemáticos – a descoberta da incomensurabilidade da geometria na Grécia antiga – poderia ser visto sob diversos ângulos (mesmo incomensuráveis) por especialistas.

Uma estudiosa da literatura norte-americana interveio relacionando as posições de Paul ao descontrucionismo de Derrida. A reação de Paul não aparece: disse que não apreciava totalmente o pós-estruturalismo francês, no entanto, ele admitiu, muitas vezes se apresentava como um desconstrutivista. Com efeito, filósofos "continentais" e desconstrutivistas, na maior parte das vezes, aclamavam o pensamento dele, no entanto a simpatia não era recíproca.[iii] Paul era ambivalente com relação a Foucault, como decorre de sua correspondência com Lakatos; não aceitava o não-individualismo – se me permitem defini-lo assim – foucaultiano.[iv] Logo, Paul permaneceu durante todo o tempo

---

[i] Ver "Terceira conferência" (p. 104). O tema é retomado no "*Dibattito*" (p. 139). (N.T)

[ii] O autor se refere ao matemático Marco Panza. (N.T.)

[iii] O autor se refere à seguinte questão de Giovanna Covi: "Minha disciplina é literatura e, mesmo que você tenha dito que não quer se aproximar da desconstrução (acho que você se referia a Derrida), sinto que sua leitura da história da filosofia se parece bastante, ao menos, à da chamada "teoria crítica", que é um tipo de desconstrução com ênfase particular na história, no historicismo. Qual sua posição em relação a outros filósofos contemporâneos que nós, da área de letras, consideramos tão interessantes?". Dentre outras coisas, a resposta de Feyerabend diz: "Se tem uma coisa que entendo a respeito da desconstrução é que não podemos definir as ideias de maneira definitiva pela escrita. Concordo plenamente" (Ver "*Dibattito*", p. 159). No *Contra o método* (tradução de Cezar Augusto Mortari. São Paulo: Editora UNESP, 2007. p. 19), Feyerabend elogia Nestroy como um "engraçado *desconstructeur*" e diz que "Derrida, apesar de suas boas intenções, não consegue nem mesmo contar uma história". (N.T.)

[iv] Sergio Benvenuto alude, especificamente, a uma longa carta que Feyerabend remeteu a Imre Lakatos. Ela pode ser lida integralmente em: *For and Against Method*. Edited by M. Motterlini, Chicago: The University of Chicago Press, 1999. p.

na esteira do pensamento empirista e utilitarista, um anarco-individualista. Enquanto "nominalista" – como gostava de se definir[i] –, não acreditava em estruturas impessoais, em uma história determinista que sobrevoa as necessidades e as aspirações individuais.

★★★

Eu sentia se espalhar um certo desconforto entre o público, composto principalmente por professores, alguns até bem velhos. Ora, como o texto daqueles seminários evidencia, Paul jamais abria mão de falar

---

280-281. Feyerabend elogia a abordagem histórica do autor de *História da loucura na Idade Clássica*. Porém, critica o primado dado à sociedade sobre os indivíduos no pensamento foucaultinao. Por várias vezes na carta Feyerabend expressa a intenção – jamais cumprida – de escrever uma resenha da obra do pensador francês (que seria publicada junto com a resenha da obra de Karl Popper, dado que considerava ambos "inimigos do indivíduo"). Em 1973, no ano seguinte à missiva em questão, Feyerabend publicou apenas a resenha "Popper's *Objective Knowledge*" (reimpressa no capítulo IX da coletânea *Problems of Empiricism: Philosophical Papers (vol. 2)*, de 1981). Reproduzimos a seguir alguns trechos do documento:

"Terça feira, de 23 de junho de 1972.

Caro Imre [Lakatos],

Li um livro de Foucault (*História da loucura na Idade Clássica*), e penso que se trata de um magnífico estudo de caso sobre os diferentes tratamentos recebidos pelos loucos através das épocas: primeiro, eles eram enviados em barcos para o alto mar para se acalmarem (*Narrenschiff*), em seguida alocados em abrigos onde (a) recebiam esmolas, e (b) quando os Puritanos disseram que a pobreza resultava da indisposição ao trabalho foram criminalizados; e assim por diante. Gosto disso. *Não gosto nada de Foucault quando ele se torna vago* e passa a dissertar sobre a condição humana (linguagem, etc. etc.) e coisas tais. Nesse caso, acho-o enfadonho. [...]

Eu também li, em [Ian] Hacking ["Review of *L'Archéologie du savoir*"], que para Foucault "os indivíduos importam menos para o conhecimento do que o discurso do qual eles participam", *o que é absolutamente contra minha opinião, absoluta e definitivamente*. O indivíduo vem em primeiro lugar, *ainda que isso signifique o colapso do entendimento*. Assim, eu de fato DEVERIA resenhar Foucault – reserve-o para mim. E devo resenhá-lo junto com Sir Karl [Popper], porque esses dois bastardos parecem ir contra a santidade da loucura dos indivíduos (guarde essa carta e a anexe ao arquivo *Foucault-Terceiro mundo*, pois posso usar as frases contidas nela na resenha). De fato, agora se torna claro para mim: devo resenhar Foulcault e Sir Karl juntos como inimigos do indivíduo (e, naturalmente, da Boa Ciência). [...]

Fique bem,

Paul". (N.T.)

[i] Cf. FEYERABEND, P. *Matando o tempo: uma autobiografia*. Tradução de Raul Fiker. São Paulo: Editora UNESP, 1996. p. 101. (N.T.)

sobre tópicos aparentemente elementares utilizando uma linguagem simples e didática. Debruçava-se sobre coisas que nós, italianos, ao menos aqueles que cursaram os liceus,[i] aprendemos nos bancos da escola ainda com 16 anos, dado que o estudo da história da filosofia é um componente essencial das escolas secundárias italianas: Tales, Pitágoras, Sócrates... Enfim, tópicos que todos os italianos com algum estudo julgam saber. Não sei se Paul nos provocava conscientemente, mas era nítido um certo prazer dele em começar pelo ABC da filosofia – e em ignorar jargões complexos da filosofia contemporânea. E o semblante de muitos expressava aquilo que pensavam: "Mas ele crê estar a dar uma aula para estudantes do primeiro ano do curso de Filosofia? Por que nos narra todas essas anedotas sobre os primeiros filósofos gregos?".

Feyerabend parece estar anos-luz de distância de Heidegger, mas ambos eram fascinados pela cultura grega antiga, em particular pela filosofia pré-socrática. Os dois consideravam que se desejamos entender os problemas filosóficos, mesmo os atuais, precisamos estudar os filósofos gregos, sobretudo os primeiros. Paul concebia que os primeiros filósofos já haviam colocado todas as questões essenciais; em síntese, ele teria concordado com Whitehead quando este escreveu que a filosofia europeia não passa de uma longa série de notas de rodapé aos Diálogos de Platão.[ii] A filosofia não ama o progresso[iii]: ama retornar sempre ao início, ao fundamental, à gênese dos problemas.

Desde então, tento, também eu, imitá-lo: em eventos públicos, procuro falar do modo mais simples e claro possível, ainda que o tema envolva coisas muito complexas. Parto do bê-á-bá – mais do A que do B (ou do C). E tento sempre retornar aos gregos, porque, também eu, tenho uma queda pela Grécia antiga. (Pela filosofia moderna também, na verdade.)

★★★

---

[i] Na Itália, as escolas de maior prestígio são os liceus científicos e clássicos, frequentados dos 14 aos 18 anos. Em ambos se estuda história da filosofia, segundo os ditames do famoso filósofo Giovanni Gentile, autor da grande reforma fascista das escolas nos anos 1930.

[ii] WHITEHEAD A. N., *Process and Reality*. New York: Free Press, 1979. p. 39.

[iii] Como foi dito na epígrafe da famosa obra *Investigações filosóficas*, de Wittgenstein (citando Nestroy): "Em geral, o progresso parece ser maior do que realmente é".

Pergunto-me quantas das pessoas que viram as conferências de Paul em Trento tinham uma ideia exata do que ele pensava. Passamos várias horas com um simpático professor de física, com quem conversamos de tudo um pouco. Ele se esforçava por explicar a Paul o debate atual na física das partículas, mas me dei conta de que se tratava de uma gafe, porque Paul parecia conhecer o assunto em profundidade. Então, para concluir, esse professor – em tom de modéstia – disse: "A física não é grande coisa, afinal. As descobertas físicas valem estritamente *para o método com o qual foram realizadas*". Todos guardamos um silêncio constrangedor – pois isso era exatamente o oposto daquilo que Paul sempre sustentou. Mas Paul evitava quaisquer embates pessoais; deixava-os de lado. Evidentemente, aquele professor, falando como quem quer tirar sarro, provava, ao contrário, o que Paul denunciava em muitos cientistas: o desejo de fazer crer que a física fosse aquilo do qual falam quando ostentam a superioridade da física, e não quando falam dela com moderação. Ou, quem sabe, aquele físico conhecia a tese de Feyerabend, mas permaneceu apegado àquilo que chamo de "narcisismo do Método". Já ouvi muitos cientistas falarem, com uma voz emocionada, que o que os torna orgulhosos de seu ofício não são as descobertas que deixam o público leigo boquiaberto (dos *quarks* aos buracos negros); eles sabem que o que conta em suas disciplinas é algo que as pessoas não enxergam e não sabem: O Método. O Método que, segundo eles, todos deveriam também empregar em todas as atividades intelectuais. O fato de Paul ter atacado o *núcleo duro* do orgulho dos cientistas – O Método – equivalia, pois, a um crime de *lesa-majestade*. Teria sido muito menos grave se, como Mach, Paul tivesse contestado a teoria atômica ou o Big Bang. Daí vem a equivalência do que prejudicou a reputação de Paul junto a muitas pessoas racionais (e racionalistas): descontruir a concepção do método científico equivalia a atacar a ciência *tout court*. Mas essa ideia não estava certa. Daí, também, a preocupação que Paul confessa na sua autobiografia: ter sido, no fundo, profundamente mal-entendido por seus contemporâneos.[i] (É importante dizer, aliás, que o título da versão inglesa daquelas conferências – *The Tyranny of Science* – reforça esse equívoco.)

---

[i] Cf. FEYERABEND, P. *Matando o tempo: uma autobiografia*. Tradução de Raul Fiker. São Paulo: Editora UNESP, 1996. p. 152-158. (N.T.)

Para muitos dos professores de Trento, Paul era como um extraterrestre caído no *campus* deles. Na Itália, o ambiente acadêmico sempre foi muito mais austero e formal do que na América. Um professor me confidenciou: "Ele jamais conseguiria edificar uma carreira universitária mínima na Itália vestindo uma roupa dessas". Pois bem, Paul trazia os cabelos sempre um tanto longos e completamente bagunçados, sempre estava com uma blusa surrada. Impensável vê-lo de paletó e gravata. Por vezes, vestia um chapéu de abas largas que ninguém mais usava na época – certamente não em Trento. Vê-lo assim, malvestido, enquanto ocupava o lugar de honra no almoço oficial da universidade, causava certo estranhamento.

Sempre gentil e atento, não lhe faltavam, contudo, fortes idiossincrasias. Por exemplo, não suportava conversar com as pessoas depois do final de um seminário ou de uma conferência; desaparecia em um piscar de olhos.

Todavia, ter passado aquela semana em Trento com Paul, Grazia e outros amigos foi delicioso, inclusive por causa das anedotas que Paul nos contava. Prevaleciam as piadas sobre Popper. Atribuía a ele a imagem de pessoa por vezes intolerante e despótica, perfil que se tornou usual e que levou à definição que circula no Reino Unido: "*A sociedade aberta e seus inimigos* – escrita por um de seus mais acirrados inimigos". Para mim, o prazer que Paul tinha de tirar sarro de Popper era sinal de ainda estar profundamente ligado, mesmo que de forma ambígua, ao seu antigo mestre. Direi, como dirá posteriormente Hacking, que P.F.K.[i] "não foi menos um 'homem de Popper' apesar de ter travado muitos embates com Popper, o infalível falastrão falibilista".[ii] É necessário dizer que muitos compreendem o pensamento de Feyerabend nessa chave: como um tipo de ponto final, autodestrutivo e niilista do popperianismo. Feyerabend teria evidenciado onde se chega, enfim, se levarmos Popper rigorosamente às últimas consequências.

Paul contrapunha uma ironia modesta e delicadamente cáustica à eloquência de Popper; não suportava o perfil que na Itália designam por *"trombone"*. (Por *"trombone"* entendemos um sujeito ensimesmado,

---

[i] Acrônimo de Paul Karl Feyerabend. (N.T.)
[ii] Cf. FEYERABEND, P. *Matando o tempo: uma autobiografia*. Tradução de Raul Fiker. São Paulo: Editora UNESP, 1996. p. 152-158. (N.T.)

que se expressa com uma voz empostada, julgando enunciar sentenças históricas.) Como dadaísta, que dizia ser, o tom de Feyerabend, no mais das vezes brincalhão, indicava certa *leveza* – aquela mesma da qual fala Italo Calvino em uma de suas *Lições americanas*,[i] sobre a qual teceu um memorável elogio.[ii] Brincava até com Grazia, quando a via assumir uma expressão pesada. Certa vez, notou que ela havia feito uma cara muito séria, ao conversar com um professor, e Paul – que não entendia o que diziam em italiano – disse sorrindo: "Vê-se que estão a falar coisas muito importantes, porque fez uma cara muito séria".

Paul passou muito tempo visitando museus e monumentos em Trento, e em todo canto encontrava detalhes surpreendentes, interessantes e curiosos. Para ele, a arte não era menos importante que a filosofia ou que a ciência; por essa razão, de resto, em sua autobiografia se delonga em suas experiências musicais como não menos importantes do que suas experiências com cientistas e filósofos.

***

Contrariamente àquilo que muitos acreditam, a obra de Feyerabend é um hino à criatividade científica, quando esta se encontra livre dos grilhões dos ditames metodológicos. Feyerabend não criticou a descoberta científica, mas a reconstrução racionalista da descoberta científica; em outras palavras, mostrou os limites do racionalismo ao levar em conta a atividade – ainda racional – da ciência. Tal reconstrução não racionalista da Razão foi confundida com uma crítica à Razão. Claro que ele criticou a hegemonia do mito da ciência em nossos dias – que, conforme ele, ocupou o lugar da religião como discurso dominante na sociedade –, mas, como às vezes ocorre, ele não confunde essa hegemonia de uma imagem específica da ciência com *as ciências* elas mesmas – diria assim, mais que "A Ciência". Afinal, Feyerabend sempre permaneceu um tipo de

---

[i] CALVINO, I. *Seis propostas para o próximo milênio: lições americanas*. Tradução de Ivo Cardoso. São Paulo: Companhia das Letras, 1990.

[ii] "Se quisesse escolher um símbolo votivo para saudar o novo milênio, escolheria este: o salto ágil e imprevisto do poeta-filósofo que sobreleva o peso do mundo, demonstrando que sua gravidade detém o segredo da leveza". Os curadores Giulio Giorello e Matteo Motterlini tiveram a felicidade de inserir essa passagem de Italo Calvino como epígrafe de um do livro póstumo de Lakatos e Feyerabend.

empirista radical, eu diria um *empiriocriticista* (termo cunhado por Ernst Mach, que efetivamente Feyerabend reconheceu como mestre).[i] Não por acaso uma compilação de seus textos traz como título *Problems of Empiricism*[ii]: refere-se às ciências como "empirismo". Para ele, as ciências são *práxis* – isso é o núcleo do que explanou em Trento –, baseiam-se especialmente em um "conhecimento tácito", como dizia Michael Polanyi, e a pretensão de metodologias filosóficas por apreender a diversidade em um sistema lógico unitário está fadada à falência. Então, o empirismo de PFK não é mais um empirismo lógico (como o do Círculo de Viena), mas *existencial*. Em Trento, disse que as histórias racionalistas da ciência são similares às histórias da arte que descrevem as obras como produtos naturais,[iii] e não como produtos de indivíduos historicamente situados que pretendiam falar aos seus contemporâneos. A ciência é repleta de nuances e de afetos das pessoas que trabalham com ela. Em certo sentido, buscava uma imagem "proletarizada" das ciências. Certa vez disse que a reconstrução da ciência por parte de Popper é como a arte bizantina, em que tudo é visto de forma frontal e em pose solene (uma visão que, eu gostaria de sublinhar, tem sua beleza; por isso o fascínio "bizantino" do pensamento de Popper).[iv] Paul via a ciência como as pinturas barrocas de Rubens, movidas vertiginosamente de acordo com uma perspectiva atmosférica.[v]

---

[i] Cf. FEYERABEND, P. *Problems of Empiricism: Philosophical Papers*. Cambridge: Cambridge University Press, 1981. v. 2, cap. VI; ver também o capítulo VII de *Adeus à razão*. Tradução de Vera Joscelyne. São Paulo: Editora UNESP, 2010. (N.T.)

[ii] Cambridge (UK), Cambridge University Press, 1981.

[iii] "Grande parte dos textos de divulgação científica e muitas das análises filosóficas são pura e simplesmente quimeras. São tão enganadores e distorcidos quanto uma história da arte que considere os quadros como fenômenos naturais de um tipo especial, sem sequer mencionar os indivíduos estavam ao redor deles quando apareceram pela primeira vez" (Ver "Quarta conferência", p. 122). (N.T.)

[iv] Cf. FEYERABEND, P. *Matando o tempo: uma autobiografia*. Tradução de Raul Fiker. São Paulo: Editora UNESP, 1996. p. 99. (N.T.)

[v] No original: *prospettiva aérea*. O autor se refere à técnica de pintura segundo a qual o contraste entre as imagens e o pano de fundo da tela diminui à medida que a distância entre o observador e a imagem aumenta. O recurso implica uma simplificação do contorno, da nitidez, da intensidade da cor, etc. das imagens, permitindo, contudo, o ganho da profundidade. (N.T.)

É nessa chave que deve ser compreendido seu *"anything goes"*, o "tudo funciona igualmente bem" de Trento, o qual desencadeou raivosas reações. É verdade que, em uma versão posterior, Paul mitigou essa máxima, dizendo que *"anything goes"* seria a reação do racionalista depois de ter constatado, estudando a história da ciência, como as descobertas não seguem absolutamente um único método[i]: "Mas então, nas ciências, *'anything goes!'*". Talvez com essa frase Paul desejasse evocar qualquer coisa semelhante à canção de Cole Porter:

> *In olden days, a glimpse of stocking*
> *Was looked on as something shocking.*
> *But now, God knows,*
> *Anything goes.*[ii]

Se Paul pensava mesmo nessa estrofe, então ele devia comparar o racionalismo metodológico à época da América puritana, quando costumes eram rígidos e as mulheres deviam cobrir completamente as pernas. Mas hoje estamos em um mundo feyerabendiano: no lugar de uma rigidez racionalista, há uma desapegada flexibilidade – que muitos qualificam de "líquida" (no rastro de Zigmunt Bauman); flexibilidade certamente na economia, na política e nas artes, mas também na reconstrução da racionalidade científica.

Em uma época na qual todos os esforços filosóficos de *fundar* o saber, a ética, a estética, o bom e o belo, o verdadeiro e o sagrado estão falidos; na qual tudo parece destituído de solo firme, nem mesmo o pensamento de Feyerabend deveria escandalizar tanto, afinal, no fundo, exprime bem a *Stimmung*[iii] de nosso tempo. Uma época de abundância,[iv] como dirá depois o próprio Feyerabend – algo que, exatamente por isso, nos é tão difícil de aceitar.

---

[i] Cf. FEYERABEND, P. *A ciência em uma sociedade livre*. Tradução de Vera Joscelyne. São Paulo: Editora UNESP, 2011. p. 51. (N.T.)

[ii] "No passado, um simples vislumbre das meias-calças/ era considerado como algo chocante/ Mas agora, sabe Deus/ Tudo é permitido". (N.T.)

[iii] Humor, espírito ou atmosfera de uma época. (N.T.)

[iv] Cf. FEYERABEND, P. *A conquista da abundância*. Organização de Bert Terpstra. Tradução de Cecília Prada e Marcelo Rouanet. São Leopoldo: Editora UNISINOS, 2005.

Riccardo Scartezzini
Università degli Studi di Trento/Titolare di cattedra
Jean Monnet *ad Personam*

Paul Feyerabend ocupa, seguramente, um posto entre os maiores filósofos da ciência do século XXI, mas também entre os pensadores mais ecléticos, polêmicos e fascinantes na interseção entre as ciências, as artes e a ética. Um *"enfant terrible"*, como tem sido frequentemente caracterizado por colegas e críticos que atribuem a ele uma posição de relativismo extremo, irreverentemente anárquico, no campo da filosofia e da epistemologia; mas que talvez fosse simplesmente "dadaísta" – como ele próprio, se divertindo, definia a si mesmo.[i]

Conhecendo-o pessoalmente, ao contrário da reputação de estudioso crítico e ácido, mostrava-se uma pessoa gentil, jovial, sem formalidade e sem pompa, a ponto de ficar mal-humorado com quem desejava arrastá-lo para discussões solenes – fossem elas em gabinetes, fossem em púlpitos. Dedicou-se com entusiasmo ao ensino (em Berkeley, Califórnia; em Zurique, no Instituto Federal Politécnico Suíço, onde residia nos últimos anos), privilegiando o diálogo, o método maiêutico em vez da aula magistral. Gostava de se entreter mais com alunos interessados, com quem compartilhava uma paixão genuína pela crítica e pelo conhecimento, do que com colegas de trabalho.

Lembram-no assim também aqueles que desfrutaram das conferências em Trento, entre abril e maio de 1992, onde foi chamado, como professor visitante, para um ciclo de conferências – "O que é o Conhecimento?" e "O que é a Ciência?" – na Faculdade de Sociologia.

Tais lições foram um extraordinário sucesso. Não por acaso, compareceram às conferências de Feyerabend diferentes especialistas: historiadores da ciência, matemáticos, físicos teóricos, filósofos da linguagem, psicólogos, sociólogos. A diversidade de público consistia na melhor forma de apoiar o desafio – e a proposta – de Feyerabend. Justamente a suposição de que a filosofia da ciência não deve existir como uma especialidade à parte, mas que as cartas devem estar embaralhadas também no âmbito do ensino universitário. O seu ideal "ecologista" de educação vislumbra uma escola na qual

---

[i] Ver a nota 116 deste volume. (N.T.)

não se imponha somente a teoria "boa", vencedora, bem-sucedida, mas também aquela que encoraja o exame diligente e respeitoso de tradições e concepções antigas, abandonadas, marginalizadas.[i] Em suma, conforme uma frase dita por ele em Trento – que poderia ser como uma didascália à sua obra como um todo: "Gostaria que não existissem filósofos especialistas, de um lado; e cientistas especialistas, de outro – que os próprios cientistas conhecessem bem a filosofia. Mais cientistas filósofos, muito menos filosofia da ciência".[ii]

Feyerabend participaria de um seminário, "Universalidade e Diferença", que aconteceu em Trento no início de dezembro de 1992, para o qual estava prevista uma intervenção sua, mas foi obrigado a renunciar por causa da fragilidade causada pela doença que súbita e rapidamente o levou a óbito. (No entanto, ele enviou um escrito com o excêntrico título "Contro l'ineffabilità culturale. Oggettivismo, relativismo e altre chimere", que veio a ser publicado no volume *Universalità e differenza*, editado por mim e por Giorgio de Finis, em 1994, pela editora Franco Angeli).[iii]

Contudo, apesar dos esforços de Feyerabend para parecer um aventureiro da filosofia, suas teses se encontram atualmente no centro do debate epistemológico. Em sua produção (e também nas lições trentinas) se devotou, sobretudo, a contestar duas autoridades: uma real, outra imaginária.

A autoridade imaginária é aquela que os filósofos da ciência (os epistemólogos – "esses policiais do pensamento", como dizia) pretendiam exercer sobre o trabalho dos próprios cientistas, prescrevendo-lhes

---

[i] O autor chama de ideal "ecologista" de educação a ideia de Feyerabend expressa no "*Dibattito*" (p. 202): "[...] os estudantes deveriam ser informados sobre tudo que acontece na sociedade e no mundo, não só sobre as tendências dominantes. Eles precisam saber que há alternativas, que elas não são populares, que não ficarão ricos as defendendo, que elas têm algumas vantagens, etc.". (N.T.)

[ii] Cf. a passagem citada na nota i, p. 192. (N.T.)

[iii] Versão italiana do artigo original "Potentially Every Culture is All Cultures". *Common Knowledge*, v. 3, n. 2, p. 16-22, Fall 1994. Também colaboraram para a coletânea *Universalità e differenza* os seguintes autores: Salvatore Abruzzese, Fulvio Attin, Sergio Benvenuto, Franco Cassano, Francesca Castellani, Alberto M. Cirese, Franco Crespi, Pierpaolo Donati, Davide La Valle, Michel Maffesoli, Giacomo Marramao, Umberto Melotti, Enzo Pace, Antonio Papisca, Sergio Quinzio, Loredana Sciolla, Raimondo Strassoldo, Simonetta Tabboni e Carlo Tullio-Altan. (N.T.)

os modos de ação que seriam verdadeiramente *racionais, científicos*. Graças ao seu profundo conhecimento da história da ciência, ao seu humor irônico e às suas habilidades dialéticas, Paul Feyerabend não encontrou dificuldades em nos mostrar como, de fato, a ciência ocidental avançou mudando constantemente de método, e como muitas descobertas importantes nasceram em contradição com princípios epistemológicos sagrados dominantes na época. Se tentarmos elaborar uma narrativa da história efetiva da ciência partindo de um método racional – desde o de Descartes àquele de K. Popper –, chegaremos logo à conclusão de que "vale tudo", qualquer coisa serve para realizar uma pesquisa científica. O cientista não segue O Método, mas avança – quase cegamente – construindo eventualmente uma lógica e uma racionalidade segundo as circunstâncias. A ciência progride, na realidade, violando regras impostas pela lógica; não há, então, para Feyerabend, uma diferença radical entre a ciência, por um lado, e a mitologia e a arte, por outro: "Não há progresso na ciência sem uma frequente recusa à Razão". Com efeito, cada ramo da ciência elabora seus próprios métodos e segue a sua "racionalidade" específica. É aquilo que na filosofia veio a se denominar *relativismo* e *pluralismo*: não há uma racionalidade única, a razão varia de acordo com as épocas históricas e as disciplinas.

    Em contrapartida, a autoridade real reside no poder pernicioso dos cientistas, principalmente dos tecnocratas, nas sociedades modernas. Os "técnicos peritos" condicionam profundamente as escolhas políticas e o futuro de nossa sociedade, com base em seu prestígio cultural, sem que a maioria dos cidadãos possa interferir nessas decisões. As sociedades modernas deixariam de ser democráticas quando entrassem em cena as poderosas elites científicas: a liberdade de escolha do cidadão é confiscada pelos *lobbies* tecnológicos. Essa oligarquia, baseada em seus próprios preconceitos racionalistas, acabou por impugnar – qualificando-as como supersticiosas e obscurantistas – uma série de teorias e práticas (entre elas a astrologia, a medicina alternativa, a psicanálise, o saber tecnológico das sociedades primitivas, etc.), sem equivalentes com os segmentos científicos dominantes. À antiga Inquisição da Igreja contra a heresia sucedeu-se uma nova Inquisição científica, não menos dogmática do que a anterior, dedicada a combater tudo aquilo que seria pseudociência, que não obedecesse aos critérios do método racionalista. De resto, nem mesmo a própria ciência segue fielmente um único método. A imagem que os epistemólogos racionalistas fornecem do progresso científico é, pois, um ideal que não corresponde à realidade do trabalho do cientista.

À separação entre Estado e Igreja, cumprida no último século sob o impulso da revolução liberal, Feyerabend considera que deveria ser acrescida uma segunda grande separação: aquela entre Estado e Ciência. Nossa sociedade precisa ser livre para, de tempos em tempos, recorrer à tradição que melhor se ajusta ao caso. Ocorre que a ciência não está sujeita ao controle público e democrático, e não apenas no que concerne às aplicações tecnológicas dela, mas também, digamos, quanto aos seus financiamentos. O princípio da "democracia pluralista" feyerabendiana frisa que a multiplicação de metodologias, paradigmas e tradições de pesquisa totalmente discrepantes entre si (e competindo mutuamente) favorece o progresso da ciência. A definitiva demarcação entre teorias científicas e pseudocientíficas, tão cara aos epistemólogos, em breve destruiria esse profícuo pluralismo.

Como podemos ver, a principal motivação do *relativismo histórico* de Feyerabend é resguardar o pluralismo e a diversidade no mundo. Também em Trento foi possível ver como ele temia, acima de tudo, que no mundo contemporâneo se estabelecesse apenas uma cultura, uma única forma de vida, um cinza uniforme e uma homogeneização do mundo que tivesse prevalência sobre a variedade multicor de tradições, culturas, histórias, costumes, crenças. O ataque dele à ideia de que as ciências obedecem a um único método era, então, apenas o primeiro passo de um combate mais geral contra todas as concepções que aspiram unificar e simplificar o mundo, sacrificando a complexidade e a variedade de formas de vida humana. Na base disso, há uma reinvindicação verdadeiramente estética: reivindicar o direito a um mundo colorido, repleto de aromas, sabores e outras "qualidades secundárias" em relação ao mundo monocromático das "qualidades primárias" racionais. Recordando uma famosa intervenção sua da época dos protestos estudantis, no final dos anos 1960, Feyerabend apelou para que as novas gerações pudessem assumir a tarefa de "tornar as pessoas mais pacíficas e interessantes, sem se esquecer de melhorar a qualidade da cerveja" – e, àqueles que se escandalizavam, ele salientava: "são, ambos, objetivos racionais; e não estou brincando quando menciono a cerveja, porque acredito que precisamos redimensionar as pretensões daqueles que defendem que temos de nos ocupar exclusivamente com a busca da Verdade", negligenciando os pequenos prazeres cotidianos.

Massimiano Bucchi
Università degli Studi di Trento – Dipartimento di Sociologia
e Ricerca Sociale / Professore di Sociologia della Scienza
e Comunicazione, scienza e tecnica

Eu cursava o mestrado em Sociologia quando Feyerabend proferiu suas conferências em Trento. Não conhecia muita coisa sobre ele: havia lido o nome dele pela primeira vez em um manual de metodologia em pesquisa social que aludia, de forma crítica, a sua "abordagem anarquista". Também lera o *Contra o método*, que tinha considerado interessante, embora um tanto complexo para mim naquela época.

Quando começou o curso, tive a impressão de que muitos dos presentes esperavam por Feyerabend – e estavam ansiosos para criticá-lo – tendo por base aquele livro e o amplo debate que ele havia suscitado. (Eu mesmo esperava por algo do tipo.) Penso que todos nos surpreendemos. Cada conferência começou com um tema relacionado à cultura e à filosofia clássicas, que era perfeitamente conectado a tópicos em ciência e sua relação com a sociedade. Sempre falando sem ler uma só palavra, Feyerabend poderia iniciar com Tales e concluir com Bill Clinton e o Projeto Genoma Humano. Conferência após conferência, a plateia ficava mais arrebatada. Conferência após conferência, comecei a perceber as muitas amarrações existentes entre aqueles temas e meus antigos interesses de pesquisa, a saber: comunicação científica e, de forma mais geral, estudos sociais em ciência e tecnologia.

Assim, inteirei-me das discussões e ao final de uma das últimas conferências me atrevi a fazer uma pergunta relativa a um dos capítulos da minha dissertação: metáforas na comunicação científica. Lembro-me vivamente de que, enquanto se preparava para deixar o anfiteatro (com colegas que o aguardavam para almoçar), Feyerabend reservou um instante para gentilmente responder à minha pergunta e sugerir algumas poucas referências.

Quando o curso terminou, li outros livros de Feyerabend, incluindo a autobiografia *Matando o tempo* e *A ciência em uma sociedade livre*, que ainda hoje são meus favoritos. Fiquei arrasado ao saber do seu falecimento repentino. Quisera eu ter-lhe dirigido mais perguntas durante sua estada em Trento.

Quando meu artigo sobre metáforas na comunicação científica[i] foi publicado, encaminhei uma cópia à viúva, Grazia Borrini. Ela respondeu com uma nota muito amável.

Matando o tempo e o livro ao qual as conferências de Feyerabend em Trento deram origem contribuíram para tornar a obra e o pensamento de Feyerabend mais familiares aos acadêmicos italianos. Não obstante, os preconceitos persistiram. Quando o convite ao papa Bento XVI (e sua citação à obra de Feyerabend) para falar na Università di Roma deflagrou discussão pública na Itália, escrevi um texto para um jornal italiano, *Il Sole 24 Ore*, tentando explicar a crítica de Feyerabend não como uma crítica à ciência, mas a uma certa compreensão da função social da ciência na sociedade contemporânea.[ii]

Na ementa do meu curso sobre sociologia da ciência ainda há um excerto das conferências de Feyerabend em Trento. Em certos aspectos, não é uma leitura fácil para os alunos, no entanto sempre suscita ricas e mesmo acaloradas discussões. Suponho, ou ao menos desejo, que essa fosse uma das metas que Feyerabend buscava atingir com sua obra.

Ugo Mattei
University of California, Hastings College of Law

A primeira vez que ouvi falar de Paul Feyerabend foi em 1979. Eu era um estudante do primeiro ano de direito em Turim e acompanhava um instigante seminário sobre jurisprudência, conduzido pelo falecido Enrico di Robilant. Era um seminário sobre epistemologia do Direito

---

[i] "Metafore e paradossi nella comunicazione dela scienza". *Sociologia e Ricerca Sociale*, n. 51, p. 32-45, 1996. (N.T.)

[ii] No texto "La 'coda lunga' di Feyerabend", publicado na edição de 13 de março de 2008 do jornal *Il Sole 24 Ore*, Massimiano Bucchi escreveu isto sobre o *Contra o método*: "[...] o livro foi um ataque à ciência, quando se tratava de uma crítica a uma filosofia da ciência específica que pretendia regular e enquadrar a riqueza da ciência" (Disponível em: http://goo.gl/Tyf8ZX). (N.T.)

e estudávamos Dworkin, Popper, Von Hayek, Kuhn, Lakatos, Rawls e Feyerabend. Foi uma experiência muito singular naquela época, dado o gosto que então prevalecia na academia italiana. O *establishment* intelectual ainda era dominado pelos assim chamados Barões Vermelhos, os intelectuais do Partido Comunista – que, como um estudante politicamente ativo, eu buscava desafiar a partir da perspectiva da esquerda, e o professor Di Robilant, um conservador ferrenho (embora dotado de uma grande abertura de espírito), buscava deslegitimar a partir da direita liberal (que logo em seguida se tornou neoliberal). Naqueles tempos, era completamente atípico um estudante radical de esquerda, com acentuadas tendências anarquistas, cursar tais seminários. Mas devo confessar que a lista de leituras me deu água na boca – e reforçar que o seminário do ano seguinte foi um dos acontecimentos mais interessantes do início da minha jornada intelectual. Uma epistemologia anarquista era exatamente aquilo pelo qual eu procurava, porque sempre senti a opressão dos protocolos e das regras tanto na vida real como em minhas imaturas especulações intelectuais. Foi arrebatadora a ideia de que alguém poderia atingir o alto escalão de notória excelência rejeitando abertamente qualquer cânone *ex-ante*.

Após a graduação, comecei a lecionar em Trento, em 1985, onde me tornei professor em 1990. Na qualidade de jovem professor assistente de Direito Civil, passei a experimentar minha própria crítica ao *status quo* metodológico, e minha agenda mais geral envolvia reconciliar o materialismo histórico – e sua ênfase na infraestrutura econômica do direito – com a emergente análise econômica do direito, a forma legal do neoliberalismo. Enquanto trabalhava nisso, não consegui situar Feyerabend politicamente (talvez essa seja uma das virtudes dele), algo que me deixou bastante frustrado em um momento em que adquiria consciência de que eu implementava uma metodologia contaminada pela direita (Análise Econômica do Direito) mirando uma agenda de esquerda – que se tornou cada vez mais radical na minha vida. Eu precisava mostrar rigor metodológico para ser levado a sério por meus pares; fazê-lo, todavia, não foi uma tarefa fácil, dada a certeza (induzida em mim por Feyerabend) da fraqueza de todo e qualquer cânone.

De qualquer forma, era tal a atmosfera intelectual na época da visita de Feyerabend a Trento. Uma visita cuja organização me surpreendeu e interessou ao extremo, pois eu não fazia ideia de que alguns de meus colegas dos departamentos de Sociologia ou Economia eventualmente pudessem ser sofisticados o bastante para conhecê-lo! Claro, se generalizamos a partir da Faculdade de Direito, os níveis de expectativas em relação a outros acadêmicos se revelam muito baixos. Além disso, dado que Feyerabend, naquele tempo, já era uma estrela acadêmica internacional, era difícil para mim avaliar a real influência dele fora da minha área, onde eu sabia que muito poucos especialistas que o conheciam.

Recordo que Feyerabend era exatamente como eu esperava! Não havia internet ou meios de pesquisar por imagens, de modo que antes de um encontro era preciso usar principalmente a imaginação! Encontrei-o em frente ao prédio de Sociologia, onde havia uma biblioteca e também se localizava meu gabinete. Ele parecia um gênio, ou um diretor de cinema, com um cabelo desarranjado, uma capa longa e muitas pessoas ao redor, nem todas do *establishment* de Trento (que eu nem sequer aturaria), mas também alguns jovens alinhados! Alguém nos apresentou; lembro que tivemos uma curta conversa sobre Berkeley em nosso caminho para a conferência. A conferência superou bastante minhas já elevadas expectativas.

Sucintas recordações a respeito de um gigante intelectual que sempre me impressionou!

Alguns anos depois, no mesmo ano em que ele faleceu, mudei-me para a Miller Avenue, exatamente em frente à casa que era dele.[i] Uma surpresa e uma coincidência – assim como receber um convite para relembrá-lo em uma publicação no Brasil.

Renato G. Mazzolini
Università degli Studi di Trento –
Dipartimento di Sociologia e Ricerca Sociale/
Professore ordinario di Storia della scienza

O que me lembro das lições de Feyerabend? Não tenho muita coisa a dizer, pois já se passaram mais de 22 anos. Também não desejo

---

[i] Feyerabend morou na Millier Avenue, n. 1168, Berkeley (Califórnia). Cf. FEYERABEND, P. *Matando o tempo: uma autobiografia*. Tradução de Raul Fiker. São Paulo: Editora UNESP, 1996. p. 122, 182. (N.T.)

abrir o livro que resultou daquelas lições,[i] mas apenas relembrar algumas das impressões e dos conceitos que extraí – ou creio ter extraído – delas.

Em primeiro lugar, então, as impressões. Lembro-me de que as lições ocorreram em um dos maiores auditórios da Faculdade de Sociologia e que o auditório estava lotado por um público composto por professores e estudantes de várias faculdades. Tal situação era bastante incomum. Recordo-me, além disso, que Feyerabend discorreu sem fazer uso de qualquer texto escrito. Ele não tinha fichas, nem ao menos um caderno de notas. Isso me surpreendeu, pois durante suas lições ele citou de memória (ou melhor, declamou) inúmeras passagens dos antigos filósofos e escritores gregos. Eu não sabia que ele tinha um conhecimento tão profundo dos clássicos.

Quais conceitos ou noções aprendi? É dificílimo responder a essa pergunta, porque posso ter adquirido alguns deles sem que me apercebesse disso, ao passo que posso ter aprendido outros a partir do *Contra o método*, um texto que já havia lido. Talvez a recordação mais forte que me vem à mente consista na sua desmistificação da imagem da ciência como um fenômeno unitário (possivelmente ele utilizou o termo "monolito").[ii] Parece-me que ele dizia que isso não passava de uma imagem propagandista da ciência e que a ciência não fala através de uma única voz.[iii] Naquela época, eu era um historiador da ciência relativamente jovem; e tais críticas me aliviaram muito, porque eu mesmo observava, no desenvolvimento das ciências, algo muito distinto dos sistemas "monolíticos" analisados pelos filósofos da ciência.

Recordo também dos argumentos de Feyerabend em favor da crítica da ciência, como quando ele declarou que uma das características da atividade cognitiva humana era a própria atividade crítica e a pluralidade de posições que podemos adotar. Sustentava que o conhecimento é crítico enquanto for plural, isto é, democrático. Uma

---

[i] FEYERABEND, P. *Ambiguità e armonia: lezioni trentine*. Editado por Francesca Castellani. Roma; Bari: Laterza, 1996.

[ii] O termo é usado no "*Dibattito*" (p. 144). (N.T.)

[iii] "O monstro CIÊNCIA que fala com uma única voz é uma colagem feita por propagandistas, reducionistas e educadores" (Ver "Segunda conferência", p. 85). (N.T.)

afirmação, nada trivial, que ele conseguiu ilustrar através de muitos exemplos é que, com frequência, explicamos o conhecido a partir do desconhecido.[i] Isso pode soar como um contrassenso – mas não é. A história da ciência pode, de fato, fornecer muitos exemplos de tal procedimento. Todavia, o que mais me fascinou naquelas lições foi o modo como Feyerabend fez emergir a racionalidade intrínseca dos chamados "mitos" da Antiguidade grega.

Agora que expus minhas memórias posso retornar ao texto proveniente daquelas lições e constatar se minhas lembranças apresentam alguma adequação textual.

---

[i] "Eu diria que explicar significa relacionar coisas que percebemos a coisas que pensamos que são reais e que realmente têm uma conexão com o caso que se está examinando. Do contrário, estamos apenas descrevendo. Isso quer dizer que 'explicamos' o desconhecido pelo que já é conhecido? Não, pois a entidade real à qual nos referimos pode ter sido introduzida junto com a explicação e ser desconhecida até então. Por exemplo, quando as pessoas introduziram os átomos para explicar o vento, o calor, etc., elas introduziram uma nova entidade para explicar fenômenos muito bem conhecidos. Então, na verdade nós explicamos o conhecido pelo desconhecido, e não o desconhecido pelo conhecido, como muitos acreditam" (Ver "*Dibattito*", p. 129). (N.T.)

Apêndice II[i]
Feyerabendiana – Escritos e estudos seletos

Em 1997, o *Journal for General Philosophy of Science* publicou, sob a supervisão de Eric Oberheim, uma compilação preliminar das obras completas de Paul K. Feyerabend. Em 1999, tal índice (que inclui artigos, livros, resenhas, diálogos filosóficos, editoriais, entrevistas, etc.) foi aprimorado no "Appendix: The Works of Paul Feyerabend", adicionado à coletânea *Knowledge, Science and Relativism: Philosophical Papers (Vol. 3)*, editada por John Preston. Desde 2013, Matteo Collodel administra e atualiza periodicamente o *website* http://www.collodel.org/feyerabend/, o mais detalhado inventário bibliográfico da produção intelectual do físico e filósofo austríaco. No geral, o *corpus* de Feyerabend contabiliza cerca de 13 escritos monográficos, 20 coletâneas de textos, 61 artigos em revistas especializadas, 82 estudos em compilações e anais de congressos, 21 verbetes enciclopédicos, 56 resenhas de livros, 53 comentários e discussões, 11 apresentações, prefácios e introduções de livros, 4 biografias, obituários e memoriais, 9 livros editados com outros autores, 14 entrevistas, 15 artigos em publicações populares, 13 volumes de correspondências, 3 traduções, além de produções de outras naturezas. Esse vasto material se debruça, ainda, sobre diversos ramos do conhecimento: História das Ciências e da Filosofia Natural, Epistemologia, Filosofia da Ciência, História do Pensamento Filosófico, Filosofia da Mente, Ética, Filosofia da linguagem, Filosofia Política

---

[i] Elaborado por Luiz Abrahão (CEFET/MG).

ou Estética. Diante disso, a seção (A) traz uma seleção introdutória de artigos e ensaios essenciais do *corpus* feyerabendiano, agrupados cronologicamente a partir dos seguintes eixos temáticos: 1) *Epistemologia e Filosofia da ciência*, 2) *Estrutura da ciência e da metodologia científica*, 3) *Crítica da tecnocracia e defesa da democratização da ciência*, 4) *Relação entre ciência e arte*, 5) *Realismo*, 6) *Origem do Racionalismo e da tradição teórica/abstrata* e 7) *Fundamentos filosóficos da física quântica*. Em seguida referenciamos outras fontes primárias: em (B), livros e coletâneas; em (C) cartas e entrevistas. A bibliografia de Feyerabend disponível em português encontra-se destacada com um "★" nas seções mencionadas, mas devidamente detalhada em (D). A seção final (E) indica títulos de estudos especializados (incluindo dissertações e teses acadêmicas), disponíveis em vários idiomas, que permitem um aprofundamento crítico com relação às teses feyerabendianas.

(A) Artigos e ensaios

Epistemologia e Filosofia da ciência

1. On the Interpretation of Scientific Theories. *Proceedings of the 12th International Congress of Philosophy, Venice, 12-18 September 1958. Vol. 5: Logic, Theory of Knowledge, Philosophy of Science, Philosophy of Language.* Florence: Sansoni, 1960. p. 151-159.
2. On the "Meaning" of Scientific Terms. *The Journal of Philosophy*, v. 62, n. 10, p. 266-274, 13 May 1965.
3. A Note on the Problem of Induction. *The Journal of Philosophy*, v. 61, n. 12, p. 349-353, 11 June 1964.
4. Outline of a Pluralistic Theory of Knowledge and Action. In: ANDERSON, S. (Ed.). *Planning for Diversity and Choice.* Cambridge, MA: MIT Press, 1968. p. 275-284.
5. A Note on Two "Problems" of Induction. *The British Journal for the Philosophy of Science*, v. 19, n. 3, p. 251-253, Nov. 1968.
6. Consolations for the Specialist. In: LAKATOS, I.; MUSGRAVE, A. (Ed.). *Criticism and the Growth of Knowledge. Proceedings of the International Colloquium in the Philosophy of Science, London, 1965.* London; New York: Cambridge University Press, 1970. v. 4, p. 197-230.★

7. Philosophy of Science: a Subject with a Great Past. In: STUEWER, R. H. (Ed.). *Historical and Philosophical Perspectives of Science*. Minneapolis: University of Minnesota Press, 1970. p. 172-183. (Minnesota Studies in the Philosophy of Science, v. 5).

8. On the Critique of Scientific Reason. In: COHEN, R. S.; FEYERABEND, P. K.; WARTOFSKY, M. W. (Ed.). *Essays in Memory of Imre Lakatos*. Dordrecht; Boston: Reidel, 1976. p. 109-143.

9. The End of Epistemology?. In: COHEN, R. S.; LAUDAN, L. (Ed.). *Physics, Philosophy and Psychoanalysis: Essays in Honor of Adof Grünbaum*. Dordrecht; Boston: Reidel, 1993. p. 187-204. (Boston Studies in the Philosophy of Science, v. 76).

Estrutura da ciência e da metodologia científica

1. Explanation, Reduction and Empiricism. In: FEIGL, H.; MAXWELL, G. (Ed.). *Scientific Explanation, Space and Time*. Minneapolis: University of Minnesota Press, 1962. p. 28-97. (Minnesota Studies in the Philosophy of Science, v. III).

2. How to Be a Good Empiricist: a Plea for Tolerance in Matters Epistemological. In: BAUMRIN, B. (ed.). *Philosophy of Science: The Delaware Seminar*. New York: Interscience, 1963. p. 3-39. v. II.

3. Reply to Criticism: Comments on Smart, Sellars and Putnam. In: COHEN, R. S.; WARTOFSKY, M. W. (Ed.). *Proceedings of the Boston Colloquium for the Philosophy of Science 1962-64: In Honor of Philipp Frank*. New York: Humanities Press, 1965. p. 223-261. (Boston Studies in the Philosophy of Science, v. 2).

4. Problems of Empiricism. In: COLODNY, R. G. (Ed.). *Beyond the Edge of Certainty: Essays in Contemporary Science and Philosophy*. Englewood Cliffs, NJ: Prentice-Hall, 1963. p. 145-260. (University of Pittsburgh Series in the Philosophy of Science, v. 2).

5. Problems of Empiricism, Part II. In: COLODNY, R. G. (Ed.). *The Nature and Function of Scientific Theories: Essays in Contemporary Science and Philosophy*. Pittsburgh: University of Pittsburgh Press, 1970. p. 275-353. (University of Pittsburgh Series in the Philosophy of Science, v. 4).

6. Against Method: Outline of an Anarchistic Theory of Knowledge. In: RADNER, M.; WINOKUR, S. (Ed.). *Analysis of Theories and*

Methods of Physics and Psychology. Minneapolis: University of Minnesota Press, 1970. p. 17-130. (Minnesota Studies in the Philosophy of Science, v. 4).

7. Rationalism, Relativism and Scientific Method. *Philosophy in Context*, n. 6, p. 7-19, 1977. Supplement.

Crítica da tecnocracia e defesa da democratização da ciência

1. Experts in a Free Society. *The Critic*, v. 29, n. 2, p. 58-69, Nov.-Dec. 1970.
2. "Science": The Myth and Its Role in Society. *Inquiry*, v. 18, n. 2, p. 167-181, Summer 1975.
3. How to Defend Society Against Science. *Radical Philosophy*, n. 11, p. 3-8, Summer 1975.
4. Democracy, Elitism, and Scientific Method. *Inquiry*, v. 23, n. 1, p. 3-18, March 1980.
5. Science: Political Party or Instrument of Research?. *Speculations in Science and Technology*, v. 5, n. 4, p. 343-352, 1982.
6. Cultural Pluralism or Brave New Monotony. *The Culture of Fragments: Notes on the Question of Order in a Pluralistic World. Precis*, New York, n. 6, p. 35-45, Spring 1987. Edited by Gianmarco Vergani, Peter Shinoda and David Kesler. Special Issue.★
7. Ethics as a Measure of Scientific Truth. In: SHEA, W. R.; SPADAFORA, A. (Ed.). *From the Twilight of Probability: Ethics and Politics*. Canton, MA: Science History Publications, 1992. p. 106-114.★
8. Intellectuals and the Facts of Life. *Common Knowledge*, v. 2, n. 3, p. 6-9, Winter 1993.★

Relação entre ciência e arte

1. The Theatre as an Instrument of the Criticism of Ideologies: Notes on Ionesco. *Inquiry*, v. 10, n. 3, p. 298-312, Autumn 1967.
2. On the Improvement of the Sciences and the Arts, and the Possible Identity of the Two. In: COHEN, R. S.; WARTOFSKY, M. W. (Ed.). *Proceedings of the Boston Colloquium for the Philosophy of Science, 1964-66: In Memory of Norwood Russell Hanson*. Dordrecht:

Reidel, 1967. p. 387-415. (Boston Studies in the Philosophy of Science, v. III).

3. Let's Make more Movies. In: BONTEMPO, Ch. J.; ODELL, S. J. (Ed.). *The Owl of Minerva: Philosophers on Philosophy*. New York: McGraw-Hill, 1975. p. 201-210.

4. Wissenschaft als Kunst. *Psychologie Heute*, v. 10, n. 9, p. 56-62, Sept. 1983.

5. Progress and Reality in the Arts and in the Sciences. In: GANELIUS, T. (Ed.). *Progress in Science and Its Social Conditions: Proceedings of a Nobel Symposium 58, Held at Lidingoe, Sweden, 15-19 August 1983*. Oxford: Pergamon Press, 1986. p. 223-233.*

6. Nature as a Work of Art: a Fictitious Lecture Delivered to a Conference Trying to Establish the Increasing Importance of Aesthetics for Our Age. *Common Knowledge*, v. 1, n. 3, p. 3-9, Winter 1992.*

7. Art as a Product of Nature as a Work of Art. *Art and Science: Studies from the World Academy of Art and Science. World Futures*, v. 40, n. 1-3, p. 87-100, 1994. Special issue.*

Realismo

1. An Attempt at a Realistic Interpretation of Experience. *Proceedings of the Aristotelian Society*, n. 58, p. 143-170, 1957-1958.

2. Das Problem der Existenz theoretischer Entitäten. In: TOPITSCH, E. (Ed.). *Probleme der Wissenschaftstheorie: Festschrift für Viktor Kraft*. Vienna: Springer, 1960. p. 35-72.

3. Realism and Instrumentalism: Comments on the Logic of Factual Support. In: BUNGE, M. (Ed.). *The Critical Approach to Science and Philosophy: In Honor of Karl R. Popper*. London; New York: The Free Press of Glencoe, 1964. p. 280-308.

4. Realism and the Historicity of Knowledge. *The Journal of Philosophy*, v. 86, n. 8, p. 393-406, Aug. 1989.*

5. Historical Comments on Realism. In: MERVE, A.; SELLERI, F.; TAROZZI, G. (Ed.). *International Conference on Bell's Theorem and the Foundations of Modern Physics*. Singapore: World Scientific Publications, 1992. p. 194-202.*

6. Realism. In: GOULD, C. C.; COHEN, R. S. (Ed.). *Artifacts, Representations and Social Practice: Essays for Marx Wartofsky.* Dordrecht; Boston; London: Kluwer, 1994. p. 205-222. (Boston Studies in the Philosophy of Science, v. 154).*

7. Has the Scientific View of the World a Special Status, Compared with Other Views?. In: HILGEVOORD, J. (Ed.). *Physics and Our View of the World.* Cambridge: Cambridge University Press, 1994. p. 135-148.*

Origem do Racionalismo e da tradição teórica/abstrata

1. Xenophanes: A Forerunner of Critical Rationalism?. In: ANDERSSON, G. (Ed.). *Rationality in Science and Politics.* Dordrecht; Boston: Reidel, 1984. p. 95-109. (Boston Studies in the Philosophy of Science, v. 79).

2. Creativity: a Dangerous Myth. *Critical Inquiry*, v. 13, n. 4, p. 700-711, Summer 1987.*

3. Knowledge and the Role of Theories. *Philosophy of the Social Sciences*, v. 18, n. 2, p. 157-178, June 1988.*

4. Antilogikē. In: D'AGOSTINO, F.; JARVIE, I. C. (Ed.). *Freedom and Rationality: Essays in Honor of John Watkins From his Colleagues and Friends.* Dordrecht; Boston; London: Kluwer, 1989. p. 185-189. (Boston Studies in the Philosophy of Science, v. 117).

Filosofia da teoria quântica

1. On the Quantum-Theory of Measurement. In: KÖRNER, S.; PRYCE, M. H. L. (Ed.). *Observation and Interpretation: a Symposium of Philosophers and Physicists, Proceedings of the Ninth Symposium of the Colston Research Society.* London; New York: Butterworths Scientific Publications, 1957. p. 121-130.

2. Complementarity. *Proceedings of the Aristotelian Society*, n. 32, p. 75-104, 1958. Supplementary volume.

3. Niels Bohr's Interpretation of the Quantum Theory. In: FEIGL, H.; MAXWELL, G. (Ed.). *Current Issues in the Philosophy of Science: Symposia of Scientists and Philosophers. Proceedings of Section L of the American Association for the Advancement of Science, 1959.* New York: Holt, Rinehart and Winston, 1960. p. 371-390.

4. Problems of Microphysics. In: COLODNY, R. G. (Ed.). *Frontiers of Science and Philosophy*. Pittsburgh: University of Pittsburgh Press. 1962. p. 189-283. (University of Pittsburgh Series in the Philosophy of Science, v. 1).

5. Problems of Microphysics. In: MORGENBESSER, S. (Ed.). *Philosophy of Science Today*. New York; London: Basic Books, 1967. p. 136-147.★

6. On a Recent Critique of Complementarity: Part I. *Philosophy of Science*, v. 35, n. 4, p. 309-331, Dec. 1968.

7. On a Recent Critique of Complementarity: Part II. *Philosophy of Science*, v. 36, n. 1, p. 82-105, Mar. 1969.

8. Quantum Theory and our View of the World. *Stroom: Mededelingenblad Faculteit Natuur- en Sterrenkunde*, v. 6, n. 28, p. 19-24, 1992.★

(B) Livros e coletâneas

1. *Knowledge Without Foundations. Two Lectures Delivered on the Nellie Heldt Lecture Fund*. Oberlin, OH: Oberlin College, 1962.

2. *Against Method: Outline of an Anarchistic Theory of Knowledge*. London: New Left Books; Atlantic Highlands: Humanities Press, 1975. [Segunda edição (revisada): London; New York: Verso, 1988. Terceira edição (revisada): London; New York: Verso, 1993].★

3. *Science in a Free Society*. London; New York: New Left Books, 1978. [London: Verso, 1982].★

4. *Realism, Rationalism and Scientific Method: Philosophical Papers*. Cambridge: Cambridge University Press, 1981. v. 1.

5. *Problems of Empiricism: Philosophical Papers*. Cambridge: Cambridge University Press, 1981. v. 2.

6. *Farewell to Reason*. London; New York: Verso, 1987.★

7. *Three Dialogues on Knowledge*. Oxford: Blackwell, 1991.

8. *Killing Time: The Autobiography of Paul Feyerabend*. Chicago; London: University of Chicago Press, 1995.★

9. *Knowledge, Science and Relativism: Philosophical Papers*. Edited by John Preston. Cambridge: Cambridge University Press, 1999. v. 3.

10. *The Conquest of Abundance: a Tale of Abstraction versus the Richness of Being*, Edited by Bert Terpstra. Chicago; London: University of Chicago Press, 1999.★

11. *Naturphilosophie*. Bearbeited von Helmut Heit und Eric Oberheim. Frankfurt am Main: Suhrkamp, 2009.

12. *Physics and Philosophy: Philosophical Papers*. Edited by Stefano Gattei and Joseph Agassi. Cambridge: Cambridge University Press, 2015. v. 4.

(C) Cartas e entrevistas

1. Feyerabend racconta Feyerabend. *Scienza Esperienza*, v. 3, n. 22, p. 15-22, Mar. 1985.

2. Two Letters of Paul Feyerabend to Thomas S. Kuhn on a Draft of The Structure of Scientific Revolutions. Edited by Paul Hoyningen-Huene. *Studies in History and Philosophy of Science*, v. 26, n. 3, p. 353-387, Sept. 1995.

3. Three Interviews with Paul Feyerabend. *Telos*, n. 102, p. 115-149, Winter 1995.

4. The Lakatos-Feyerabend Correspondence (1968-1974). In: MOTTERLINI, M. (Ed.). *For and Against Method: Including Lakatos's Lectures on Scientific Method and the Lakatos-Feyerabend Correspondence*. Chicago: University of Chicago Press, 1999. p. 118-373.

5. More Letters by Paul Feyerabend to Thomas S. Kuhn on a Proto-Structure. Edited by P. Hoyningen-Huene. *Studies in History and Philosophy of Science*, v. 37, n. 4, p. 610-632, Dec. 2006.

(D) Feyerabend em português

1. Problemas de microfísica. In: MORGENBESSER, S. (Org.). *Filosofia da ciência*. Tradução de Leônidas Hegemberg e Octany Silveira da Mota. São Paulo: Cultrix, [s.d.]. p. 247-258.

2. *Contra o método*. Tradução de Octanny S. da Mota e Leônidas Hegenberg. Rio de Janeiro: F. Alvez, 1977. (1ª edição: 1975).
   Índice analítico
   Introdução
   Capítulos 1-18

3. Consolando o especialista. In: LAKATOS, I.; MUSGRAVE, A. (Ed.). *A crítica e o desenvolvimento do conhecimento*. Tradução de Octavio Mendes Cajado. São Paulo: Cultrix; EDUSP, 1979. p. 244-284.
4. *Diálogo sobre o método*. Tradução de António Guerreiro. Lisboa: Editorial Presença, 1991.
5. Paul Feyerabend, um anarquista na ciência. In: PESSIS-PASTERNAK, G. *Do caos à inteligência artificial: quando os cientistas se interrogam*. Tradução de Luiz Paulo Rouanet. São Paulo: Editora UNESP, 1993. p. 95-104.
6. *Contra o método*. Edição revista. Tradução de Miguel Serras Pereira. Lisboa: Relógio D'Água, 1993. (2ª edição: 1988).
    Prefácio
    Introdução à edição chinesa
    Índice analítico
    Introdução
    Capítulos 1-21
7. *Matando o tempo: uma autobiografia*. Tradução de Raul Fiker. São Paulo: Editora Unesp, 1996.
8. *Diálogos sobre o conhecimento*. Tradução e notas de Gita K. Guinsburg. São Paulo: Perspectiva, 2001.
    Cap. 1. Fantasia platônica
    Cap. 2. Ao término de um passeio não-filosófico entre os bosques
    Posfácio
9. *A conquista da abundância*. Organização de Bert Terpstra. Tradução de Cecília Prada e Marcelo Rouanet. São Leopoldo: Editora UNISINOS, 2005. (Filosofia e Ciência, 4).
    Prefácio
    Prefácio e agradecimentos
    Nota do organizador
    Parte I – O manuscrito inacabado
    Introdução
    Cap. 1. A Conjectura apaixonada de Aquiles
    Cap. 2. Xenófanes
    Cap. 3. Parmênides e a lógica do Ser
    Cap. 4. Interlúdio: sobre a ambiguidade das interpretações
    Cap. 5. Brunelleschi e a invenção da perspectiva

Parte II
Cap. 1. Realismo e a historicidade do conhecimento
Cap. 2. A Visão Científica do Mundo tem um status especial em comparação com outras visões?
Cap. 3. Teoria quântica e nossa visão de mundo
Cap. 4. Realismo
Cap. 5. Comentários históricos sobre o realismo
Cap. 6. Que Realidade?
Cap. 7. Aristóteles
Cap. 8. A Arte como um produto da natureza e como uma obra de arte
Cap. 9. A ética como uma medida da verdade científica
Cap. 10. Os Universais como tiranos e como mediadores
Cap. 11. Os intelectuais e os fatos da vida
Cap. 12. A respeito de um apelo pela filosofia

10. *Contra o método*. Tradução de Cézar Augusto Mortari. São Paulo: Editora UNESP, 2007. (3a edição: 1993).
    Prefácio
    Prefácio à terceira edição
    Introdução à edição chinesa
    Índice analítico
    Introdução
    Capítulos 1-20
    Pós-escrito sobre o relativismo

11. *Adeus à razão*. Tradução de Vera Joscelyne. São Paulo: Editora UNESP, 2010.
    Introdução
    Cap. 1. Notas sobre o Relativismo
    Cap. 2. A razão, Xenófanes e os deuses homéricos
    Cap. 3. O conhecimento e o papel das teorias
    Cap. 4. A Criatividade
    Cap. 5. O progresso na filosofia, na ciência e nas artes
    Cap. 6. Banalizando o conhecimento: comentários sobre as excursões de Karl Popper pela filosofia
    Cap. 7. A teoria de pesquisa de Ernst Mach e sua relação com Einstein

Cap. 8. Algumas observações sobre a teoria da matemática e do continuum de Aristóteles
Cap. 9. Galileu e a tirania da verdade
Cap. 10. Hilary Putnam sobre a incomensurabilidade
Cap. 11. Pluralismo cultural ou a admirável monotonia nova?
Cap. 12. Adeus à Razão

12. *A ciência em uma sociedade livre*. Tradução de Vera Joscelyne. São Paulo: Editora UNESP, 2011.
    Prefácio
    Parte I – Razão e prática
    Cap. 1. Revisitando o *Contra o método*
    Cap. 2. Razão e prática
    Cap. 3. Sobre a crítica cosmológica dos padrões
    Cap. 4. "Vale tudo"
    Cap. 5. A "Revolução Copernicana"
    Cap. 6. Aristóteles, não um qualquer
    Cap. 7. Incomensurabilidade
    Parte II – A ciência em uma sociedade livre
    Cap. 1. Duas perguntas
    Cap. 2. A prevalência da Ciência, uma ameaça à democracia
    Cap. 3. O espectro do Relativismo
    Cap. 4. Juízos democráticos invalidam a "Verdade" e o parecer de especialistas
    Cap. 5. O parecer de especialistas é muitas vezes preconceituoso, não confiável e precisa de controle externo
    Cap. 6. O estranho caso da astrologia
    Cap. 7. Os leigos podem e devem supervisionar a Ciência
    Cap. 8. Argumentos metodológicos não estabelecem a excelência da Ciência
    Cap. 9. A Ciência tampouco é preferível em virtude de seus resultados
    Cap. 10. A Ciência é uma ideologia entre muitas e deve ser separada do Estado exatamente como a religião hoje está
    Cap. 11. A origem das ideias deste ensaio
    Parte III – Conversas com ignorantes
    Cap. 1. Resposta ao professor Agassi (com uma nota de rodapé para Rom Harré e um post-scriptum)

Cap. 2. Lógica, a capacidade de ler e escrever e o professor Gellner
Cap. 3. Contos de fadas marxistas vindos da Austrália
Cap. 4. Do profissionalismo incompetente à incompetência profissionalizada: o surgimento de uma nova raça de intelectuais
Cap. 5. Vida na Escola de Economia de Londres (LSE)?

(E) Estudos complementares

Livros

1. COUVALIS, G. *Feyerabend's Critique of Foundationalism*. Aldershot: Avebury Press, 1989.

2. DISSAKÈ, E. M. *Feyerabend: épistémologie, anarchisme, et société libre*. Paris: Presses Universitaires de France, 2001.

3. FARRELL, R. P. *Feyerabend and Scientific Values: Tightrope-Walking Rationality*. Dordrecht: Kluwer, 2003.

4. MUNÉVAR, G. *Variaciones sobre temas de Feyerabend*. Cali: Programa Editorial Universidad del Valle, 2006.

5. OBERHEIM, E. *Feyerabend's Philosophy*. Berlim: De Gruyter, 2006.

6. PRESTON, J. M. *Feyerabend: Philosophy, Science and Society*. Cambridge: Polity Press, 1997.

7. SILVA, P. *A filosofia da ciência de Paul Feyerabend*. Lisboa: Instituto Piaget, 1998.

8. TAMBOLO, L. *L'oceano della conoscenza. Il pluralismo libertario di Paul Karl Feyerabend*. Milano: Franco Angeli, 2007.

Coletâneas de textos

1. DÜRR, H-P. (Hrsg.). *Versuchungen: Aufsätze zur Philosophie Paul Feyerabend's*. Frankfurt am Main: Suhrkamp, 1980. Bd. 1.

2. DÜRR, H-P. (Hrsg.). *Versuchungen: Aufsätze zur Philosophie Paul Feyerabend's*. Frankfurt am Main: Suhrkamp, 1981. Bd. 2.

3. MUNÉVAR, G. (Ed.). *Beyond Reason: Essays on the Philosophy of Paul Feyerabend*, Dordrecht: Kluwer, 1991.

4. TOMEO, A. M. (Coord.). *Feyerabend y algunas metodologias de la investigación*. La Paz: Editorial Nordan-Comunidad, 1991.

5. LAMB, D.; MUNÉVAR, G.; PRESTON, J. M. (Ed.). *The Worst Enemy of Science*. Oxford: Oxford University Press, 2000.
6. *Studies in History and Philosophy of Science*, v. 57, p. 1-154, June 2016. Special Issue: *Reappraising Feyerabend*. Edited by Matthew J. Brown and Ian James Kidd.
7. STADLER, F.; FISCHER, K. R. (Hrsg.). *Paul Feyerabend: ein Philosoph aus Wien*. Wien: Springer, 2006.

Artigos e ensaios

1. COUVALIS, S. G. Should Philosophers Become Playwrights?. *Inquiry*, n. 29, p. 451-457, 1986.
2. COUVALIS, S. G. Feyerabend's Epistemology and Brecht's Theory of the Drama. *Philosophy and Literature*, n. 11, p. 117-123, 1987.
3. COUVALIS, S. G. Feyerabend, Ionesco, and the Philosophy of the Drama. *Critical Philosophy*, n. 4, p. 51-68, 1988.
4. COUVALIS, S. G. Feyerabend and Laymon on Brownian Motion. *Philosophy of Science*, n. 55, p. 415-421, 1988.
5. COUVALIS, S. G. *et al*. Radical Fallibilism Vs Conceptual Analysis: The Significance of Feyerabend's Philosophy of Science. *Metascience*, v. 8, n. 2, p. 206-233, 1999.
6. DISSAKÈ, E. M. Maudtit? Paul Feyerabend l'était peut-être déjà, dès les prémices. In: FEYERABEND, P. K. *Une connaissance sans fondements*. Introduction, notes, bibliographie et index par Emmanuel Malolo Dissakè. Chennevières-sur-Marne: Dianoïa, 1999. p. 7-54.
7. DUSEK, V. Brecht and Lukács as Teachers of Feyerabend and Lakatos: The Feyerabend-Lakatos Debate as Scientific Recapitulation of the Brecht-Lukács Debate. *History of the Human Sciences*, n. 11, 1998, p. 25-44.
8. FLOYD, J. Homage to Vienna: Feyerabend on Wittgenstein (and Austin and Quine). In. FISCHER, K. R.; STADLER, F. (Ed.). *Paul Feyerabend (1924–1994): ein Philosoph aus Wien*. Berlin: Springer, 2006. p. 465-470.
9. HICKEY, T. Understanding Feyerabend on Galileo. *Irish Teological Quarterly*, n. 74, p. 89-92, 2009.

10. HOYNINGEN-HUENE, P.; OBERHEIM, E. Novidades sobre Feyerabend. In: ABRAHÃO, L. H. L. (Org.). *Kuhn, Feyerabend e incomensurabilidade: textos selecionados de Paul Hoyningen-Huene*. São Leopoldo: Unisinos, 2014. p. 87-100.

11. KIDD, I. J. Objectivity, Abstraction and the Individual: The Influence of Soren Kierkegaard on Paul Feyerabend. *Studies in History and Philosophy of Science*, n. 42, p. 125-134, 2011.

12. KIDD, I. J. Feyerabend, Pseudo-Dionysius, and the Ineffability of Reality. *Philosophia*, n. 40, p. 365-377, 2012.

13. KIDD, I. J. Feyerabend on the Ineffability of Reality. KASHER, A.; DILLER, J. (Ed.). *Models of God and Other Ultimate Realities*. Dordrecht: Kluwer, 2013. v. 2.

14. KIDD, I. J. Feyerabend on Science and Education. *Journal of Philosophy of Education*, v. 47, n. 3, p. 407-422, 2013.

15. KNOLL, R. Warum Wissenschaft eine kunst ist... Gedanken zu Paul Feyerabend. In: STADLER, F.; FISCHER, K. R. (Hrsg.). *Paul Feyerabend: ein Philosoph aus Wien*. Wien: Springer, 2006. p. 49-60.

16. KUBY, D. Paul Feyerabend in Wien 1946-1955: das Österreichische College und der Kraft-Kreis. In: BENEDIKT, M. *et al.* (Hrsg.). *Auf der Suche nach authentischem Philosophieren. Philosophie in Österreich 1951–2000. Verdrängter Humanismus – verzögerte Aufklärung*. Wien: WUV. 347, 2010. Bd. VI.

17. MAIA NETO, J. R. Feyerabend's Scepticism. *Studies in History and Philosophy of Science*, n. 22, p. 543-55, 1991.

18. MCMULLIN, E. Quoting Feyerabend on Galileo. *Irish Theological Quarterly February*, v. 73, n. 1-2, p. 164-173, 2008.

19. MOLINA, F. T. Del empirismo al humanismo: clave de lectura y crítica de la obra de P. K. Feyerabend. *Revista Latinoamericana de Filosofía*, v. XXI, n. 1, p. 85-104, 1995.

20. MOLINA, F. T. Paul Feyerabend y el problema de las entidades teóricas. *Scientiæ Studia*, São Paulo, v. 3, n. 2, p. 257-275, 2005.

21. OBERHEIM, E. On the Historical Origins of the Contemporary Notion of Incommensurability: Paul Feyerabend's Assault on Conceptual Conservatism. *Studies in the History and Philosophy of Science*, v. 36, n. 2, p. 363-390, 2005.

22. PRESTON, J. Feyerabend's Retreat from Realism. *Philosophy of Science*, n. 64, p. 421-431, 1997.

23. PRESTON, J. Feyerabend's Final Relativism. *The European Legacy*, n. 2, p. 615-620, 1997.

24. PRESTON, J. Science as Supermarket: "Post-Modern" Themes in Paul Feyerabend's Later Philosophy of Science. *Studies in History and Philosophy of Science*, n. 29, p. 425-447, 1998.

25. PRESTON, J. Review Symposia: Radical Fallibilism vs. Conceptual Analysis: the Significance of Feyerabend's Philosophy of Science. Author's Response. *Metascience*, n. 8, p. 233-243, 1999.

26. PRESTON, J. Paul Feyerabend. In: ZALTA, E. N. (Ed.). *The Stanford Encyclopedia of Philosophy*. Winter 2012. Disponível em: <http://plato.stanford.edu/entries/feyerabend/>.

27. SELINGER, E. M. Feyerabend's Democratic Critique of Expertise. *Critical Review*, v. 15, n. 3-4, p. 359-373, 2003.

28. SLUGA, H. Der erkenntnistheorietiche Anarchismus. In: STADLER, F.; FISCHER, K. R. (Hrsg.). *Paul Feyerabend: ein Philosoph aus Wien*. Wien: Springer, 2006. p. 61-73.

29. STADLER, F. Paul Feyerabend: ein Philosoph aus Wien. In: STADLER, F.; FISCHER, K. R. (Hrsg.). *Paul Feyerabend: ein Philosoph aus Wien*. Wien: Springer, 2006. p. ix-xxxiv.

30. SVOZIL, L. Feyerabend and Physics. In: STADLER, F.; FISCHER, K. R. (Hrsg.). *Paul Feyerabend: ein Philosoph aus Wien*. Wien: Springer, 2006. p. 75-97.

31. TAMBOLO, L. Pliability and Resistance: Feyerabendian Insights into Sophisticated Realism. *European Journal for Philosophy of Science*, v. 4, n. 2, p. 197-213, May 2014.

32. TSOU, J. Reconsidering Feyerabend's "Anarchism". *Perspectives on Science*, v. 11, n. 2, p. 208-235, 2003.

33. TOWNSEND, B. Feyerabend's Pragmatic Theory of Observation and the Comparability of Alternative Theories. In: BUCK, R. C.; COHEN, R. S. (Ed.). *PSA 1970*. Dordrecht: D. Reidel, 1971. p. 202-211. (Boston Studies in the Philosophy of Science, v. 8).

34. YATES, S. Feyerabend's Democratic Relativism. *Inquiry*, n. 27, p. 137-142, 1984.

35. YATES, S. More on Democratic Relativism: a Response to Alford. *Inquiry*, n. 28, p. 450-453, 1985.

Feyerabend no Brasil

1. ABRAHÃO, L. H. L. *A tese da incomensurabilidade teórica em Paul Feyerabend*. 2009. Dissertação (Mestrado) – Universidade Federal de Minas Gerais, Faculdade de Filosofia e Ciências Humanas, Belo Horizonte, 2009.

2. ABRAHÃO, L. H. L. Kuhn e Feyerabend: semelhanças e dessemelhanças. In: CONDÉ, M.; PENNA-FORTE, M. (Org.). *Thomas Kuhn e a estrutura das revoluções científicas [50 anos]*. Belo Horizonte: Fino Traço, 2013. p. 167-186.

3. ABRAHÃO, L. H. L. (Org.). *Kuhn, Feyerabend e incomensurabilidade: textos selecionados de Paul Hoyningen-Huene*. São Leopoldo: Unisinos, 2014.

4. ABRAHÃO, L. H. L. Incomensurabilidade de teorias: 50 anos de uma metáfora matemática. In: ABRAHÃO, L. H. L. (Org.). *Kuhn, Feyerabend e incomensurabilidade: textos selecionados de Paul Hoyningen-Huene*. São Leopoldo: Unisinos, 2014. p. 17-31.

5. ABRAHÃO, L. H. L. *O pluralismo global de Paul Feyerabend*. 2015. Tese (Doutorado) – Universidade Federal de Minas Gerais, Faculdade de Filosofia e Ciências Humanas, Belo Horizonte, 2015.

6. ABRAHÃO, L. H. L. Apontamentos sobre Thomas Kuhn e Paul Feyerabend: antagonismos, aproximações e os estudos sociais da ciência. In: PREMEBIDA, A.; NEVES, F. M.; DUARTE, T. R. (Org.). *Investigações contemporâneas em estudos sociais da ciência e tecnologia*. Jundiaí: Paco Editorial, 2015. v. 1, p. 25-70.

7. ABRAHÃO, L. H. L. Koyré e a epistemologia histórica de Kuhn e Feyerabend. In: CONDÉ, M. L. L.; SALOMON, M. (Org.). *Alexandre Koyré: história e filosofia das ciências*. Belo Horizonte: Fino Traço, 2015. v. 1, p. 203-235.

8. CHAITIN, V. M. F. G. O pluralismo epistêmico de orientação humanista proposto por Paul Feyerabend. *Analógos*, Rio de Janeiro, v. IV, p. 130-140, 2004.

9. FLACH, M. A. As origens históricas do racionalismo, segundo Feyerabend. *Cadernos IHU Idéias*, São Leopoldo, v. 204, p. 1-37, 2013.

10. LEAL, H. M. *Paul Feyerabend e as possibilidades racionais da ciência.* Curitiba: CRV, 2011.

11. MAZZEI, L. D. A racionalidade da ciência em Paul Feyerabend: uma racionalidade *soft*. 2014. Tese (Doutorado) – Universidade do Vale do Rio dos Sinos, São Leopoldo, 2014.

12. MENDONÇA, A. L. O.; ARAUJO, P. S.; VIDEIRA, A. A. P. Primazia da democracia e autonomia da ciência: o pensamento de Feyerabend no contexto dos *Science Studies*. *Filosofia Unisinos*, v. 11, p. 44-61, 2010.

13. OLIVEIRA, T. L. T. *As mudanças científicas segundo Paul Feyerabend.* Saarbrüken: Novas Edições Acadêmicas, 2014. 140 p.

14. REGNER, A. C. K. P. Feyerabend/Lakatos: "adeus à razão" ou construção de uma nova racionalidade? In: PORTOCARRERO, V. (Org.). *Filosofia, história e sociologia das ciências I*: abordagens contemporâneas. Rio de Janeiro: Editora FIOCRUZ, 1994. p. 103-132.

15. REGNER, A. C. K. P. Feyerabend e o pluralismo metodológico. *Epistéme*, v. 1, n. 2, p. 61-78, 1996.

16. REGNER, A. C. K. P. Adeus à Razão ou construção de uma nova racionalidade? O conhecimento científico entre Feyerabend e Lakatos. *Humanas*, Porto Alegre, v. 19, n. 20, p. 45-61, 1997.

17. TERRA, P. S. A propósito da condenação de Feyerabend em Roma por causa de suas ideias sobre o conflito entre a Igreja e Galileu. *Scientiae Studia*, São Paulo, v. 6, n. 4, p. 665-679, dez. 2008.

Este livro foi composto com tipografia Bembo e impresso em papel Off-White 70 g/m² na Gráfica e Editora O Lutador.